九州文库

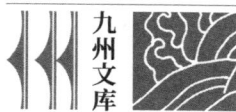

索尔兹伯里的约翰的政治思想研究

赵卓然 著

九州出版社
JIUZHOUPRESS

图书在版编目（CIP）数据

索尔兹伯里的约翰的政治思想研究／赵卓然著．－－
北京：九州出版社，2021.9
　ISBN 978－7－5225－0435－3

　Ⅰ．①索… Ⅱ．①赵… Ⅲ．①索尔兹伯里的约翰—政
治思想—研究 Ⅳ．①D095.613

　中国版本图书馆 CIP 数据核字（2021）第 182182 号

索尔兹伯里的约翰的政治思想研究

作　　者　赵卓然　著
责任编辑　刘　嘉
出版发行　九州出版社
地　　址　北京市西城区阜外大街甲 35 号（100037）
发行电话　（010）68992190/3/5/6
网　　址　www. jiuzhoupress. com
印　　刷　唐山才智印刷有限公司
开　　本　710 毫米 ×1000 毫米　16 开
印　　张　15.5
字　　数　235 千字
版　　次　2021 年 9 月第 1 版
印　　次　2021 年 9 月第 1 次印刷
书　　号　ISBN 978－7－5225－0435－3
定　　价　95.00 元

序　言

2021 年 6 月的一天，赵卓然打来电话，说她想出版她的博士论文，已与出版社签订协议，请老师撰写序言。听着她的电话，我暗自高兴，心里对她说：你才三十岁出头，还是个孩子呀，就要出版学术著作了，真是"青出于蓝而胜于蓝"啊！

赵卓然的博士论文选题为索尔兹伯里的约翰的政治思想。索尔兹伯里的约翰是 12 世纪英国著名思想家、教会学者。早年赴法国留学，师从阿伯拉尔、吉尔伯特等学习"自由七艺"。曾为坎特伯雷大主教西奥博尔德的私人秘书，后任法国沙特尔主教。一生著述甚丰，涉及哲学、政治、宗教、伦理、历史、文学创作等多个领域，在西方思想史、政治史、文化史上产生了深远的影响。《论政府原理》是他的代表作，这是一部政治学著作，也是一部思想史著作。在这部著作中，他针砭时弊，痛批宫廷中的不良之风，在对古典作家相关成果深入研究的基础上，通过自己的哲学思考，以"有机体"隐喻论述了他的理想政府的形式，提出了诛杀暴君的理论。重要的是这部著作包含了丰富的宪政思想和理论，对 1215 年《大宪章》的诞生产生了重要影响。即使以今天的尺度衡量，也不乏真知灼见。赵卓然的博士论文正是以此为重要研究对象，这就预示了她的书稿的学术价值和理论意义。

书稿选题较新，这在论文答辩时已经得到答辩委员们的肯定。关于约翰的政治思想，西方学术界的研究起步很晚，直到 19 世纪末 20 世纪初才偶然见到一些成果，主要论著则出现于 20 世纪中期。在国内学术界，仅发表了几篇论文，这些论文主要集中于对《论政府原理》的论述，关于约翰的其他著

1

述则很少涉及。国外成果较多，并不影响我们进行自己的研究，因为我们的研究是在本国历史文化背景下进行的，在学者的潜意识里，总会有意无意地产生一种比较的趋向，这就容易提出新的问题，形成新的观点和理论。也恰恰因为国外成果多，才能提升我们的研究层次，且更需要我们的参与。就国内学术界而言，因相关研究刚刚起步，一些重要的问题还缺乏探讨。而由于研究资料仅仅局限于《论政府原理》，其它资料如书信没有或较少利用，所以还难以全面了解约翰的思想。在这一点上，书稿具有一定的补缺补白的意义。而且，赵卓然的研究是一种思想史研究，而思想史研究在国内学术界主要出自哲学、政治学领域，世界史学还比较少见，这样看来，这一研究也就更具新意了。

在史料方面，作者注重原始资料或一手资料的使用。这里所说的一手资料有两类，一类是现代英文资料，包括两种，一种是译为现代英语的约翰的原著，如《论政府原理》《逻辑论》和《恩特替卡斯》等。这种资料的价值当然不能与拉丁文原著相提并论，但它方便学生在古代语言能力受限的情况下阅读原著，而不是间接引用。读原著更能够贴进作者的思想，而间接引用就可能存在对作者思想的曲解了。从这个意义上说，将这些现代英语的译作视为原始资料或一手资料是没有问题的。另一种是约翰的书信集。书信是历史研究的一手资料，有时是一般历史文献难以提供的独家资料。有些书信，特别是名人书信，常常是历史的见证或补充，有助于客观、准确、全面、公正地评价历史事件或人物，在相关问题的研究中具有决定性意义。对思想史研究来说，书信的史料价值就更是如此，因为书信具有较高的私密度，更能够反映当事人的心理和思想，从某种意义上说较著作更具客观性或真实性。但作为史料，书信也有自己的特点，有时书写随意，有时语焉不详，时过境迁，就难以了解当时的书写背景，确定时、地、人之间的关系。有些名人信件，后来甚至出现了赝品，鱼龙混杂，真假难辨。基于这一特点，使用书信资料就可能需要考证，因而要求著者具有一定的考证技能。而考证，也就意味着博览群书，旁征博引，其难度与繁杂是显而易见的。书稿使用了约翰的书信集，这就呈现出同类研究所缺少的优长，更显示了作者执着的求真理念，其治学精神是值得点赞的。

另一类是拉丁文资料。我曾经对学生说，一代人有一代人的学术，在中国特定的历史条件下，世界中古史方向的"80后"学人就应该能够阅读拉丁文资料了。我一直敦促学生好好学拉丁文，劝他们一定要放眼未来，将学习拉丁语作为自己安身立命的重要基础，而不是功利地视之为修取学分的途径。赵卓然很听话，但她不只是顺从老师的意见，而是积极主动地学习，所以在博士二年级就在历史文化学院听了一名德国老师的拉丁语课。后来，这位老师退休回国，拉丁语老师缺位，为了不中断学生对拉丁语的学习，我曾付出努力引进拉丁语老师，结果未能如愿。但就在此时，赵卓然收到了英国大学的"offer"，遂赴圣安德鲁斯大学接受联合培养，于是利用那里的良好条件强化拉丁语学习。回国后她一直没有放松她的自学，而且多次参加国内主办的拉丁语学习班。话说多了，我的意思是这为她的博士论文的撰写提供了利用拉丁文资料的条件，虽然书稿中引注的拉丁文资料不是很多。而综览整部书稿，除了《论政府原理》，书稿还使用了《逻辑论》，《恩特替卡斯》诗集和书信集等，特别是书信集，对于全面、深入认识约翰的思想具有重要意义。而这些资料，国内的相关研究基本上还没有使用。

书稿对约翰的政治思想和伦理思想做了综合研究，这在一定程度上显示了作者关于这个问题的与众不同的思考。自古以来，政治与伦理就有密切的关系，可以说，越是在古代，两者的关系就越是密切。因为那时的制度安排和法治设计还不够健全，所以，国家治理就在更大程度上重视伦理。比如君主的推选与官员的任命，都非常注重当事人的德行，所谓仁君、暴君，所谓父母官、兄弟官等，主要是从伦理的角度进行评价的，这就显示了伦理在政治中的地位。而约翰的"诛暴君论"，则进一步凸显了伦理在他的理想政府形式中的地位。应该说，古代学术因没有学科划分，还没有政治学、伦理学的概念，所以古代学者通常把两者放在一起进行研究。但18世纪学科划分启动以后就不同了，政治学与伦理学从此成为两个学科，在学者的著述中也就有了清晰的分界，尽管在制度运行中仍然存在千丝万缕、难以割裂的联系。12世纪英格兰的宫廷生活，盛行伊壁鸠鲁学派的幸福观。从国王到廷臣，无不喜好狩猎、赌博、听音乐、看演出，献媚逢迎，假公济私，而疏于政府职能的行使和国家事务的管理。约翰对此深表失望，因此在他的著述中给予了嘲讽与批判。他将政治与伦理融合在一起思考问题，希望廷臣追求一种哲学式的生活，提升德性，崇尚智慧，热爱上帝，使政府组织和国家治理形成一种理想的形式。书稿基于作者自己的思考，努力维持时代的原貌，将道德哲学与政治实践置于一起进行讨论，这在将政治学与伦理学严格区分的现代学术中，无疑也是一种创新。

书稿也存在不足之处。例如，关于约翰的著述和思想对《大宪章》起草者斯蒂芬·兰顿与《大宪章》文本的历史影响，依书稿的思路、设计和国内外学术研究动态应做重点论述，但作者没有就这个问题展开研究。约翰的著述和思想在当时和后世的基督教世界得到了广泛传播，在政治思想史上产生了深远影响，对此，书稿做了大量的论述和分析，其信息量和开拓性可圈可点。约翰的手稿形成后，先是在朋友圈和修道院中传抄制作复本，后来教皇英诺森三世在他的《人类的痛苦》中借用了《论政府原理》中的两段文字，布拉克顿的《论英国法律与习惯》借用了"暴君"的概念，托马斯·阿奎那则吸收了法律至上、诛杀暴君的观点。这些信息充分证明了约翰著述的巨大影响。对于这样的著述，作为英诺森三世的同代人、曾任坎特伯雷大主教，同样是著名的教会学者的斯蒂芬·兰顿，不可能不知不读。特别是浏览《大宪章》文本，我们会觉得上面留有约翰的清晰的印记，其基本精神和原则与他的思想、理论高度吻合。以此推测，约翰的著述、理论和观点不可能不对斯蒂芬·兰顿的思想和《大宪章》的形成产生影响。可是综览书稿的第五章，这方面的探讨还存在欠缺。又如，拉丁文资料的使用问题。从引文注释看，书稿中拉丁文资料还可以进一步充实。在具有一定的拉丁文能力的前提下，引文注释应该尽量参考拉丁文文献。希望作者对这类问题给予重视，寻找机会予以改进，如此，则书稿的质量肯定会得到进一步提升。

总体看来，书稿通过研读约翰的著述，参考相关文献，对约翰的政治思想做了整体性分析和概括，是一部有亮点、有价值的学术专著。是为序。

顾銮斋

于山东大学

2021 年 7 月

基本简写表

P.   *Frivolities of Courtiers and the Footprints of Philosophers: Being the First, Second, and Third Books and Selections from the Seventh and Eighth Books of the Policraticus of John of Salisbury*, Edited and Translated by Joseph B. Pike, New York: The University of Minnesota, 1972.

S.   *The Statesman's Book of John of Salisbury — Being the Fourth, Fifth, and Sixth Books and Selections from the Seventh and Eighth Books, of the Policraticus*, Translated into English with an Introduction by John Dickinson, New York: Russell & Russell, 1963.

Webb   *Episcopi Carnotensis Policratici sive de Nugis Curialium ET Vestigiis Philosophorvm Libri Viii*, Edited by C. C. J. Webb, Oxonii: Typographeo Clarendoniano; Londini; Novi Eboraci, 1909.

Ent.   *Entheticus Maior and Minor*, Edited and Translated by Jan van Laarhoven, 3vols, Studien und Texte zur Geistesgeschichte des Mittelalters 17, Leiden: E. J. Brill, 1987.

H. P.   *The Historia Pontificalis of John of Salisbury*, Edited and Translated by Marhorie Chibnall, Oxford: Oxford University Press, 1986.

Met.   *The Metalogicon of John of Salisbury: a Twelfth – century Defense of the Verbal and Logical Arts of the Trivium*, Translated with Introduction & Notes by Daniel D. McGarry, Berkley and Los

Angeles: University of California Press, 1962.

Letters, 1　*The Letters of John of Salisbury*, Vol. 1, *The Early Letters* *(1153 —* *1161)*, Edited by W. J. Millor, S. J. and H. E. Butler; revised by C. N. L. Brooke, Oxford: Clarendon Press; Oxford: Oxford University Press, 2003.

Letters, 2　*The Letters of John of Salisbury*, Vol. 2, *The Later Letters (1163 —* *1180)*, Edited by W. J. Millor and C. N. L. Brooke, Oxford: Clarendon Press; Oxford: Oxford University Press, 2008.

WJS　*The World of John of Salisbury*, Edited by Michael Wilks, Oxford: Basil Blackwell, 1984.

目 录
CONTENTS

绪　论

一、选题意义

12 世纪属于欧洲中世纪盛期（High Middle Ages，11 世纪到 13 世纪），美国历史学家查尔斯·霍默·哈斯金斯（Charles Homer Haskins）称其为"文艺复兴"时期①。索尔兹伯里的约翰（John of Salisbury，1115/1120—1180）是这一时期英格兰著名的教会知识分子，从约翰的作品、信件以及学者对他的评价中可以看出，没有谁能像他那样全面展示那个时期的时代特色，因此对约翰进行引介研究具有非常重要的学术价值。

有关资料介绍，约翰大约于 1115 至 1120 年间在英国威尔特郡（Wiltshire）的老塞勒姆区（Old Sarum）出生，1136 至 1147 年间在法国求学，1148 年进入坎特伯雷大主教贝克的西奥博尔德（Theobald of Bec，约 1090—1161，1138—1161 任职）教廷，在坎特伯雷教会从事多种工作：外交使节，秘书，法律专家，贸易顾问等。从此时开始一直到 1153 年，他经常前往罗马，之后作为西奥博尔德的私人秘书常驻坎特伯雷。1162 年，托马斯·贝克特（Thomas Becket，1118—1170，1162—1170 任职）继任大主教，约翰又继续为其服务，并且亲历了英格兰国王亨利二世（Henry II Curmantle，1133—1189，1154—1189 在位）与这位大主教的斗争。1164 年约翰被流放到法国，6 年后回到英格兰，1170 年贝克特被谋杀后，成为其封圣的积极推动者。

---

① ［美］查尔斯·霍默·哈斯金斯：《十二世纪文艺复兴》，夏继果译，上海：上海人民出版社 2005 年版。

1176 年 7 月成为法国沙特尔的主教，直至去世。约翰的一生著述颇丰，除了精通《圣经》和早期拉丁教父的思想，还熟悉希腊罗马的古典文化，著有《论政府原理》《恩特替卡斯》《逻辑论》《教皇史》等著作，以及关于安瑟伦（Anselm，约 1033—1109）和贝克特的传记。约翰还留下了大约 325 封书信。① 约翰知识渊博，著作引经据典，被誉为"当时最重要的知识分子之一"②。虽然他的著作《论政府原理》流传很广，但中世纪晚期西欧学者对约翰本人及其著作的情况了解不多，直到 19 世纪末 20 世纪初，西方学术界对约翰的研究才逐渐增多，特别是 20 世纪中期以来，相关的论著大量出现。

约翰的政治思想无论在当时还是对后世都有不容忽视的影响，但当前在国内学术界，对约翰的政治思想方面的研究还不够深入，除了为数不多的论文外，至今没有综合性的研究著作，因此非常值得深入研究。本书的写作目的是，以 12 世纪的西欧社会为背景，通过对约翰作品与中世纪历史、思想文化等相关文献的探究，对约翰的政治思想做一个整体性的梳理和考察，这不仅有利于我们从历史和社会发展的宏观角度对约翰思想进行总结和说明，更有利于我们深刻地认识 12 世纪西欧社会的变化。

二、学术综述

（一）国内研究现状

截至目前，国内尚未出版中译本的约翰的作品，对约翰的研究大多是在研究西方哲学史、思想史以及教会史的时候有所提及，代表性的有：徐大同、丛日云主编的《西方政治思想史（第二卷）》第六章第四节，简要介绍了约翰的生平和著作，阐述他的中庸的美德，共和国有机体论，国王和暴君及《论政府原理》的政治影响。③ 赵敦华编写的《基督教哲学 1500 年》提及约

---

① 关于约翰的生平参见：Cary J. Nederman, *John of Salisbury*, Tempe and Arizona：Arizona Center for Medieval and Renaissance Studies, 2005；Clement C. J. Webb, *John of Salisbury*, London：Methuen & Co. ltd. , 1932.

② Michael Staunton, *The Lives of Thomas Becket* , *Selected Sources Translated and Annotated* , Manchester, New York：Manchester University Press, 2001, p.7.

③ 丛日云主编：《西方政治思想史》（第二卷），天津：天津人民出版社 2005 年版。

翰《逻辑论》中的共相性质问题和《论政府原理》中的教权高于王权问题。①
这些著作对约翰的政治思想做了一定的分析，但是篇幅都非常小。

国内学术论文方面，截至目前，学界能看到的专门论述约翰的政治思想
的文章主要有以下几篇：孟广林的《试论中古英国神学家约翰的"王权神授"
学说》，以《论政府原理》为依据，从王权合理、神圣论、"王在教下"论、
"王道"说和"暴君"论等方面论述了约翰的政治学说，并分析了该学说产
生的历史背景。② 张笑宇的《索尔兹伯里的约翰与近代西方政治思想的中世
纪渊源》，阐释了约翰的君主论、法治论、自由论和有机共和国论，认为约翰
为近代西方政治思想的展开做了出色的理论准备，并为我们理解西方近代政
治思想的中世纪渊源提供了一个颇有意义的理论视角。③ 周诗茵的《理想模
式与政治现实的互动——索尔兹伯里的约翰教会－国家关系思想的发展》，通
过结合约翰的生平经历阐述了约翰在对国家和教会关系上认识的变化，以及
为调和国家教会关系所做的努力。④ 杨盛翔的《双重视野下的王权——谈索
尔兹伯里的约翰的〈论政府原理〉》，认为《论政府原理》融合了古典学术和
中世纪神学，在这双重视野下，约翰的王权观初步调和了国王为共和国服务
的古典共同体理念和基督教王权神授理念。⑤ 胡琦的《法律与王权：中世纪
英国法治观念的嬗变及其内在逻辑——以索尔兹伯里的约翰、布拉克顿和约
翰·福蒂斯丘为中心》一文论述了约翰的法治观念。⑥ 宋金芳的《索尔兹伯
里的约翰政治思想研究——以〈论政府原理〉为依据》⑦，党毅浩的《索尔兹

---

① 赵敦华：《基督教哲学 1500 年》，北京：人民出版社 2007 年版。
② 孟广林：《试论中古英国神学家约翰的"王权神授"学说》，载于《世界历史》1997 年
　第 6 期，第 74－82 页。
③ 张笑宇：《索尔兹伯里的约翰与近代西方政治思想的中世纪渊源》，载于《政治思想史》
　2011 年第 2 期，第 104－117 页。
④ 周诗茵：《理想模式与政治现实的互动——索尔兹伯里的约翰教会－国家关系思想的发
　展》，载于《首都师范大学学报（哲学社会科学版）》2012 年第 6 期，第 9－15 页。
⑤ 杨盛翔：《双重视野下的王权——谈索尔兹伯里的约翰的〈论政府原理〉》，载于《史学
　集刊》2015 年第 1 期，第 121－128 页。
⑥ 胡琦：《法律与王权：中世纪英国法治观念的嬗变及其内在逻辑——以索尔兹伯里的约
　翰、布拉克顿和约翰·福蒂斯丘为中心》，载于《天府新论》2019 年第 1 期，第 70－
　80 页。
⑦ 宋金芳：《索尔兹伯里的约翰政治思想研究——以〈论政府原理〉为依据》，北京师范
　大学硕士学位论文 2009 年。

伯里的约翰的政治理论解析——以〈论政府原理〉为研究对象》，① 以及段玉淑的《索尔兹伯里的约翰的政治思想》②，这三篇硕士论文都通过对《论政府原理》的分析，总结了约翰的政治思想——王权论，法治论、诛暴君论和有机体论等，不足之处在于研究资料的单一，仅围绕约翰的一本论著分析，不能全面深入地探讨其政治思想。周剑在《"12 世纪文艺复兴"及其在英国的表现》一文中介绍了约翰的著作并且简要提及他的"王权神授"论。③

此外，董玉洁的《中世纪英国有关暴君暴政的理论和暴君暴政的实际》④、陈太宝的《中世纪西欧法律视野下的抵抗权和暴君学说》⑤ 和赵文洪的《中世纪欧洲的反暴君思想》⑥ 涉及约翰的诛杀暴君思想。周诗茵的《冲突、平衡与和平——从贝克特争论看中世纪教会对政教关系的处理》论述约翰的教会自由观念和其在强大王权下寻求保障教会安全的行动。⑦ 曹为的《亨利二世与托马斯·贝克特政教之争研究》提及《论政府原理》及约翰在争论中的表现。⑧ 还有一些关于中世纪王权和教会的文章，尽管很少甚至没有涉及约翰的政治思想，但提供了一些背景材料。其中具有代表性的有：李筠的《论中世纪王权观》⑨，周诗茵的《教会自由与世俗政治之间的平衡——教皇亚历山大三世在贝克特争论中对教会-国家关系的处理》⑩ 等。

总体来说，目前国内学术界对约翰的研究相对薄弱，对其政治思想的研

① 党毅浩：《索尔兹伯里的约翰的政治理论解析——以〈论政府原理〉为研究对象》，天津师范大学硕士学位论文 2013 年。
② 段玉淑：《索尔兹伯里的约翰的政治思想》，河南师范大学硕士学位论文 2013 年。
③ 周剑：《"12 世纪文艺复兴"及其在英国的表现》，内蒙古大学硕士学位论文 2007 年。
④ 董玉洁：《中世纪英国有关暴君暴政的理论和暴君暴政的实际》，首都师范大学硕士学位论文 2009 年。
⑤ 陈太宝：《中世纪西欧法律视野下的抵抗权和暴君学说》，载于《贵州社会科学》2011 年第 11 期，第 123 – 127 页。
⑥ 赵文洪：《中世纪欧洲的反暴君思想》，载于《经济社会史评论》2015 年第 2 期，第 25 – 35 页。
⑦ 周诗茵：《冲突、平衡与和平——从贝克特争论看中世纪教会对政教关系的处理》，北京大学博士学位论文 2013 年。
⑧ 曹为：《亨利二世与托马斯·贝克特政教之争研究》，中国人民大学博士学位论文 2013 年。
⑨ 李筠：《论中世纪王权观》，中国政法大学博士学位论文 2008 年。
⑩ 周诗茵：《教会自由与世俗政治之间的平衡——教皇亚历山大三世在贝克特争论中对教会 – 国家关系的处理》，载于《大连大学学报》2012 年第 4 期，第 48 – 55 页。

究仅仅涉及了《论政府原理》这一著作，约翰的其他著书及书信集鲜有人专门进行研究分析，随着国内学术界对欧洲中世纪研究的加强，对约翰的著作和思想理应做系统的梳理和深入的剖析。

（二）国外研究现状

自 20 世纪以来，西方学者对于约翰的研究取得了大量的成果，研究的领域涉及约翰的生活与职业、主要著作、教育思想、政治思想、伦理思想以及对后世影响等方面。大卫·勒斯科姆（David Luscombe）在《索尔兹伯里的约翰的世界》一书中，总结了 1953—1982 年间有关约翰的研究著作。① 卡里·J. 内德曼（Cary J. Nederman）在《索尔兹伯里的约翰》一书中，列举了 1983—2004 年间对约翰著作的英文翻译以及有实质性讨论的文章，包括英文和其他文字，已达 120 多篇。② 据著者不完全统计，2005 年至今，又有数十篇的论文和专著发表，并且着重从全新的视角阐释约翰的著作和思想，如松本隆（Takashi Shogimen）和内德曼在《最好的医学？索尔兹伯里的约翰的〈论政府原理〉和〈逻辑论〉中医学教育，实践和隐喻》一文中，阐释了约翰的著作中涉及医疗方面的问题，试图将其有关医学问题的理论和实践整合到他的政治、伦理和教育理论中。③ 约翰·D. 霍斯勒（John D. Hosler）的《索尔兹伯里的约翰：12 世纪文艺复兴的军事权威》，从约翰的军事词典，士兵，组织，后勤，战争中的军队和语言等方面系统分析了约翰的军事思想，约翰建议君主发动战争要有正确的动机，做好充分的准备和懂得战争的艺术。④ 该著从军事史视角分析约翰的著作，提供了研究约翰思想的新思路。伊利亚·戴因思（Ilya Dines）的《索尔兹伯里的约翰〈论政府原理〉的早期运用：〈第三个家族〉动物寓言集》介绍了《第三个家族》这一动物寓言集采

---

① David Luscombe, "A Bibliography 1953 – 1982", in *WJS*, pp. 445 – 458.
② Cary J. Nederman, *John of Salisbury*, Tempe and Arizona: Arizona Center for Medieval and Renaissance Studies, 2005, pp. 87 – 95.
③ Takashi Shogimen and Cary J. Nederman, "The Best Medicine? Medical Education, Practice, and Metaphor in John of Salisbury's Policraticus and Metalogicon", *Viator*, Vol. 42, No. 1 (2011), pp. 55 – 73.
④ John D. Hosler, *John of Salisbury : Military Authority of the Twelfth – Century Renaissance*, Leiden; Boston: Brill, 2013.

用了《论政府原理》中的轶事，分析了采用这种轶事的原因和约翰著作在寓言集中的作用。① 克里斯多夫·格拉德（Christophe Grellard）和弗雷德里克·拉绍（Frédérique Lachaud）编辑的《索尔兹伯里的约翰研究指南》论文集分历史文本、作者、12 世纪知识分子的世界和读者四部分收录 12 篇文章，是目前最新最全面的研究约翰的论文集，为读者提供了研究约翰的多重视角。②

从勒斯科姆和内德曼总结的相关著述及 2005 年之后新发表的研究论著来看，西方学者主要从以下三方面对约翰进行了研究。第一，约翰的传记，对其一生的生活经历和朋友关系进行了深入探讨。如弗兰克·巴洛（Frank Barlow）的《约翰和他的兄弟们》介绍了约翰的教育和职业经历及他与亲朋好友之间的关系。③ 罗纳德·E. 丕平（Ronald E. Pepin）的《愉悦的朋友关系：策勒的彼得与索尔兹伯里的约翰》，通过分析二人的书信来往，看出二人的亲密关系和互相影响，以及对时局的影响。④ 平田洋子（Yoko Hirata）的《索尔兹伯里的约翰，杰拉德·皮塞勒和友谊（amicitia）》，通过介绍约翰的经历，指出他试图与皮塞勒（Gerard Pucelle，约 1117—1184）成为朋友，但交往失败，皮塞勒的名字很少在约翰的书信中出现，作者还分析了约翰使用 amicitia 的目的和影响，指出 12 世纪受过教育的教士在担任行政职务中，amicitia 的本质和重要作用。⑤ 克莱门特·C. J. 韦伯（Clement C. J. Webb）的《索尔兹伯里的约翰》是关于约翰的第一部著名传记，结合约翰的作品论述了他的一生，并且着重论述了约翰关于教会和国家的理论。⑥ 阅读该著能够清晰了解约翰一生的主要活动和论著，以及约翰写作过程中参考的书籍，不足之处在于作者对《恩特替卡斯》及各著作间的关系阐述较少。内德曼编著的传

---

① Ilya Dines, "The Earliest Use of John of Salisbury's *Policraticus*: Third Family Bestiaries", *Viator*, Vol. 44, No. 1 (2013), pp. 107 – 118.

② Christophe Grellard and Frédérique Lachaud, eds., *A Companion to John of Salisbury*, Leiden: Brill, 2014.

③ Frank Barlow, "John of Salisbury and His Brothers", *Journal of Ecclesiastical History*, Vol. 46, No. 1 (1995), pp. 95 – 109.

④ Ronald E. Pepin, "*Amicitia Johcosa*: Peter of Celle and John of Salisbury", *Florilegium*, Vol. 5 (1983), pp. 140 – 156.

⑤ Yoko Hirata, "John of Salisbury, Gerard Pucelle and *Amicitia*", in Julian Haseldine, ed., *Friendship in Medieval Europe*, Stroud: Sutton, 1999, pp. 153 – 165.

⑥ Clement C. J. Webb, *John of Salisbury*, London: Methuen & Co. ltd., 1932.

记《索尔兹伯里的约翰》将约翰的一生分为早期生活和教育、坎特伯雷服务、作者和行政者、贝克特争论和最后生活五个时期，并且详细介绍了约翰的著述。① 本书与韦伯的著作相比，对约翰的著述和书信阐述更为详细，考证了约翰各部著作的写作时间及相互间的关系。奥尔加·威杰斯（Olga Weijers）的《索尔兹伯里的约翰在法国学习的年代表》通过对《逻辑论》第二卷10章的分析，总结了约翰在法国的学习情况。② 凯伦·鲍勒曼（Karen Bollermann）和内德曼的《"落日余年"：作为沙特尔主教的索尔兹伯里的约翰和在法国出现的对圣贝克特的意外崇拜》，指出约翰能在沙特尔任主教，被学者普遍认为是教会对其贡献的一种奖励，其中包含贝克特的个人因素，并且他的主教工作做得极其普通甚至不好，而后则通过大量一手资料描绘约翰在沙特尔的最后时光，证明其实践活动对沙特尔有很大的贡献，显示了作者独到的见解。③

第二，对约翰著作和书信的研究。约翰的主要著作和书信集被翻译成英文出版，相关的研究论著也不断出现，代表性研究成果有：艾莉森·德鲁（Alison Drew）的博士论文《索尔兹伯里的约翰的〈逻辑学〉中的语言和逻辑》④；丹尼尔·约瑟夫·舍温（Daniel Joseph Sheerin）的博士论文《索尔兹伯里的约翰的〈恩特替卡斯〉校勘本及介绍》⑤；平田洋子的博士论文《索尔兹伯里的约翰和他的通信者：关于约翰和通信者书信关系的研究》⑥；克莱尔·摩纳哥（Clare Monagle）的《有争议的知识：索尔兹伯里的约翰的〈逻

---

① Cary J. Nederman, *John of Salisbury*, Tempe and Arizona: Arizona Center for Medieval and Renaissance Studies, 2005.

② Olga Weijers, "The Chronology of John of Salisbury' Studies in France", in *WJS*, pp. 109 – 116.

③ Karen Bollermann and Cary J. Nederman, "The 'Sunset Years': John of Salisbury as Bishop of Chartres and Emergent Cult of St. Thomas Becket in France", *Viator*, Medieval and Renaissance Studies, Vol. 45, No. 2（2014）, pp. 55 – 76.

④ Alison Drew, *Language and Logic in John of Salisbury's "Metalogicion"*, Ph. D. Dissertation, University of Cambridge, 1986.

⑤ Daniel Joseph Sheerin, *John of Salisbury's "Entheticus de Dogmate Philosophprum"*, *Critical Text and Introduction*（*Latin Text with English Introduction and Notes*）, The University of North Carolina at Chapel Hill, 1969.

⑥ Yoko Hirata, *John of Salisbury and his Correspondents: a Study of the Epistolary Relationships between John of Salisbury and his Correspondents*, Ph. D. Dissertation, University of Sheffield, 1991.

辑学〉和〈教皇史〉》①。戈登·格雷（Gordon Gray）的《重建知识：索尔兹伯里的约翰的"重返（知识）树木"》简要介绍了约翰的生平，重点论述了他的三部著作：《恩特替卡斯》《论政府原理》和《逻辑论》，分析了著作中的政治性和思想性内容。② 这一类的研究成果涉及除《圣徒传记》外约翰的著作，其中关于《论政府原理》的研究，主要为对其政治思想的研究，综述见下文。

第三，对约翰思想的综合研究，学者们关注的重点是约翰的政治思想、人文思想、哲学思想、教育思想及对后世的影响等。③ 例如，关于约翰的人文思想的研究，代表性的有汉斯·利贝许茨（Hans Liebeschütz）的著作《索尔兹伯里的约翰的生活和著作中体现的中世纪人文主义》，通过分析约翰的生活背景和经历及其著作，总结了他的一生的活动和思想，其中概述了他的五个政治观念——国家（*res publica*），君主（*principatus*），暴君（*tyrannus*），自由和法律（*libertas* and *lex*）和永恒的罗马（*Roma aeterna*）④。尽管利贝许茨使用了人文主义一词，但更多的是关注约翰的政治观点；约翰任沙特尔主教时，仍旧学习古典知识，作者却忽视了这一时期约翰活动中体现的人文主义，他对约翰的人文主义观点的阐述并不充分。罗德尼·汤姆森（Rodney Thomson）的《索尔兹伯里的约翰和马姆斯伯里的威廉：12 世纪的人文主义趋势》，指出约翰运用古典经典的三个特征：第一，他引用的经典数量多，他的著作成为包含权威性例子的宝库；第二，他借用经典使自己有争议性的论述更有说服力；第三，他对这些古典作者的了解实际上要比看上去少，经常引用二手资料，多用摘要，并且经常错误引用。⑤

---

① Clare Monagle, "Contested Knowledges: John of Salisbury's *Metalogicon* and *Historia Pontificalis*", *Parergon*, Vol. 21, No. 1 (2004), pp. 1 – 17.

② Gordon Gray, *Restoring Knowledge: John of Salisbury's "Return to the Tree"*, M. A. Thesis, Simon Fraser University, 2013.

③ Christophe Grellard and Frédérique Lachaud, eds., *A Companion to John of Salisbury*, Leiden: Brill, 2014, pp. 377 – 438.

④ Hans Liebeschütz, *Mediaeval Humanism in the Life and Writings of John of Salisbury*, Nendeln: Kraus Reprint, 1968.

⑤ Rodney Thomson, "John of Salisbury and William of Malmesbury: Currents in Twelfth – Century Humanism", in *WJS*, pp. 117 – 125. 马姆斯伯里的威廉（William of Malmesbury, 约 1095—约 1143）是 12 世纪英格兰最重要的历史学家之一。

对约翰引用的古典经典分析的文章有：珍妮特·马丁（Janet Martin）的《传统的运用：盖里乌斯，佩特罗尼乌斯和索尔兹伯里的约翰》① 和《索尔兹伯里的约翰关于弗朗提努斯和盖里乌斯的手稿》②，沃尔特·C. 萨默斯（Walter C. Summers）的《索尔兹伯里的约翰与古典经典》③，奥古斯特·C. 凯里（August C. Kery）的《索尔兹伯里的约翰的古典知识》等④。除了上述研究文章外，关于亚里士多德对约翰影响的研究论著颇多，如大卫·布洛赫（David Bloch）的《亚里士多德科学中的索尔兹伯里的约翰》一书，从约翰的教育、获得资料、12 世纪的逻辑学和科学等方面论述亚里士多德对约翰的影响。⑤ 内德曼的《超越斯多葛主义和亚里士多德主义：索尔兹伯里的约翰的怀疑主义和 12 世纪的道德哲学》，论述了约翰在斯多葛主义和亚里士多德主义影响下形成的道德哲学观。⑥ 内德曼和 J. 布鲁克曼（J. Brückmann）的《索尔兹伯里的约翰〈论政府原理〉中的亚里士多德主义》，指出亚氏的三种理念对约翰影响最大：人类知识是灵魂的一种状态（state of soul），德性或者善为过量和不足之间的适度，德性相对来说是稳定不变的状态。⑦ 内德曼在《亚里士多德适度学说和索尔兹伯里的约翰的自由概念》一文中，认为个体的自由为界定善的、有效的政府提供了限制条件，德性适度的亚氏观点影响了约翰的德性君主概念。⑧ 内德曼的《知识，德性和通往智慧的途径：索尔兹伯

① Janet Martin，"Uses of Tradition：Gellius, Petronius, and John of Salisbury"，*Viator*，Vol. 10（1979），pp. 57 – 77.

② Janet Martin，"John of Salisbury's Manuscripts of Frontinus and of Gellius"，*Journal of the Warburg and Courtauld Institutes*，Vol. 40（1977），pp. 1 – 26.

③ Walter C. Summers，"John of Salisbury and the Classics"，*The Classical Quarterly*，Vol. 4，No. 2（1910），pp. 103 – 105.

④ August C. Kery，"John of Salisbury's Knowledge of the Classics"，*Transactions of the Wisconsin Academy of Sciences*，*Arts and Letters*，Vol. 16，Madison：The Academy，2012，pp. 948 – 987.

⑤ David Bloch，*John of Salisbury on Aristotelian Science*，Turnhout，Belgium：Brepols，2012.

⑥ Cary J. Nederman，"Beyond Stoicism and Aristotelianism：John of Salisbury's Skepticism and Twelfth Century Moral Philosophy"，*Brills Studies Intellectual History*，Vol. 30（2005），pp. 175 – 195.

⑦ Cary J. Nederman and J. Brückmann，"Aristotelianism in John of Salisbury's *Policraticus*"，*Journal of the History of Philosophy*，Vol. 21，No. 2（1983），pp. 203 – 229.

⑧ Cary J. Nederman，"The Aristotelian Doctrine of the Mean and John of Salisbury's Concept of Liberty"，*Vivarium*，Vol. 24，No. 2（1986），pp. 128 – 142.

里的约翰〈逻辑论〉中未核实的亚里士多德主义》指出亚里士多德至少有两点影响体现在《逻辑论》中：获得知识的途径——只有在稳定状态（境界）下才能获得知识；教育的伦理概念——课程不符合适度原则是不正确的设置。① 内德曼在《亚里士多德伦理学与索尔兹伯里的约翰的书信》分析了亚氏的 habitus/hexis （境界）概念，habitus 在《论政府原理》中的体现是：第一，德性源于一种稳定的状态，并通过日常实践获得；第二，所有的德性都包含适度。这些学说同样在约翰的书信中出现，约翰经常描述某个人的品质，特别是道德品质，其中不仅有他政治上或私人的敌人——亨利二世，德皇腓特烈一世，巴黎的约翰，吉尔伯特·福利奥特，还有他的亲朋好友——贝克特，亚历山大三世，法国国王路易七世。约翰对他的同僚的描述有两个主题：第一，那些在之前的言辞和行动上反对正义的人，之后即使表面上悔改也不值得信任；第二，道德评价的稳定，即使面临身体上的折磨，亦有品质优良的人。第一个主题出现在约翰建议大主教在对待那些曾经反对过教会的人时，要考虑他们的道德和政治可靠性；第二个主题出现在他对一些人的赞扬中，那些因维护教会自由而承受贫穷、被流放和宣布为非法的人，他们坚定不变地保持道德上的公正诚实。② 这些论文探讨了亚里士多德对约翰的影响，由此可见，亚氏的逻辑学和伦理学思想在其政治思想复兴前的影响巨大。此外，理查德·麦克科恩（Richard McKeon）的《西方亚里士多德传统的希腊和罗马基础》③，内德曼的《〈尼各马可伦理学〉前的亚里士多德伦理学：12 世纪亚氏德性概念的来源》④《中世纪伦理和政治思想中"亚里士多德主义"的内涵》⑤《亚

---

① Cary J. Nederman, "Knoeledge, Virtue and the Path to Wisdom: The Unexamined Aristotelianism of John of Salisbury's *Metalogicon*", *Mediaeval Studies*, Vol. 51 （1989）, pp. 268 – 286.

② Cary J. Nederman, "Aristotelian Ethics and John of Salisbury's Letters", *Viator*, 18 （1987）, pp. 161 – 173. 第二章将论述 habitus 的内涵。

③ Richard McKeon, "The Hellenistic and Roman Foundations of the Tradition of Aristotle in the West", *The Review of Metaphysics*, Vol. 32, No. 4 （1979）, pp. 677 – 715.

④ Cary J. Nederman, "Aristotelian Ethics before the Nicomachean Ethics: Alternate Sources of Aristotle's Concept of Virtue in the Twelfth Century", *Parergon*, No. 7 （1989）, pp. 55 – 75.

⑤ Cary J. Nederman, "The Meaning of 'Aristotelianism' in Medieval Moral and Political Thought", *Journal of the History of Ideas*, Vol. 57, No. 4 （1996）, pp. 563 – 585.

里士多德主义和 12 世纪"政治科学"的起源》①《本性，伦理和"境界"：12 世纪亚里士多德的道德心理学》② 等文章，提供了 12 世纪亚里士多德学说传播的背景资料。

关于约翰教育思想的研究，代表性的成果有维尔弗德·劳森·因耐德（Wilfred Lawson Innerd）的博士论文《索尔兹伯里的约翰的教育思想》，其简要介绍了约翰的生活和性格，分析了他教育思想中学习和教学的本质，课程设置，课程目的及约翰与西方教育传统的关系③。此外还有，丹尼尔·D. 麦加里（Daniel D. McGarry）的《索尔兹伯里的约翰〈逻辑论〉中的教育理论》④，阿比盖尔·E. 德哈特（Abigail E. DeHart）的《索尔兹伯里的约翰的〈逻辑论〉和七艺教育中的平等》⑤，布莱恩·D. 菲茨杰拉德（Brian D. FitzGerald）的《中世纪教育理论：圣维克多的于格和索尔兹伯里的约翰》⑥ 等。这些文章表明约翰在教育发展史中的重要地位。

关于约翰神学思想的研究，代表性的成果有格拉德的《索尔兹伯里的约翰和神学》，分析了约翰在巴黎、蒙捷拉策勒（Montier – la – Celle）和坎特伯雷所接受的神学教育，进而从经院神学（Scholastic Theology）到怀疑信仰主义（Skeptical Fideism），怀疑主义（Scepticism）与神学，经院神学和学术怀疑主义（Academic Scepticism），怀疑主义和否定神学（Negative Theology），以及政治神学五方面论述了约翰的神学理论。⑦

最后，关于约翰著作影响的研究主要有以下五篇文章：沃尔特·厄尔曼

---

① Cary J. Nederman，"Aristotelianism and the Origins of 'Political Science' in the Twelfth Century"，*Journal of the History of Ideas*，Vol. 52，No. 2（1991），pp. 179 – 194.

② Cary J. Nederman，"Nature，Ethics，and the Doctrine OF 'Habitus'：Aristotelian Moral Psychology in the Twelfth Century"，*Traditio*，Vol. 45（1989 – 1990），pp. 87 – 110.

③ Wilfred Lawson Innerd，*The Educational Thought of John of Salisbury*，Ph. D. Dissertation，University of Pittsburgh，1971.

④ Daniel D. McGarry，"Educational Theory in the *Metalogicon* of John of Salisbury"，*Speculum*，Vol. 23，No. 4（1948），pp. 659 – 675.

⑤ Abigail E. DeHart， "John of Salisbury's Metalogicon and the Equality of Liberal Arts Education"，*Grand Valley Journal of History*，Vol. 3，Issue 1（2013），pp. 1 – 8.

⑥ Brian D. FitzGerald， "Medieval theories of education：Hugh of St Victor and John of Salisbury"，*Oxford Review of Education*，Vol. 36，No. 5（2010），pp. 575 – 588.

⑦ Christophe Grellard，"John of Salisbury and Theology"，in Christophe Grellard and Frédérique Lachaud，eds.，*A Companion to John of Salisbury*，Leiden：Brill，2014，pp. 339 – 373.

（Walter Ullmann）的《索尔兹伯里的约翰对中世纪意大利法学家的影响》，论述了约翰作品对意大利法学家的影响，特别是他的诛杀暴君理论和法律论，对法学家的影响最大。① 厄尔曼的另一篇论文《中世纪后期的索尔兹伯里的约翰的〈论政府原理〉》，首先简要介绍了《论政府原理》的特点，然后分析了该著作在英格兰、法国、西班牙和意大利等欧洲各地的影响。② 阿姆农·林德（Amnon Linder）的《13 世纪英格兰的索尔兹伯里的约翰的〈论政府原理〉：剑桥大学基督圣体学院 469 的佐证》一文，论述了 13 世纪《论政府原理》的手稿存有情况，以及该著对英格兰作者的影响。③ 该作者的另一篇文章《中世纪后期对索尔兹伯里的约翰的认识》，讲述了中世纪后期，约翰著作的传播和影响，波及英格兰和整个欧洲大陆。④ 弗雷德里克·拉绍（Frédérique Lachaud）的《起源与文本：〈论政府原理〉后的中世纪》介绍了《论政府原理》在中世纪英格兰、法国和欧洲大陆其他地区的传播和影响。⑤ 这五篇文章是认识约翰著作传播和影响的重要来源。此外还有三篇文章介绍约翰的文学影响：玛格丽特·克莱顿（Margaret Clayton）的《本·琼森，"另一种表达"：对索尔兹伯里的约翰〈论政府原理〉的使用》分析了英国文艺复兴时期的剧作者、诗人本·琼森的批评文集《森林》（*Timber*）和《发现》

① Walter Ullmann, "The Influence of John of Salisbury on Medieval Italian Jurists", *The English Historical Review*, Vol. 59, No. 235 (1944), pp. 384 – 392.

② Walter Ullmann, "John of Salisbury's *Policraticus* in the Later Middle Ages", in Herausgegeben von Karl Hauck und Hubert Mordek ed., *Geschichtsschreibung und geistiges Leben im Mittelalter：Festschrift für Heinz Löwe zum 65*, Geburtstag, Köln；Wien：Böhlau, 1978, pp. 519 – 545.

③ Amnon Linder, "John of Salisbury's *Policraticus* in Thirteenth – Century England：The Evidence of Ms Cambridge Corpus Christi College 469", *Journal of the Warburg and Courtauld Institutes*, Vol. 40 (1977), pp. 276 – 282.

④ Amnon Linder, "The Knowledge of John of Salisbury in the Late Middle Ages", *Studi medievali*, Spoleto：Centro Italiano di Studi Sull' alto Medioevo di Spoleto, serie 3, 18 FASC. 2 1977, pp. 315 – 355.

⑤ Frédérique Lachaud, "Filiation and Context：The Medieval Afterlife of the Policraticus", in Christophe Grellard and Frédérique Lachaud, eds., *A Companion to John of Salisbury*, Leiden：Brill, 2014, pp. 377 – 438.

(*Discoveries*) 中的材料来源大多为《论政府原理》第三卷中的章节。① 罗伯特·普拉特（Robert Pratt）《关于乔叟的注释和索尔兹伯里的约翰的〈论政府原理〉》指出乔叟作品受《论政府原理》的第八卷影响较大。②

约翰的政治学著作《论政府原理》以及他的政治思想是广大学者研究的重点。代表性的有：凯特·兰登·福朗（Kate Langdon Forhan）的《一位十二世纪"官僚"和精神生活：索尔兹伯里的约翰的〈论政府原理〉》认为，该著建立在西塞罗和柏拉图国家论基础上，是中世纪第一部试图将伦理哲学与实际政治要求结合的基督化著作，约翰的目标不是建立上帝之城，而是有序独立的世俗社会，在理性法律和机构的帮助下，克服堕落的人性弱点，追求至善。③ 正如题目所示，福朗全面论述了《论政府原理》中体现的政治思想，但是很少涉及约翰的其他论著、书信集及约翰本人的政治活动，这样势必影响全面客观地阐释约翰的政治思想。昆廷·泰勒（Quentin Taylor）的《索尔兹伯里的约翰，〈论政府原理〉和政治思想》一文从写作背景和写作方法分析了该著的创作，总结了约翰政治思想中的现实主义（realism）、理性主义（rationalism）和自然主义（naturalism）。④ 赫克特·J. 梅西（Hector J. Massey）的《索尔兹伯里的约翰：关于他政治哲学的一些视角》从社会、法律、诛杀暴君论和影响四方面论述约翰的政治哲学。⑤ 艾思格·凯斯金·克拉克（Ayşegül Keskin Çolak）的《重新审视廷臣的轻浮：索尔兹伯里的约翰政治理论文本中的宫廷批判主义》，论述了约翰对教会和国家关系的认识，对12世

---

① Margaret Clayton, "Ben Jonson, 'In Travaile with Expression of Another': His Use of John of Salisbury's *Policraticus*", *The Review of English Studies*, New Series, Vol. 30, No. 120 (1979), pp. 397 – 408.

② Robert Pratt, "A Note on Chaucer and the Policraticus of John of Salisbury", *Modern Language Notes*, Vol. 65, No. 4 (1950), pp. 243 – 246.

③ Kate Langdon Forhan, *The Twelfth Century "Bureaucrat" and the Life of the Mind: John of Salisbury's "Policraticus"*, Ph. D. Dissertation, The Johns Hopkins University, 1987.

④ Quentin Taylor, "John of Salisbury, the Policraticus, and Political Thought", *Humanitas*, Vol. 19, Issue 1/2 (2006), pp. 133 – 157.

⑤ Hector J. Massey, "John of Salisbury: Some Aspects of His Political Philosophy", *Classica et mediaevalia: revue danoise de philologie et d'histoire* XXVIII, Copenhagen: Museum Tusculanum Press, 1967, pp. 357 – 372.

纪宫廷的批判以及希望廷臣遵循哲学家的足迹。①

具体来说，西方学者们对其政治思想的研究主要集中在三个方面：一是王权和教权；二是国家有机体论；三是诛杀暴君论。

1. 王权和教权

论王权和教权是约翰的政治思想中最重要的部分之一。君主如何产生、如何使用自己的权力、有什么义务和职责以及王权有何限制等，这些是约翰王权思想的重要内容。教会的权力高于世俗权力是约翰一直坚持的理念，二者的关系也是约翰一直关注的问题。E. F. 雅各布（E. F. Jacob）在《索尔兹伯里的约翰和〈论政府原理〉》一文中指出："君主是教会的仆从学说……是《论政府原理》对中世纪政治理论的主要贡献之一。"② 约翰·迪金森（John Dickinson）的《中世纪王权概念及其局限性，伴随索尔兹伯里的约翰〈论政府原理〉的发展》，指出《论政府原理》是亚里士多德《政治学》复兴前的纯中世纪政治学著作，约翰代表的不是世俗社会而是教会，这种教会理论基于君主政体（national monarchy）反对封建侵害（feudal aggression），君主政体是约翰唯一感兴趣的可实现的现实政体，君主是公众利益的代表，为民众服务，但从上帝那里得来权力；作者还阐述了约翰的暴君论。③

内德曼和凯瑟琳·坎贝尔（Catherine Campbell）在《教士，国王，暴君：索尔兹伯里的约翰〈论政府原理〉中的精神和世俗权力》一文中认为，约翰主要讨论了正常的和出现暴君情况下的教权与王权关系：良好品格的君主和教会——上帝的教会高于世俗社会，君主的行为与教会的教导一致，二者通力合作；公众暴君与教会——暴君不遵守法律，恣意妄为，将自己的意志强加于教会，教会失去自由，但不能直接反抗暴君；合法的君主和教会暴君——如果不是所有的教士都为合法，没有必要留意君主，而君主只寻求那

---

① Ayşegül Keskin Çolak, *Nugae Curialium Reconsidered: John of Salisbury's Court Criticism in the Context of his Political Theory*, M. A. Thesis, The University of Birmingham, 2011.

② E. F. Jacob, "John of Salisbury and the *Policraticus*", in F. J. C. Hearnshaw, ed. , *The Social and Political Ideas of Some Great Mediaeval Thinkers: a Series of Lectures Delivered at King's College*, University of London London: Harrap, 1923, pp. 53 – 84, especially p. 78.

③ John Dickinson, "The Mediaeval Conception of Kingship and Some of Its Limitations, as Developed in the 'Policraticus' of John of Salisbury", *Speculum*, Vol. 1, No. 3 (1926), pp. 308 – 337.

些与上帝意志一致、善的教士的合作，而不是追逐权力的教士，在有教会暴君的前提下，君主没必要服从他，但也只能通过祈祷和诉求上帝惩罚教会暴君；公众暴君和教会暴君——表面上和谐，最终结局悲惨和下地狱。约翰关心的并不是管理教会和世俗国家关系的正式机构或法律程序，而是君主和教士的道德品质。约翰主张教会与世俗国家是相互独立又相互合作的。①

R. W. 克莱尔（R. W. Carlyle）和 A. J. 克莱尔（A. J. Carlyle）在六卷本的《西方中世纪的政治理论》第四卷《10—12 世纪的帝国和教皇权关系理论》中，用接近 20 页的篇幅阐述约翰的国家和教会关系理论。②

2. 国家有机体论

把一个国家比喻成一个有生命的生物体的理论，虽不是约翰首创，但他的阐述最为详尽，奥拓·基尔克（Otto Gierke）评价约翰为："第一个试图寻找自然身体的各部位相当于国家的各部分。"③ 论述国家有机体论的代表性的有：福朗在《多人统治，职责和反抗：索尔兹伯里的约翰和克里斯蒂娜·德·皮桑的有机体论》中，介绍了《论政府原理》中的有机体论和《论政府原理》的读者，并分析了约翰对皮桑的影响。④ 迪恩·斯温福德（Dean Swinford）的《梦的解析和索尔兹伯里的约翰〈论政府原理〉中的有机体隐喻》一文，以独特的视角指出很多学者只注意《论政府原理》后半部分的有机体论，而忽视了第二卷的论述，第二卷中梦的解析作为神秘主义的实践，依靠精神阐述有机体隐喻，是约翰宗教权威的一种有效论述。⑤ 蒂尔曼·斯特鲁维

---

① Cary J. Nederman and Catherine Campbell, "Priests, Kings, and Tyrants: Spiritual and Temporal Power in John of Salisbury's *Policraticus* ", *Speculum* , Vol. 66, No. 3 (1991), pp. 572 – 590.

② R. W. Carlyle and A. J. Carlyle, *A History of Mediaeval Political Theory in the West* , Vol. 4, *The Theories of the Relation of the Empire and the Papacy from the Tenth Century to the Twelfth* , Edinburgh and London: William Blackwood and Sons, 1922.

③ Otto Gierke, *Political theories of the Middle Ages* , translated with an introduction by F. W. Maitland, Cambridge: Cambridge University Press, 1900 (1987 printing), p. 24.

④ Kate Langdon Forhan, "Polycracy, Obligation, and Revolt: The Body Politic in John of Salisbury and Christine de Pizan", in Margaret Brabant, ed. , *Politics , Gender , and Genre : the Political Thought of Christine de Pizan* ,Boulder: Westview Press, 1992, pp. 33 – 52.

⑤ Dean Swinford, "Dream Interpretation and the Organic Metaphor of the State in John of Salisbury's Policraticus", *Journal of Medieval Religious Cultures* , Vol. 38, No. 1 (2012), pp. 32 – 59.

（Tilman Struve）的《论索尔兹伯里的约翰的政治思想中有机体论的重要作用》一文，阐述了有机体理论的来源和内容，认为约翰所描述的国家不是'世俗的'，尽管君主有足够的权力，罗马法强化了中世纪的君主政体理论，各阶层有互相促进的关系，但强调的是等级论，教会和上帝的重要作用。① 而与斯特鲁维的评价不同的是，内德曼的《索尔兹伯里的约翰〈论政府原理〉中有机体隐喻的生理学意义》指出，有机体论并不是政治的解剖学版本，而是建立一种理论框架，是一种世俗政治理论，强调各部位也就是不同阶层为了共同福祉的合作互助，而不是单纯的等级论。② 利贝许茨认为："约翰将国家与身体相比较，这使一些批评家认为他是国家有机体论的代表人物，实际上含义有限，尽管比前人阐述了更多关于国家机构的细节。约翰的目的是强调人们任务不同的重要性。"③

3. 诛杀暴君论

中世纪有反对暴君的传统，关于这一问题的代表性研究是威尔弗里德·帕森斯（Wilfrid Parsons）的《中世纪的暴君理论》，该文探讨了提出君主和暴君区别概念的代表人物，包括奥古斯丁（Augustine/Aurelius Augustinus，354－430）、教皇圣辛玛古（Pope St. Symmachus，？—514，498—514 任职）、教皇格里高利一世（St. Gregory the Great，540—604，590—604 任职），圣伊西多尔（St. Isidore of Seville，约 560—636），里昂的艾戈巴德（Agobard of Lyons，约 779—840），劳腾巴赫的曼尼戈德（Manegold of Lautenbach，约 1030—1103），奥格斯堡的奥诺里与斯（Honorius of Augsburg/Honorius of Autun，1080—约 1154），索尔兹伯里的约翰，圣托马斯·阿奎那（St. Thomas Aquinas，1225—1274）和罗马的贾尔斯（Giles of Rome/Aegidius Romanus，约

---

① Tilman Struve，"The Importance of the Organism in the Political Theory of John of Salisbury"，in *WJS* , pp. 303－317.

② Cary J. Nederman，"The Physiological Significance of the Organic Metaphor in John of Salisbury's *Policraticus*"，*History of Political Thought* , Vol. 8，Issue 1（1987），pp. 211－223.

③ Hans Liebeschütz，*Mediaeval Humanism in the Life and Writings of John of Salisbury*，Nendeln：Kraus Reprint，1968，p. 45.

1245—1316)，埃吉迪乌斯·科隆那（Aegidius Colonna，1247—1316）等。①

约翰反暴君的思想来源于现实政治。学者分析指出，约翰认为斯蒂芬和罗杰二世为暴君。内德曼的《暴政的变化外观：索尔兹伯里的约翰政治思想中的斯蒂芬统治》指出，约翰在《恩特替卡斯》中所说的国王贺卡努斯（King Hircanus）实际指的是国王斯蒂芬，而在《论政府原理》中对暴君的描述更为成熟，对斯蒂芬的统治仍持否定态度，但没有明确指出暴君是哪一位英格兰国王。② 利贝许茨认为："诛杀暴君的古典理论是约翰在英格兰教会经验的感受，特别是他在坎特伯雷任职时期，国王斯蒂芬的统治。"③ 海伦·维如斯科斯基（Helene Wieruszowski）的《12 世纪政治思想中的西西里的罗杰二世，国王 – 暴君》提及约翰对暴君罗杰二世的描述和批判。④

对约翰诛杀暴君论详细阐述的代表性文章有：内德曼的《诛杀的责任：索尔兹伯里的约翰的诛杀暴君论》，该文认为约翰的诛杀暴君理论源于他的政治有机体论，该理论有实际可行性，人们为获得公众福祉和正义，有义务拿起剑反抗暴君。⑤ 福朗的《索尔兹伯里的赌注：索尔兹伯里的约翰〈论政府原理〉中的'暴政'使用》一文，从《论政府原理》中的暴君暴政论述、暴政与奉承、暴政与野心以及暴政、德性与诛杀暴君这四个方面，论述了约翰的暴君理论。福朗认为不同章节出现的有关暴君论述含义不同，同时又具有关联性。⑥ 迈克尔·维尔克斯（Michael Wilks）的《索尔兹伯里的约翰和"荒谬的"暴政论》一文，通过分析古典经典特别是亚里士多德对约翰的影响，指出他调和了两种极端观点——人为动物性和圣人——建立新的社会团

① Wilfrid Parsons, "The Mediaeval Theory of the Tyrant", *The Review of Politics*, Vol. 4, No. 2 (1942), pp. 129—143.

② Cary J. Nederman, "The Changing Face of Tyranny: The Reign of King Stephen in John of Salisbury's Political Thought", *Nottingham Medieval Studies*, Vol. 33 (1989), pp. 1 – 20.

③ Hans Liebeschütz, *Mediaeval Humanism in the Life and Writings of John of Salisbury*, London: Warburg Institute, 1950, p. 52.

④ Helene Wieruszowski, "Roger II of Sicily, Rex – Tyrannus, In Twelfth – Century Political Thought", *Speculum*, Vol. 38, No. 1 (1963), pp. 46 – 78.

⑤ Cary J. Nederman, "A Duty to Kill: John of Salisbury's Theory of Tyrannicide", *The Review of Politics*, Vol. 50, No. 3 (1988), pp. 365 – 389.

⑥ Kate Langdon Forhan, "Salisbury's Stakes: The Uses of 'Tyranny' in John of Salisbury's *Policraticus*", *History of Political Thought*, Vol. 6, Issue 3 (1990), pp. 397 – 407.

体，既不是教会又不是国家，而是一种真正的人类社会，用古典学语言表示为 *polis* 或 *respublic*，君主在整体与部分、神圣与自然间达到行动的平衡适度，否则就会形成暴政，他们听信奉承者的言辞就会成为暴君。①

关于约翰是否提出了诛杀暴君论，西方学界尚存争议。支持提出观点的有：内德曼认为约翰的诛杀暴君理论依赖于两点证据，"第一，他坚持（宫廷奉承）诛杀暴君是合法，正确和正义的。第二来自他对历史上暴君例子的大量引用，这些暴君都没有好下场……约翰的'诛杀暴君'论既不是纯哲学幻想，也不是对暴君模糊的警告。而是一定形势下，对有机体中所有成员要履行好对上帝和国家职责的挑战"②。理查德·H. 劳斯和玛丽·A. 劳斯认为："约翰痛苦的证明诛杀暴君是被允许的，甚至一些时候是不可避免的责任。"③相反的观点则认为约翰从来没有对"诛杀暴君"的行为进行理论上的辩护。如 14 世纪意大利的科卢乔·萨卢塔蒂（Coluccio Salutati，1331—1406）表现了对约翰诛暴君论的担忧："这位有学识的索尔兹伯里的约翰……声称可以诛杀暴君，并且通过很多例子来证明，在我看来并没有达到这样的结果。他的例子没有证明诛杀暴君的正确性，只证明了这是一种经常发生的事。"④ 让·范·拉霍温（Jan Van Laarhoven）在《你不应诛杀暴君！索尔兹伯里的约翰所谓的诛杀暴君论》一文，指出了"诛杀暴君"理论的矛盾并做出了解释："这一所谓的理论允许诛杀暴君，但是实际上又不可行，那理论有什么用处？为什么像索尔兹伯里的约翰这样的学者会出现理论上的不一致？……答案非常简单，因为他根本就没有提出这样的理论。约翰所引用的历史、古典以及圣经上的故事，只是为了得出这样一个结论：暴君是不会有好下场的。他对这种现象只做出了一种道德上的评价：他们罪有应得。在他的理论中，暴政的确是一种非常可怕的行为，是社会中最不人道的恶行。这一道德评价与他

---

① Michael Wilks, "John of Salisbury and the Tyranny of Nonsense", in *WJS*, pp. 263 – 286.

② Cary J. Nederman, "John of Salisbury's Political Theory", in Christophe Grellard and Frédérique Lachaud, eds., *A Companion to John of Salisbury*, Leiden: Brill, 2014, p. 278, pp. 287 – 288.

③ Richard H. Rouse and Mary A. Rouse, "John of Salisbury and the Doctrine of Tyrannicide", *Speculum*, Vol. 42, No. 4 (1967), pp. 693 – 709, especially p. 703.

④ Ephraim Emerton, *Humanism and Tyranny: Studies in the Italian Trecento*, Gloucester, Mass.: Peter Smith, 1964, p. 90.

的神学观点一致：所有非正义的行为最终都会受到上帝的审判，即使'没有经过人们之手'。于是所谓的'主动行为'实际上是一种'被动行为'……最终决定权在上帝手中。"①

概言之，西方学界对约翰的研究较为深入，成果颇丰，而且对于一手资料的占有和对自身文化的感悟，都比我们更有优势。尽管如此，我们仍需从自己的立场和角度对约翰做深入的观察，并以此为切入点，加深对西方历史与文化的理解。同时国内学者对约翰的研究尚处于起步阶段，不够全面和深入，常常忽视一些术语产生的具体历史语境。随着对约翰研究的重视，当今国内学术界，介绍他的著述将会越来越多，系统分析和梳理他的政治思想必将有新的突破，以此不断拓展对约翰的研究。

三、写作目的

本书所要探讨的主要问题：一是 12 世纪文艺复兴对约翰的影响；二是探讨约翰政治思想的理论来源；三是全面分析约翰的著作，重视其哲学和神学背景（哲学和神学本身就是政治的根基），概括其政治思想的主要内容；四是约翰的著作和思想对后世的影响。由此本书在 12 世纪文艺复兴的历史背景下，通过对约翰著作和经历的分析，总结其政治思想，具体进行了以下探讨：首先概述约翰的生平和论著。约翰在法国跟随众多名师学习，掌握了七艺和神学知识，此后在罗马、坎特伯雷和沙特尔等地积累了丰富的教廷经验，并且与王室宫廷有密切联系。通过学习和实践，约翰形成了自己的神学、哲学和政治观念，编著了多部著作，留下众多书信。接着本书总结了约翰的人性观，他认为一出生就有原罪，进而身体和灵魂的和谐受到无知、贪婪和欲望等的破坏。要克服人性弱点，需要道德伦理的帮助，在自然法则框架内，由理性指引的自由意志引领人们寻求至善、德性和幸福，过这种哲学式生活。约翰期望廷臣能够遵循这种哲学家的生活方式，但 12 世纪宫廷并不是这样。进而本书论述约翰对此进行的批判，主要批判了廷臣的狩猎、赌博、音乐、戏剧和魔法等不适度的活动，以及他们的贪婪和奉承谄媚。之后约翰在汲取

---

① Jan Van Laarhoven, "Thou Shalt Not Slay a Tyrant! The So – Called Theory of John of Salisbury", in *WJS*, pp. 319 – 333, especially p. 328.

古典经典的基础上提出了自己理想中的国家——有机体论，将社会跟阶层比作身体的各部位，每个阶层都有不同的社会分工和职责。从约翰对灵魂和头部的描述，可分析他的国家与教会关系的理论——"双剑论"：提倡二者相互独立、相互依赖和相互合作。其他各阶层也是为整个有机体健康履行各自义务，和谐相处，互相合作。但有暴君出现时，国家与教会的关系即不再如约翰的理想国那样，约翰进而提出了诛杀暴君论，这是本书的另一重要内容。约翰将暴君分为公众暴君、教会暴君和个人暴君三种。公众暴君不遵守法律，破坏公平正义，侵害民众和教会的自由和利益。暴君的出现打破了约翰理想的健康有机体的状态，所以应当将其诛杀。同时他也认为由于客观因素，人们还无法直接诛杀暴君。斯蒂芬和罗杰二世是促使约翰写作的现实暴君。约翰卷入贝克特与亨利二世的争论后，在书信中又暗示亨利二世为暴君。在争论过程中，约翰始终坚持对教会自由的维护，通过与埃克塞特和坎特伯雷教区通信，传递大主教的信息，帮助贝克特和教会维护权益。在贝克特被谋杀后，又积极为其封圣奔走，在沙特尔任主教后，仍宣传贝克特维护教会自由的形象。最后，本书通过阐述他的著作，特别是《论政府原理》的传播，总结 12 世纪后期到 16 世纪受其政治思想影响的主要学者。约翰渊博的古典学识，对人的自由和理性及现世生活的重视，使其成为 12 世纪最著名的人文主义者之一。

四、史料基础

约翰的著作除了《论政府原理》的部分序言外，都被翻译成英文，他的著述和书信是本书最重要的研究史料。因为约翰的著作之间有着密切关系，所以本书既对他的政治学著作《论政府原理》做了较为详细深入的探讨，又不忽视他的其他著作，如《逻辑论》和《恩特替卡斯》等，这些著作都阐述了他的政治思想或者背景知识。特别是他的书信集，是研究人物最重要的第一手资料，可以较为客观地反映约翰的思想和活动。

《教父著作全集》（*Patrologiae Cursus Completus*）① 是世界古代中世纪史研究的基本史料。约翰的著述全部收录在其中的《拉丁文系列》（*Patrologiae Latina*，简称 *PL*）第 199 卷。《中世纪英国与爱尔兰的史料记录》（或译为《英国史的资料与文献》《英国国库全书》或《卷轶丛书》，The Chronicles and Memorials of Great Britain and Ireland during the Middle Ages，Latin：*Rerum Britannicarum medii aevi scriptores*，一般称作 Rolls Series）是包括了 99 部著作 253 卷的巨著。② 著名历史学家大卫·C. 道格拉斯（David C. Douglas）主编的 12 卷本《英国历史文献》（English Historical Documents），富含英国各时期的重要史料。这些著述都为研究约翰提供了背景资料。

国家图书馆、北京大学图书馆和很多电子期刊数据库，让著者能够使用这些史料。在苏格兰圣安德鲁斯大学访学的一年，接触了相关的研究论著，特别是了解了约翰政治思想研究最前沿的学术成果。由于本人才疏学浅，只能尽可能地研究使用这些史料，文中难免有疏漏和不妥之处，恳请各位学者、专家批评指正。

---

① 魏连嶽通过研究指出："目前教父著作原文的最为完整的版本乃是由十九世纪法国天主教神父米涅（Jacques Paul Migne，1800－1875）所编的《教父著作全集》（*Patrologiae Cursus Completus*）。此全集分为两系列：《希腊文系列》（*Patrologiae Graeca*）与《拉丁文系列》（*Patrologiae Latina*），简称：*PG* 与 PL。《希腊文系列》（*Patrologiae Graeca*）共有 161 卷（但因其中有几本丛书较庞大，故出版商将某些单卷本印制成双卷或三卷本，故目前此丛书总数量为 166 卷，其中包括一卷分开的索引卷，a separate Index Volume），此套希腊文系列丛书收集了从第一世纪罗马主教克莱门（Clement of Rome，Bishop of Rome from 88 to 99）到 1943 年的佛罗伦萨大公会议（the Council of Florence in 1439）之间重要的基督徒希腊文著作，以及这些著作的拉丁文翻译。《拉丁文系列》（*Patrologiae Latina*）共有 221 卷（218－221 卷为索引卷 Index Volumes），收集了从德尔图良（Tertullian，约 160－235）到教皇英诺森三世（Pope Innocent III，约 1161－1216）之间前后大约一千年重要的基督徒拉丁文著作。"http://christ. org. tw/patristics/patristic_ texts－s. htm，2014－9－18. 另参见彭小瑜：《近代西方古文献学的发源》，载于《世界历史》2001 年第 1 期，第 111－115 页。

② Catholic online：http：//www. catholic. org/encyclopedia/view. php? id＝10131，2014－9－18.

第一章　生平和著述

　　约翰的政治思想内容丰富，若想对其进行详细深入的了解，有必要回顾约翰的生活经历和创作背景。12 世纪是欧洲历史发展变化比较重要的一个时代，古典学、罗马法、经院哲学、高等教育和建筑等领域都有很大的发展。在政治领域，国王权力增强，国王与教会既密切合作又有权益纷争，正如卡莱尔指出的：“世界史上没有任何一个时期能像 12 世纪和 13 世纪那样在思想和生活领域的变化如此迅速。”① 正是在这样一个变迁的时代，约翰接受了良好的教育，成为最著名的知识分子之一。

第一节　生　平

一、早年生活及教育经历

　　约翰出生在英国威尔特郡的老塞勒姆区②，准确的出生日期不得而知，根

---

　　① R. W. Carlyle and A. J. Carlyle, *A History of Mediaeval Political Theory in the West*, Vol. 3, *Political Theory from the Tenth Century to the Thirteenth*, Edinburgh and London: William Blackwood and Sons, 1915, p. 14.
　　② 老塞勒姆区（Old Sarum）并不是当今英国的索尔兹伯里（Salisbury），而是离该镇不远的山丘堡垒。

据相关史实推出大致在 1115—1120 年间。① 他一直被认为是索尔兹伯里当地人，所以一般称其为索尔兹伯里的约翰。约翰在一封信中提到自己是 "hominem Parvum nomine"②，即 "名字为小的人"，所以约翰的姓有可能是 "小（拉丁语 Parvus，英语 Little 或者 Short）"③。约翰的家庭背景资料缺乏，关于他父母的情况，仅在 1170 年的一封信中提及他的母亲已经病重两年④，其父亲情况从未提到。因耐德认为约翰的父亲或许是一名商人，也可能是一位教职低的教士，在其年幼时就已经离世。⑤ 根据学者弗兰克·巴罗的分析，约翰母亲名为吉勒（Gille），又被称作伊吉迪亚（Egidia），她和两到三人有婚姻关系，除约翰外还有三个孩子：理查德·佩什（Richard Peche），罗伯特·费兹吉勒（Robert fitzGille）和索尔兹伯里的理查德（Richard of Salisbury）。⑥ 理查德·佩什在约翰的信件中未提到过。罗伯特·费兹吉勒姓 fitzGille，fitz（拉丁语 filius）的意思是 "某人的儿子"，那么可以推断出罗伯特与约翰及另外两人可能为同母异父，罗伯特是英格兰西南部城市今属德文郡（Devonshire）的首府埃克塞特（Exeter）的教士，后在德文郡的托特尼斯（Totnes）任大执事（archdeacon），是约翰的重要通信人之一。⑦ 索尔兹伯里的理查德，同样是一位神职人员，先后在埃克塞特和默顿（Merton）任职。理查德与约翰一同在 12 世纪 60 年代被放逐，有五封关于他的信件尚存。⑧ 约翰的家族不是诺

---

① Joseph Sheein, *John of Salisbury's 'Entheticus de Dogmate Philosophorum'*, *Critical Text and Introduction*, Ph. D. Dissertation, University of North Carolina at Chapel Hill, 1969, p. 2.

② *Letters*, 2, No. 212, pp. 342–343.

③ Clement C. J. Webb, *John of Salisbury*, London: Methuen & Co. ltd. , 1932, p. 1.

④ *Letters*, 2, No. 304, pp. 716–717. "*iam alterto languentem annoet amodo.*" 这一原因促使他离开贝克特回家探望母亲，是自 1163 年被流放后第一次回到索尔兹伯里。

⑤ Wilfred Lawson Innerd, *The Educational Thought of John of Salisbury*, Ph. D. Dissertation, University of Pittsburgh, 1971, p. 12.

⑥ Frank Barlow, "John of Salisbury and His Brothers", *Journal of Ecclesiastical History*, Vol. 46, No. 1 (1995), p. 96.

⑦ Clement C. J. Webb, *John of Salisbury*, London: Methuen & Co. ltd. , 1932, p. 3. 与罗伯特的通信主要有四封：*Letters*, 2, No. 145–148, pp. 36–47.

⑧ Ibid, p. 2. 收信人是理查德的有三封：*Letters*, 2, No. 164, pp. 84–87; No. 169, pp. 118–119; No. 172, pp. 128–133。还有两封信提到他：*Letters*, 2, No. 274, pp. 576–77; No. 304, pp. 716–717, pp. 722–723。

曼人，是英格兰本土贵族的可能性也不大。①

　　有关约翰的早年生活的资料和童年教育的记载很少，他有可能先在家乡老塞勒姆区和埃克塞特的教会学校接受了初级教育。② 这一时期的学校一般与王室宫廷或者教会联系在一起。③ 尼古拉斯·奥姆（Nicholas Orme）认为："有证据显示英格兰九所教会学校教授颂歌"④，这九所教区学校包括索尔兹伯里和埃克塞特，那么约翰很有可能学习了赞美上帝的颂歌。拉丁文法也是英格兰初级教育的必修课程，除此之外，约翰还有可能学习了法语。⑤ 还有学者推断，童年的约翰已经知道赞助人对廷臣的重要性，同时他对宫廷生活十分熟悉，并且很好地掌握了拉丁语。⑥ 这为他今后的学习和拉丁文写作打下了良好的基础。约翰本人对童年生活的记述，在其著作《论政府原理》中的第二卷 28 章中讲到，一位牧师对他进行了魔法预言未来与巫术的启蒙，"我的童年时期，一位牧师教授我神秘艺术。他练习水晶球魔法预言未来，在一定的魔法仪式后，让我和另一个比我大的男孩坐在脚边……我没有看到任何东西，我的同伴说他看到一些模糊的影像……结果我被认为是无用的……他们练习这种艺术时抛下了我，因为我会是整个练习过程的阻碍。"⑦ 约翰接着写到，练习这种魔法的人没有好下场，除了教授他的这位牧师和一些助祭。⑧

　　关于约翰生平，确切的最早时间是 1136 年，在其著作《逻辑论》里提到

---

① Wilfred Lawson Innerd，*The Educational Thought of John of Salisbury*，Ph. D. Dissertation，University of Pittsburgh，1971，p. 12.

② Cédric Giraud and Constant Mews，"John of Salisbury and the Schools of the 12th Century"，in Christophe Grellard and Frédérique Lachaud，eds.，*A Companion to John of Salisbury*，Leiden：Brill，2014，pp. 32 – 33.

③ R. W. Southern，*The Making of the Middle Ages*，London：Hutchinson，1953，pp. 185 – 193；Christophe Grellard and Frédérique Lachaud，*A Companion to John of Salisbury*，Leiden：Brill，2014，p. 4.

④ Nicholas Orme，*English Schools in the Middle Ages*，London：Methuen，1973，p. 64.

⑤ Ibid，p. 73. "在 12 和 13 世纪，（法语）在英格兰本土贵族、教士甚至商人中广泛传播……这是唯一被允许在学校教授的方言……"

⑥ Wilfred Lawson Innerd，*The Educational Thought of John of Salisbury*，Ph. D. Dissertation，University of Pittsburgh，1971，p. 14.

⑦ *P*.，Book II，Chap. 28，p. 147. Christophe Grellard and Frédérique Lachaud，eds.，*A Companion to John of Salisbury*，Leiden：Brill，2014，p. 3.

⑧ *P*.，Book II，Chap. 28，p. 147.

他去高卢（Gaul）学习的情况。① 自此约翰开始了在巴黎接受高等教育的生涯。约翰前往巴黎学习的原因可能是英格兰的高等教育仍旧围绕颂歌、教会法和宗教科学这些与教会相关的学科，约翰想在巴黎宽松的学习环境中学习到更多的知识。在英格兰，世俗学校直到诺曼征服后才得以初步发展，早期的教师都是法国人。② 而此时的法国已成为知识界的中心，各国有才能的学者云集巴黎，学校可以提供比在教会秩序下更为自由的课程，学生与教师具有流动性，与教会没有关联，可以自由地授课。③ 拉昂的安瑟伦（Anselm of Laon,? —1117）这位神学学校的创立者吸引了大批英格兰的学生到法国学习。④

　　1078 年，教皇格里高利七世（Gregory VII，约 1015—1085，1073—1085 年任职）的改革要求所有的大教会都应该有学校，所有的主教都应该设立七艺的教授。⑤ 高等教育教授的七艺（*Artes Liberales*，Liberal Arts，近代又称博雅技艺/教育或通识教育），分为基本的"前三艺"（*Trivium*）——文法（Grammar）、修辞（Rhetoric）、辩证（Dialectic）和"后四艺"（*Quadrivium*，又称四学科）——算术（Arithmetic）、几何（Geometry）、天文（Astronomy）、音乐（Music）。法学、神学和医学等要在掌握了这些学科后才能进一步学习，其中神学被认为是"所有艺术的女皇"⑥。在改革之前，约翰在法国的学习就已经包括了七艺和神学。他在《逻辑论》表述了对七艺的维护，以及要阅读诗人、演说家和历史学家的作品，"'诗歌为哲学的发源'这是公理。此外，

---

① *Met.* ，Book II，Chap. 10，p. 95. 高卢，古代欧洲西部一地区，大体包括今意大利北部、法国、比利时、卢森堡及荷兰、瑞士的一部分，约翰所指是法国巴黎及附近地区。英格兰国王亨利一世去世的时间是 1135 年 12 月，约翰写到去高卢是在亨利一世去世的第二年，由此可推出他去法国确切的年份是 1136 年。约翰在该著中提及自己受教育的情况，是为了证明只学习辩证法会带来不好的后果，他希望建立一种辩证法与其他人文学科相关联的体系。（参见：Christophe Grellard and Frédérique Lachaud，*A Companion to John of Salisbury*，Leiden：Brill，2014，pp. 4 – 5.）

② R. W. Southern，*Medieval Humanism and Other Studies*，Oxford：Blackwell，1970，p. 169.

③ Ibid，p. 162.

④ Gordon Gray，*Restoring Knowledge*：*John of Salisbury's "Return to the Tree"*，M. A. Thesis，Simon Fraser University，2013，p. 11.

⑤ Beryl Smalley，*The Becket Conflict and the Schools*：*a Study of Intellectuals in Politics*，Oxford：Basil Blackwell，1973，p. 18.

⑥ Stephen C. Ferruolo，*The Origins of the University*：*the Schools of Paris and Their Critics*，1100 – 1215，Stanford，California：Stanford University Press，1985，p. 183.

先辈告诉我们七艺学习非常有用，掌握了七艺，即使在没有教师的情况下，也会理解所有的书籍和文字。正如昆提利安（Marcus Fabius Quintilianus，约35—约100）所说：'这些学习不会伤害那些掌握了的人，而是停滞不前的人。'"①。"语法是'使读写正确的科学，通识教育的起点'。语法是所有哲学的发源，还有一种说法，是研读所有文字的首要帮助。"②

约翰在法国跟随多位名师学习，这些学者授课时间都不长，正如贝丽尔·斯莫利（Beryl Smalley）所说："很少有老师在学校里终老；大部分老师离开这个岗位而去到教廷或者世俗政府任职。"③ 首先，约翰在位于巴黎附近的圣热纳维耶山（Mont Sainte – Geneviève）跟随哲学家、神学家皮埃尔·阿伯拉尔（Peter Abelard/*Petrus Abailardus*，1079—1142）学习了辩证法的一些基本原则。辩证法是一门晦涩枯燥的学科，但是通过阿伯拉尔的讲解，辩证法可以变得新鲜而有趣。约翰称赞这位老师："在逻辑学方面的造诣超过同时代的其他所有人，对亚里士多德十分了解。"④ 正如韦伯所说："阿伯拉尔是约翰的第一位老师，他的名望在其他英格兰学者之上。"⑤ 尽管约翰质疑阿伯拉尔的一些关于共相（universal）的教学，他仍然认为那些遵循阿伯拉尔信条的人是他的朋友。⑥ 1137年阿伯拉尔结束了在巴黎的教学，约翰表示了对这位良师益友离开太快的失望。⑦ 1137到1138年，约翰跟随安瑟伦的学生兰斯的阿尔贝里克（Alberic of Rheims/*Albericus*，1085—1141）和英格兰学者默伦的罗伯特（Robert of Melun，约1100—1167）学习。阿尔贝里克和其他几位教士曾于1121年苏瓦松（Soissons）主教会议上指控阿伯拉尔宣传异端。⑧ 约翰

---

① *Met.*，Book I，Chap. 22，p. 63.

② *Met.*，Book I，Chap. 13，p. 37.

③ Beryl Smalley，*The Becket Conflict and the Schools：a Study of Intellectuals in Politics*，Oxford：Basil Blackwell，1973，p. 11.

④ *Met.*，Book I，Chap. 5，p. 22.

⑤ Clement C. J. Webb，*John of Salisbury*，London：Methuen & Co. ltd.，1932，p. 5.

⑥ *Met.*，Book II，Chap. 17，p. 112. 除《逻辑论》外，约翰在《恩特替卡斯》和《教皇史》中，都表达了他对阿伯拉尔及信徒的友谊和尊敬。见 *Ent.*，1，p. 108；*H. P.*，p. 16.

⑦ *Met.*，Book II，Chap. 10，p. 95.

⑧ Cary J. Nederman，*John of Salisbury*，Tempe and Arizona：Arizona Center for Medieval and Renaissance Studies，2005，p. 6.

认为阿尔贝里克是"唯名论①的坚决的敌人"②。约翰对阿尔贝里克的不满源于他即使对最直接的教学也会挑剔问题。约翰对罗伯特③同样不满，认为他对复杂问题的回答十分迅速，语言精练，这暗示其学说较为肤浅。约翰认为这两位老师的优点是他们敏锐聪明，如果将两人优点集于一个人身上，那么那个人就会成为当时最佳的辩论者。④ 1138 年，约翰自认为有关辩证法的教育已经结束，他已经学了所有应该学的。但这种傲慢态度很快消失，他发现自己的知识完全是生搬硬套的。⑤ 随即他跟随沙特尔学派哲学家和神学家康奇斯的威廉（William of Conches，约 1090—1154）学习文法三年。威廉在厄尔－卢瓦尔省的首府沙特尔（Chartres，又译为夏特尔）学习并成为老师，由此可以推断 1138 到 1141 年间约翰或许到了沙特尔学习。⑥ 这时的约翰还面临资金缺乏问题，他通过教学赚钱，"我接收贵族的孩子成为我的学生，他们为我提供物质支持。我缺少来自亲戚朋友的资助，因此上帝帮助我并减轻我的穷困"⑦。沙特尔的食宿花费比巴黎要少得多，但约翰在那里找到很多教学机会的可能性不大，很有可能是 1141 年回到巴黎后开始教学。同时还有学者认为约翰一直在巴黎及附近学习，没有到过沙特尔，如 R. W. 萨瑟恩（R. W. Southern）认为威廉在这三年是在巴黎教学，因此约翰是在巴黎学习。⑧ 约翰本人在信件

---

① 唯名论和实在论（nominalism and realism），中世纪经院哲学中关于个别与共相关系的两种对立的哲学理论。唯名论主张个别的可感事物的实在性，否认一般或共相具有客观实在性。主要代表是罗瑟林、阿伯拉尔、罗·培根、邓斯·司各脱、奥康的威廉等。实在论强调共相或一般的实在性，并且认为，共相是先于事物而存在的精神实体，是个别事物的本质。其主要代表人物有安瑟尔谟（即本书中的拉昂的安瑟伦）、香浦的威廉、托马斯·阿奎那等。两派内部也不尽相同，根据他们见解的激进或温和程度，哲学史上又把唯名论和实在论分别分为极端与温和两类。（引自谭鑫田等主编：《西方哲学词典》，山东：山东人民出版社 1992 年版，第 488 页）阿伯拉尔的思想属于温和唯名论，参见赵敦华：《基督教哲学 1500 年》，北京：人民出版社 2007 年第 2 版，第 253 – 258 页。

② *Met.*, Book II, Chap. 10, pp. 95 – 96.

③ 罗伯特在贝克特争论事件中任赫里福德（Hereford）主教，成为亨利二世的捍卫者。

④ *Met.*, Book II, Chap. 10, p. 96.

⑤ Cary J. Nederman, *John of Salisbury*, Tempe and Arizona：Arizona Center for Medieval and Renaissance Studies，2005，p. 7.

⑥ Édouard Jeauneau, *Rethinking the School of Chartres*, Toronto：University of Toronto Press，2009，pp. 43 – 55.

⑦ *Met.*, Book II, Chap. 10, p. 98.

⑧ R. W. Southern, *Medieval Humanism and Other Studies*, Oxford：Blackwell，1970，pp. 72 – 73.

和著作中从未提到过沙特尔这个城市，但毫无疑问的是约翰已经进入了当时的学者圈，因为威廉后来成了亨利二世的导师。① 之后他学习了享有博学盛名的学者理查德·艾维克（Richard l'Evêque,? —1181）的课程，跟随其学习后四艺。② 德国人哈德文（Hardewin the German）③ 也向他介绍了后四艺，哲学家沙特尔的梯尔利（Thierry of Chartres,? —约1150年）和彼得·海利亚斯（Peter Helias，约1100—约1166）教他修辞学。到1141年，约翰已经完全学习了七艺。在此期间，他还师从逻辑学家、神学家普瓦捷的吉尔伯特（Gilbert of Poitiers，约1075—1154），接受了"逻辑与神学"的指导，尽管吉尔伯特和阿伯拉尔一样很快离开巴黎，但从约翰的两部著作《逻辑论》与《教皇史》中可以看出，吉尔伯特对约翰的影响很大，他评价吉尔伯特"他十分聪慧，阅读过所有的书籍，据我所知，经过接近60年的阅读和实践，他已经成为人文学科领域无与伦比的人"④，"他作为牧师十分杰出，自圣格里高利一世之后没人能和他相媲美。"⑤ 吉尔伯特离开后，约翰选择跟随英格兰神学家罗伯特·普伦（Robert Pullen,? —1146）和普瓦西的西蒙（Simon of Poissy，生卒不详）继续学习神学。约翰评价罗伯特为"美德和知识方面值得称赞的人"，对西蒙的评价是"可靠的讲师但在辩论方面无趣"。⑥ 在法国主要师从的这些学者中，约翰对阿伯拉尔和吉尔伯特的评价最高。约翰跟随学习的老师更换频繁，一方面因为每个老师擅长的学科不同，另一方面因为这些学者都不把教学当作终生所追求的事业。

根据约翰的著述《逻辑论》及学者的相关研究，可简要总结他在法国的学习生涯如下⑦：

---

① *Met.* , Book I, Chap. 5, p. 21, note 65.
② *Met.* , Book II, Chap. 10, p. 97.
③ 关于他的生平不详，只能推测他在沙特尔或者巴黎任教。
④ *H. P.* , p. 16.
⑤ *H. P.* , 1998, p. 26.
⑥ *Met.* , Book II, Chap. 10, p. 99.
⑦ Olga Weijers, "The Chronology of John of Salisbury's Studies in France", *WJS*, pp. 109 – 116; Cary J. Nederman, *John of Salisbury*, Tempe and Arizona: Arizona Center for Medieval and Renaissance Studies, 2005, pp. 1 – 11; Reginald L. Poole, "The Masters of the Schools at Paris and Chartres in John of Salisbury's Time", *The English Historical Review*, Vol. 35, No. 139 (1920), pp. 321 – 342; Cédric Giraud and Constant Mews, "John of Salisbury and the Schools of the 12th Century", in Christophe Grellard and Frédérique Lachaud, eds. , *A Companion to John of Salisbury*, Leiden: Brill, 2014, pp. 31 – 62. 关于约翰在法国学习的具体时间存在争议。

时间	导师	课程
1136	阿伯拉尔	辩证法
1137—1138	兰斯的阿尔贝里克和默伦的罗伯特	辩证法
1138—1141	康奇斯的威廉	文法
1141	哈德文和理查德·艾维克 沙特尔的梯尔利和彼得·海利亚斯 普瓦捷的吉尔伯特	后四艺 修辞学 逻辑学与神学
1142—1144	罗伯特·普伦	神学
1144—1146/1147	普瓦西的西蒙	神学
1147	离开巴黎	

　　值得注意的是，约翰在法国求学的这 12 年，虽然没有亲身见证沙特尔学校的知识活跃时刻，这期间甚至有可能没到过沙特尔，但他受沙特尔学者的影响很大，晚年在这里的主教座堂做主教，属于沙特尔学者的一分子。他与法国哲学家、诗人贝尔纳·西尔威斯特（Bernard Silvestris，又称作图尔的贝尔纳，生平不详）、沙特尔的梯尔利及康奇斯的威廉并称为沙特尔学校的奠基石。① 沙特尔学校建立于 11 世纪初期，创建者是沙特尔主教福尔伯特②（Fulbert of Chartres，952—970 年间至 1028，1006—1028 年任职）。"该学校的教学重点在古代文化和世俗知识上，内容包括古典文学、亚里士多德的逻辑学、柏拉图的宇宙学及从阿拉伯传播来的科学知识。"③ 教过约翰的梯尔利、威廉和吉尔伯特都是沙特尔学校的著名学者，加上约翰及其他教师和学生，他们掌握了新文本和新方法，与之前的教会学校不同，代表了当时最前沿的学术水平，影响巨大，正如萨瑟恩所说："（他们的思想）不是某个人的智慧和短暂存在的学校的成果，而是代表了西方学术和中世纪人文主义持续发展的一

---

① R. W. Southern, *Medieval Humanism and Other Studies*, Oxford：Blackwell, 1970, p. 62.

② 福尔伯特主要是作为学校创立者而影响后世，他本人是否是学者和教师是受到质疑的，如洛伦·马克金尼认为没有证据表明他教授过正式的课程和做过讲座，包括七艺、科学、医学、法学和神学。Loren C. MacKinney, *Bishop Fulbert and Education at the School of Chartres*, Notre Dame, Indiana：Mediaeval Institute, University of Notre Dame, 1957, pp. 26 – 34.

③ 赵敦华：《基督教哲学 1500 年》，北京：人民出版社 2007 年版，第 261 页。

个阶段"①。

他们这个群体被雅克·勒戈夫称为知识分子（intellectuals），"12 世纪的城市知识分子觉得自己实际上就像手工工匠，就像同其他城市市民平等的专业人员。他们的专业是'自由艺术'。然而，什么叫'艺术'？它不是一门科学，而是一门技艺。艺术是技艺。它是教授们的专长，就像盖房子的木匠及铁匠的专长。……作为专业人员，知识分子意识到从事自己职业的必要性。他们认识到科学与教学之间的必然联系。他们不再认为科学需要像珍宝一样看管起来，相反，相信应该让科学得到广泛流传。学校就是车间，思想从中就像商品一样生产出来。"② 中世纪的知识分子在社会里扮演着不同角色，不仅包括学校的老师（master, magister）和学生，还有律师、医生、宫廷和教廷顾问等，约翰在学业结束后进入教廷并且与王室宫廷联系紧密。约翰离开法国的原因尚不明确，此前他因缺少资金而教授贵族子弟以支持自己的学业，之后的几年他反复抱怨自己的财政负担与贫困，他似乎由于缺乏收入而终止了学业。正如内德曼分析："他作为教师没有赚足够的钱。换言之，因为他对学生要求太高而没有成为受欢迎的老师。"③ 同时巴黎的教学环境开始受到攻击，如约翰尊敬的老师吉尔伯特因为传播与正统基督信条不符的观点受到指控，指控人包括约翰的另一位老师默伦的罗伯特；1147 年复活节，在巴黎吉尔伯特又受到教皇尤金三世（Eugenius III，？—1153，1145—1153 年任职）的审判。④ 1148 年三月和四月吉尔伯特又在兰斯（Rheims）受到审判，约翰极有可能已经加入了教皇教廷（Papal Curia），并且目睹了这一宗教会议⑤，他在《教皇史》中，记载了会议中的各色人物以及许多人对吉尔伯特的污蔑。⑥约翰目睹吉尔伯特审判的亲身经历，使其对未来学术生涯感到恐惧，对他的

---

① R. W. Southern, *Medieval Humanism and Other Studies*, Oxford：Blackwell, 1970, p. 78.

② ［法］雅克·勒戈夫：《中世纪的知识分子》，张弘译，北京：商务印书馆 1996 年版，第 55 – 57 页。

③ Cary J. Nederman, *John of Salisbury*, Tempe and Arizona：Arizona Center for Medieval and Renaissance Studies, 2005, p. 12.

④ Cary J. Nederman, *John of Salisbury*, Tempe and Arizona：Arizona Center for Medieval and Renaissance Studies, 2005, p. 12.

⑤ R. W. Southern, *Scholastic Humanism and the Unification of Europe*, Vol. 1, *Foundations*, Oxford；Cambridge, Mass：Blackwell, 1995, p. 221.

⑥ *H. P.* , pp. 15 – 41.

政治思想产生了一定的影响。①

二、坎特伯雷任职

兰斯宗教会议结束后不久，约翰随身带着一封推荐信回到了英格兰。这封信由法国学者克莱尔沃的圣伯纳德（Bernard of Clairvaux，1090—1153，又译为圣贝尔纳）写给当时坎特伯雷大主教贝克的西奥博尔德，第一次将约翰与坎特伯雷联系起来。圣伯纳德在基督教的地位很高，大主教很难拒绝这种人物的推荐，这就确保了约翰顺利得到坎特伯雷的职位。圣伯纳德对约翰并没有直接的了解，他在这封信中描述约翰为："朋友的朋友……在优秀的人中有良好的名声"，他接着说这种评价是从非常亲近的人中得知的："我不是从那些言过其实的人口中得知，而是从我的门徒中，他们的话如同我亲眼所见……我对此很有信心他们是对他（约翰）的生活与习惯可靠的见证者。如果我对你有影响，我想是有的，他能有获得体面生活的机会，我请求你不要迟疑，他没有其他地方可去。"② 从这封信中可以看出，约翰已经是有声望的学者了，受到人们的尊敬，在学习和行为方面都很出色，只是他需要帮助，因为他不知道可以去哪里申请。圣伯纳德是反对约翰喜欢的老师吉尔伯特观点的学者，并亲身经历了对吉尔伯特的审判，但这并没有影响他成为约翰的推荐人。他们两人没有直接的联系，约翰的密友策勒的彼得（Peter of Celle，1115—1183）可能在其中起到了作用③。彼得对圣伯纳德的评价为："对他那个时代的学者充满同情，对个别幸运的学者力图帮助他们获得职位进而得以帮助他们学习。"④ 从约翰1157年写的一封信中可以推测12世纪40年代彼得对他的帮助："谢谢你让我回到了我的故土；谢谢你让我认识了很多优秀的人，并且与很多人成为朋友；谢谢你使我在自己的故土活跃，承蒙上帝的恩

---

① *Letters*，2，No. 136，pp. 10 – 13.

② Bernard of Clairvaux，*The Letters of St. Bernard of Clairvaux*，translated by Bruno Scott James，Chicago：Henry Regnery，1953，p. 459.

③ Christophe Grellard and Frédérique Lachaud，eds.，*A Companion to John of Salisbury*，Leiden：Brill，2014，p. 7.

④ J. G. Sikes，*Peter Abailard*，Cambridge：Cambridge University Press，1932，p. 220.

典，我受同代人欢迎。"① 教皇尤金三世也可能帮助了约翰，他是圣伯纳德之前的门徒。② 西奥博尔德，于 1139—1161 年任大主教，历经两位国王斯蒂芬（Stephen of Blois，1096—1154，1135—1154 在位）和亨利二世（Henry II Curmantle，1133—1189，1154—1189 在位）。斯蒂芬统治时期，内战频繁，国王对英格兰社会的控制能力较弱，教会获得了一定的自由与权利。但西奥博尔德任职初期，一直受制于温彻斯特主教、国王斯蒂芬的弟弟布洛瓦的亨利（Henry of Blois/Henry of Winchester，1098/99—1071），亨利一直控制英格兰教皇使节③这一职位，这大大限制了他践行自己的主教权力，这一状况一直持续到 1143 年教皇英诺森二世（Pope Innocent II，? —1143，1130—1143 任职）去世。作为坎特伯雷大主教，西奥博尔德在英格兰事务中发挥了更重要的作用。他多次力图调解斯蒂芬和女伯爵安茹的玛蒂尔达④（Countess Matilada of Anjou）支持者的战争；而且还力图联合英格兰主教，保护英国教会的自由。⑤

坎特伯雷长时期都是英格兰的思想和政治的中心，因此西奥博尔德的教廷拥有崇高的地位。西奥博尔德圈子里的很多成员都在法国和意大利学校接受了高等教育⑥，并在英格兰及欧洲其他地区任主教。约翰在此圈子中并不是特别的。但正是在这种文化氛围良好的圈子里做行政工作，促约翰得以顺利地将自己的理念付诸实践。约翰在坎特伯雷的职务是多样的：外交使节，秘书，法律专家，贸易顾问等。他在英格兰第一年的活动尚不清楚，可以推测

---

① *Letters*，1，No. 33，p. 55. "*Vestrum namque munus est quod reuerus sum in terram natiuitatis meae；uestrum munus est quod principum uirorum assecutus sum notitiam，familiaritatem gratiamque multorum；uestrum munus est quod forere in patria uideor et，auctore Deo，multis praeferri conciuibus et coaetaneis meis.*"

② Clement C. J. Webb，*John of Salisbury*，London：Methuen & Co. ltd.，1932，p. 14.

③ 教皇使节是教皇处理国外事务的代表，被授权在其领域内召开教会会议，处理有关天主教信仰和其他教会事务。

④ 1126 年，亨利一世将他唯一的合法女儿玛蒂尔达从诺曼底召回，要求英格兰的贵族们发誓承认她王位继承人的身份；斯蒂芬则是亨利一世的外甥，征服者威廉（William the Conqueror）的第四个女儿阿黛拉（Adela of Blois）与布洛瓦伯爵斯蒂芬亨利（Stephen Henry）的儿子。

⑤ Cary J. Nederman，*John of Salisbury*，Tempe and Arizona：Arizona Center for Medieval and Renaissance Studies，2005，p. 14.

⑥ 意大利博洛尼亚（Bologna）和法国巴黎为当时的高等教育中心，博洛尼亚是当时法学教育的集中地。

是学习服务主教的责任与任务。或许他已经开始通过不正式的方式获得有关民法与教会法的基本知识，因为没有资料证明他以前在巴黎或其他地方学习过法律，但他后来以西奥博尔德的名义所写的信件及著作中大量引用了罗马法和教会法的内容，显示了他对《民法大全》（又称《查士丁尼法典》，*Corpus Juris Civilis*）和《格拉提安教会法汇要》（*Decretum*）十分熟悉。① 可以证实的是一位意大利法学家维卡利尤斯（Vacarius，1120—约1200），受大主教西奥博尔德的邀请，于12世纪40年代后期来到英格兰讲授罗马法，这样大主教内府的成员包括约翰在内都可以向他咨询法律问题并学习法律。② 维卡利尤斯在英格兰的授课十分成功，被人认为是"受人尊敬而富有经验的律师"③。约翰在《论政府原理》中提道："在国王斯蒂芬统治时期，罗马法在王国内不存在，通过受人尊敬的大主教西奥博尔德才得以接受这种知识。皇家政令甚至禁止这种书籍的出现，我们的维卡利尤斯也得保持沉默。"④ 这样，约翰在这种艰难的环境下，通过学习和更多的实践经验掌握了渊博的法律知识，为他写作论著打下了基础。之后约翰的工作多为外交性质。1149年11月，他到了教皇尤金三世的罗马教廷，一直待到1150年2月，他此行的目的，是劝说教皇任命西奥博尔德为英格兰教廷使节。⑤ 这次行程是成功的，大主教获得了职位，巩固了对教会上层人士的权威，增强了调解内战促进和平的能力。⑥ 这是约翰出现在教皇教廷的第一个确切时间。在接下来的几年里，

---

① Cary J. Nederman, *John of Salisbury*, Tempe and Arizona: Arizona Center for Medieval and Renaissance Studies, 2005, p. 14; Christophe Grellard and Frédérique Lachaud, *A Companion to John of Salisbury*, Leiden: Brill, 2014, p. 8. 韦伯（Webb）在 *Policraticus* 后列举了约翰的引用，布鲁克（Brooke）修订的两卷本书信集后也列举了约翰关于法学知识的引用。

② R. W. Southern, *Scholastic Humanism and the Unification of Europe*, Vol. 2, *The Heroic Age*, with notes and additions by Lesley Smith and Benedicta Ward S. L. G., Oxford: Blackwell, 2001, pp. 155 – 159.

③ Edited from manuscripts by Richard Howlett, *Chronicles of the Reigns of Stephen*, *Henry II*, *and Richard I*, Vol. 4, （Roll Series 82）, London: Longman, 1889, p. 158. "*vir honestus et juris peritus*".

④ *S.*, Book VIII, Chap. 22, p. 396.

⑤ *Letters*, 1, pp. 253 – 254.

⑥ R. W. Southern, *Scholastic Humanism and the Unification of Europe*, Vol. 2, *The Heroic Age*, with notes and additions by Lesley Smith and Benedicta Ward S. L. G., Oxford: Blackwell, 2001, pp. 167 – 177.

约翰定期拜访继任的教皇们。比如，1150 年夏，他去了阿普利亚（Apulia）教廷；1150 年 11 月到 1151 年夏期间，他去了佛罗伦萨（Florence）教廷几次。① 1152、1153、1154 年约翰继续多次拜访教廷。与此同时，约翰巩固了与尼古拉斯·布雷斯比尔（Nicholas Breakspeare，约 1100—1159）的友谊。尼古拉斯被称为教皇阿德里安四世（Adrian IV，1154—1159 任职），是唯一一位来自英格兰的教皇，他给了约翰"自己的指环和腰带作为信物"②。正如内德曼分析的，"这种长时间远离坎特伯雷，意味着他远离了 1153 年国王斯蒂芬与敌人的争端及大主教从中调停的事件。"③

约翰在以后的岁月里，做了西奥博尔德的私人秘书，仍继续从事外交活动，只是他在坎特伯雷待的时间更长。最早以大主教名义写的信可以追溯到 1153 年 9 月或者 1154 年，1156 年数量急剧增多。1154 年斯蒂芬国王去世，亨利二世继位，安茹王朝成立。④ 时为大执事的托马斯·贝克特，作为西奥博尔德教廷里的重要成员，很快被亨利二世任命为大法官（Lord Chancellor）。学者普遍认为约翰与贝克特是知己密友，因为约翰将其两部著述《论政府原理》与《逻辑论》都指名献给了贝克特。在贝克特与亨利二世发生冲突时，约翰支持贝克特，并在其死后积极为追封他为圣徒奔走。但在法国求学的日子，没有资料证明贝克特认识约翰。约翰到坎特伯雷时，贝克特已经为西奥博尔德服务了。弗兰克·巴罗认为两人的个性十分不同，贝克特发现他的同事之一约翰"如果不是智力上特别优异，那么他在文化上的造诣也是令人生畏的"⑤。约翰为西奥博尔德服务的初期，经常不在坎特伯雷，而贝克特在坎

---

① *Letters*，1，pp. 253 – 254.

② *Letters*，1，No. 52，p. 90. "*arram futurorum, anulum proprium michi contulistis et balteum.*"

③ Cary J. Nederman, *John of Salisbury*, Tempe and Arizona：Arizona Center for Medieval and Renaissance Studies，2005，p. 15.

④ 亨利二世的父亲是安茹伯爵杰弗里五世（Geoffery of Anjou），母亲是玛蒂尔达。英国学者认为安茹诸王（Angevin kings of England, House of Anjou, Angevins），指的是 1154—1216 在位的三位国王：亨利二世（1154—1189），理查德一世（1189—1199）和约翰（1199—1216），并不能完全等同于金雀花王朝（House of Plantagenet，1154—1485）。http：//en. wikipedia. org/wiki/House ＿ of ＿ Plantagenet；http：//www. britroyals. com/normans. htm，2014 – 10 – 01. 笔者曾就此问题请教圣安德鲁斯大学的罗伯特·巴特莱特（Robert Bartlett）教授，他指出二者不能等同。

⑤ Frank Barlow, *Thomas Becket*, London：Weidenfeld and Nicolson，1986，p. 32.

特伯雷。1155 年之后，约翰在英格兰居住的时间更多，而贝克特作为大法官经常在海外陪同亨利二世①。二人的通信在这期间并不多，给贝克特的私人信件仅有两封，是 1161 年前写的。写信风格并不像给彼得与教皇阿德里安四世的信件那样经常有大篇幅的深思，夹杂着复杂的辩论和经典暗示，而是更有条理和直接。第一封信表达对亨利二世的美好愿望②；另一封是绝望地表达西奥博尔德病危，希望贝克特从欧洲大陆回到英格兰。③ 还有两封信约翰是以大主教的名义写给贝克特的。④

阿德里安四世成为教皇后，1155 年到 1156 年间的约三个月中约翰与其在贝内文托（Beneventum）度过。⑤ 约翰达到了此行的目的："教皇阿德里安四世将一枚镶嵌华丽的绿宝石金色的指环，授予亨利二世，象征授权给他统治爱尔兰的权力。"⑥ 但是约翰在教皇面前的表现让亨利二世不满意，国王认为他对教皇的影响力过大，并将教会权威置于君王之上。⑦ 1156 年，约翰在给彼得的一封信中写道："我从罗马教会回来后，命运带给我如此多的麻烦，以前我从没遇到过……我们最尊敬的、最有权威的、不可战胜的国王对我十分愤怒。"在这封信中约翰接着讲到，这一情况发生的原因或许是他为国王工作过于努力，上帝惩罚他的不耐心，被指控为"削弱了皇家尊严"。⑧ 虽然约翰自认为是无罪的，但吉尔斯·康斯特布尔（Giles Constable）分析认为，除了在爱尔兰问题上得罪了亨利二世，还因为反对国王在 1156 年春对教会征收兵役免除税，这两个原因导致国王不再喜爱他，约翰因此被迫流放。⑨ 约翰写信

---

① *Ent.*, 1, p. 49.

② *Letters*, 1, No. 28, pp. 45－46.

③ *Letters*, 1, No. 128, pp. 221－223.

④ *Letters*, 1, No. 22, pp. 35－36；No. 129, pp. 224－225.

⑤ *S*, Book VI, Chap. 24, p. 252.

⑥ *Met.*, Book IV, Chap. 42, pp. 274－275.

⑦ 此事件的具体细节见：Giles Constable, "The Alleged Disgrace of John of Salisbury in 1159", *The English Historical Review*, Vol. 69, No. 270 (1954), pp. 67－76.

⑧ *Letters*, 1, No. 19, pp. 31－32. "*Postquam ab ecclesia Rom（ana）reuersus sum, tot acerbitatis suae molestias in me fortuna congessit, ut fere nichil aduersitatis existimem me antea pertulisse…. Serenissimi domini, potentissimi regis, inuictissimi principis nostril tota in me incanduit indignatio…. Cum admissi mei factum diligentius exprimunt, haec in caput meum intorquent.*"

⑨ Giles Constable, "The Alleged Disgrace of John of Salisbury in 1159", *The English Historical Review*, Vol. 69, No. 270 (1954), pp. 74－75.

给不同的朋友，包括贝克特，阿德里安四世和彼得，请求他们的帮助。约翰原本想写信给贝克特，希望他能解决这个争端。但是约翰没有信心直接写信给贝克特，而是写信给贝克特的秘书厄诺夫（Ernulf，生卒不详），请求他确保大法官了解该事件并从中调解。① 1157 年 4 月他写信给教皇阿德里安四世，告知教皇，"威胁的风暴已经过去"②。约翰因此得以回到坎特伯雷，流放时间仅有几个月，具体流放地点尚不清楚，虽然时间短暂，但对约翰产生了重要影响，这种坎坷的生活经历使他在写作《论政府原理》等论著和实践活动时都不敢惹怒这位强硬的君主。

　　教皇阿德里安四世于 1159 年 8 月 31 日去世后，约翰讲道："他（阿德里安四世）在公众和私人场合都提到他在人世间最爱的是我。他对我如此尊重，经常有机会对我说他心底的认知。即使他成为罗马教皇后，也经常与我共进晚餐，在他的私人桌子上共用同一个杯子与盘子。"③ 他反复提到对教皇去世的沮丧和两人关系的亲密，"教皇的去世让所有基督教国家和人民悲伤。特别是他的祖国英格兰，这里留下了最多的眼泪"④。约翰还暗示了如果教皇没去世，他将会得到公众更多的尊重和喜爱，甚至能成为枢机主教。⑤ 显而易见，教皇阿德里安四世的去世是约翰在英格兰任职期间经受的第一个打击。第二个打击是大主教西奥博尔德病重，给约翰本人带来"指导所有教会事务的无法承受的重担"⑥。1161 年 4 月 18 日大主教病逝，1162 年，在亨利二世的请求下，教皇亚历山大三世（Alexander III，1100/1105—1181，1159—1181 任职）任命贝克特为新的大主教，这一举动减轻了约翰的担忧。⑦ 贝克特的继任也是西奥博尔德的遗愿，约翰是去教皇教廷拿取"法衣"⑧ 的五位代表人之一，这显示了贝克特对他的信任与尊重。⑨ 新任大主教交给约翰的第一个任

---

① *Letters*，1，No. 27，p. 44.

② *Letters*，1，No. 31，p. 51. "··quantacumque sit，in auram commutare et innocentiam meam perducere ad portum quietis optatae. Haec hactenus ."

③ *Met.*，Book IV，Chap. 42，p. 274.

④ *Met.*，Book IV，Chap. 42，p. 274.

⑤ *Letters*，1，p. 256.

⑥ *Met.*，Book IV，Chap. 42，p. 275.

⑦ Clement C. J. Webb，*John of Salisbury*，London：Methuen & Co. ltd.，1932，p. 104.

⑧ *Pallium*，一种羊毛宽大外衣，大主教在礼拜等正式场合所穿的服装，代表其权威。

⑨ Clement C. J. Webb，*John of Salisbury*，London：Methuen & Co. ltd.，1932，pp. 104 – 105.

务是撰写安瑟伦的传记。安瑟伦曾任坎特伯雷大主教，因拥护罗马教宗权益与英格兰国王威廉二世（William II，约 1056—1100，1087—1100 任职）和亨利一世（Henry I，约 1068—1135，1100—1135 在位）发生争执，并为争夺主教续任权两次被迫出走。贝克特一直致力于将其封为圣徒，约翰如期完成了这一传记。① 1163 年，约翰目睹了亨利二世与大主教贝克特的争吵。1163 年末 1164 年初，约翰和他的弟弟一起被放逐，这是他第二次被放逐。国王认为约翰与贝克特关系过于密切。这次放逐使约翰失去了所有的收入来源，他随身携带的钱仅有"12 分"。② 贝克特建议他再次成为巴黎的一名老师，同时成为出使欧洲各国的使节。很快约翰在巴黎见到了卡佩王朝国王路易七世（Louis VII le jeune，1120—1180，1137—1180 在位），这位国王承诺支持贝克特但是对其前景并不看好。③ 此时，约翰的老朋友彼得再一次帮助了他，约翰到兰斯度过了之后六年半的时间。或许在这期间他完成了《教皇史》的创作，并将其献给了彼得。④ 没过多久，贝克特也被放逐。有了贝克特的陪同，约翰接受了朋友更多的捐赠，并且经常写信给朋友请求资助。约翰认为贝克特不应受到这种不公正的惩罚，并试图让朋友进行调解，但是没有获得成功。⑤ 1165 年，约翰到桑斯（Sens）见了法国国王和教皇，请求他们调解英王和大主教的争端，同样没有获得成功。⑥ 约翰期望大主教在处理与国王的关系时采用温和的手段，不要采取把国王驱逐出教会或者直接对抗英格兰王国等这些极端手段。1166 年 4 月底或 5 月初，约翰见到亨利二世，期望个人与国王的和解，同样没能成功。⑦ 1167 年，教皇亚历山大三世派使节到法国进行调解，约翰没能见到使节。直到 1169 年在韦兹莱（Vezelay）约翰才得以见到这些使

① Ronald E. Pepin, "John of Salisbury as a Writer", in Christophe Grellard and Frédérique Lachaud, eds., *A Companion to John of Salisbury*, Leiden: Brill, 2014, pp. 165 – 166.

② Clement C. J. Webb, *John of Salisbury*, London: Methuen & Co. ltd., 1932, p. 106.

③ Cary J. Nederman, *John of Salisbury*, Tempe and Arizona: Arizona Center for Medieval and Renaissance Studies, 2005, p. 29.

④ Marjorie Chibnall, "John of Salisubury as Historian", in *WJS*, p. 169.

⑤ Clement C. J. Webb, *John of Salisbury*, London: Methuen & Co. ltd., 1932, p. 110.

⑥ Ibid, p. 111.

⑦ Cary J. Nederman, *John of Salisbury*, Tempe and Arizona: Arizona Center for Medieval and Renaissance Studies, 2005, pp. 31 – 32.

节，得知情况进展顺利。① 1170 年 7 月，国王与大主教达成协议，10 月约翰通知坎特伯雷教区，他们即将回去。11 月 16 日，约翰回到英格兰，18 日代表大主教参加了宗教会议。他还回到埃克塞特看望了他的母亲和朋友。12 月 2 日，贝克特回到坎特伯雷并且见了约翰。这时的约翰乐观地认为可以享受他们努力的胜利果实。但是仅 27 天后，12 月 29 日贝克特在坎特伯雷大教堂里被亨利二世的四位骑士残忍地谋杀了。② 约翰第一次提到贝克特的殉道情况是在给普瓦捷的主教坎特伯雷的约翰（John of Canterbury,？—1204）的信中，他说贝克特是"荣耀的殉道者"③，并且将贝克特塑造成教会自由自愿殉教的形象，描述了贝克特的死亡引起的悲痛，以及神圣的迹象引发群众前来朝圣。约翰的目的应该是要把这些信息呈达给教皇，促成封圣。他的这番努力最终获得成功，1173 年 2 月 21 日，贝克特被封为圣徒。同年，约翰成为埃克塞特教区的财务官，或许他没有完全从坎特伯雷离开，但他的收入来源增多。④

在这期间，约翰撰写了贝克特的传记。他还在英格兰默顿（Merton）的一位教士索斯维克的盖伊（Guy of Southwick，生卒不详）的帮助下，整理了自己和其他人的一些有关贝克特与亨利二世冲突及之后封圣的信件。⑤

三、法国沙特尔任主教

约翰能当选沙特尔主教，主要因其与诚实的威廉（William White Hands，1135—1202）关系紧密。威廉出身于法国最有权势的家族之一，是布洛瓦伯爵的儿子，征服者威廉（William the Conqueror，1027—1087，1066—1087 在位）的曾孙，斯蒂芬国王的侄子，与卡佩王朝（Capetian）皇室关系亲近，在贝克特与亨利二世的冲突中扮演着重要的调停协商角色。⑥ 1165 年 1 月，威

---

① Clement C. J. Webb, *John of Salisbury*, London：Methuen & Co. ltd. , 1932, p. 114.

② Cary J. Nederman, *John of Salisbury*, Tempe and Arizona：Arizona Center for Medieval and Renaissance Studies, 2005, pp. 34 - 35.

③ *Letters*, 2, No. 305, p. 726 - 727. "*gloriosi martiris.*"

④ Cary J. Nederman, *John of Salisbury*, Tempe and Arizona：Arizona Center for Medieval and Renaissance Studies, 2005, p. 35.

⑤ Ibid, pp. 35 - 36.

⑥ Christophe Grellard and Frédérique Lachaud, eds. , *A Companion to John of Salisbury*, Leiden：Brill, 2014, p. 14.

廉当选为沙特尔主教，并在 1168 年成为桑斯大主教；约翰当选主教时，威廉
成为兰斯（Reims）大主教。① 威廉本人也是贝克特的支持者。约翰一直非常
尊敬威廉，在威廉任桑斯大主教后不久，约翰写信给坎特伯雷的约翰，描述
他为："一个被寄予希望的人，享有崇高的声誉，在法国内有着很高的权威和
权力。……我认为法国的教士中没有人比他更有智慧和更有口才。"② 约翰曾
寄给威廉两封信请求确认贝克特的圣徒地位。③ 威廉希望他信任的，同时又受
尊敬的人继任沙特尔主教，约翰正符合这一要求。约翰的另一位朋友策勒的彼
得在沙特尔主教选举期间写信给威廉，指出将神的激励和自己的稳定思想结合
的人才能胜任主教："令人尊敬的财务官约翰，竞选沙特尔主教，成为一颗晨
星。上帝既定的命运带来的帮助，我主令人警醒的智慧，给予支持，以免不可
改变的上帝倾向的选择流产。敬上帝，赞扬和感谢；敬大主教，将有无穷的回
报。……何时何地能有如在法国所做的那样，没有买卖圣职，没有物品的诱惑，
没有让人耳朵发痒的游说。在主教选举中只有尊敬上帝和人们的救赎。"④ 彼得
接着讲到，约翰为"其他（国家）的人"，英格兰人竞选法国主教只能证明这
是"由上帝所爱的"。"约翰，获得赐福的圣徒大主教贝克特珍贵的血液，对神
法完全了解，行为端正和良善，作为上帝的教会的梁柱，尊敬和赞扬上帝。"⑤

---

① Karen Bollermann and Cary J. Nederman, "John of Salisbury and Thomas Becket", in Christo-
phe Grellard and Frédérique Lachaud, eds., *A Companion to John of Salisbury*, Leiden：
Brill, 2014, p. 94.

② *Letters*, 2, No. 274, pp. 578 – 579. "*uiri quidem magnae spei et famae clarissimae, et mag-
nae auctoritatis et uirium multarum inrgno Francorum…Non est enim in clero Francorum, ut ex
animi sentential loquar, qui eum prudentia et eloquentia antecedat.*"

③ *Letters*, 2, No. 307 and 308, pp. 742 – 753.

④ Peter of Celle, *The Letters of Peter of Celle*, edited by Julian Haseldine, Oxford；New York：
Oxford University Press, 2001. No. 102, pp. 416 – 417. "*In insigni electione Cartonensi de mag-
istro Iohanne stellam matutinam produxit Deus de thesauris suis. Affuit, affuit huic predestinationis
Dei partui uigilantissima sagacitas domini mei, et manum obstetricantem supposuit ne aborsum pa-
teretur incommutabilis Dei preelectio. Deus, tibi laus, tibi gratiarum actio; archiepiscope, tibi
merces, tibi eterna remuneratio…. Quando et ubi simile factum est in regno Francie ut remotis om-
nibus simonie speciebus, nullis munerum suffragiis incumbentibus, nullis clientum uellicationibus
pruritum aurium excitantibus, solus Dei honor et populi salus in episcopali electione quereretur?*"

⑤ Ibid, pp. 418 – 419. "*…hominem de alia gente, amore Dei tantummodo…Vere uir iste Io-
hannes pretioso sanguine beati Thome pontificis et martyris intinctus, lege diuina ad plenum in-
structus, bonis moribus et piis actibus ornatus, apostolico ad Timotheum catalogo uirtutum bene
depictus, ad Dei honorem et ad uestram perpetuam laudem columpna factus est in ecclesia Dei.*"

威廉参与了选举过程：首先，他咨询关于继任者问题；其次，他向国王报告个人支持约翰。威廉还积极参与了因贝克特被谋杀而要求亨利二世服从教会的活动。① 威廉的支持起了至关重要的作用，1176 年 7 月 22 日约翰当选沙特尔主教。② 约翰的当选或许成功打击了亨利二世。

这个职位使得约翰不再拮据，但他在给彼得的一封信中仍然对自己的物质境况挑剔。③ 彼得有时还会谴责他因工作压力太大而不认真写信。④ 约翰在埃克塞特和沙特尔任职期间仍然保持着与朋友的联系，并处理一些坎特伯雷的事务。1177 年 9 月，约翰亲历了亨利二世与路易七世一项协约的签订，两位国王承诺组织新一次的十字军东征。⑤ 约翰在沙特尔的任职，一方面是受到学者赞美的，如斯莫利指出，约翰是博学的让人喜爱的教士，他为教会争取了解放农奴的权力而没有受世俗权力的粗暴干涉。⑥ 另一方面，他有任人唯亲的嫌疑，他将自己的侄子罗伯特（Robert，生卒不详）招到教会任职。⑦

1180 年 10 月 25 日，约翰去世，葬于离沙特尔教堂不远的圣玛利亚礼拜堂里，终年 60 余岁。约翰为沙特尔教堂留下了法衣和贝克特的圣物——一小瓶血液，以及他自己的藏书，如《圣经》完整版，圣经注释（*Bibliothecam Integram*），教父作品，古典经典和他自己著作《论政府原理》的复制本。韦伯指出沙特尔教堂图书馆藏书中的四部手稿极有可能是约翰赠予的。⑧ 他的密友策勒的彼得接任了沙特尔主教，三年后去世并葬于约翰身旁。

回顾约翰的一生，他在巴黎接受了高等教育，在罗马、坎特伯雷和沙特

---

① Frank Barlow, *Thomas Becket*, London: Weidenfeld and Nicolson, 1986, pp. 252 – 257.

② Clement C. J. Webb, *John of Salisbury*, London: Methuen & Co. ltd., 1932, p. 122.

③ *Letters*, 2, No. 310, p. 754 – 761.

④ Clement C. J. Webb, *John of Salisbury*, London: Methuen & Co. ltd., 1932, p. 123.

⑤ Cary J. Nederman, *John of Salisbury*, Tempe and Arizona: Arizona Center for Medieval and Renaissance Studies, 2005, p. 38.

⑥ Beryl Smalley, *The Becket Conflict and the Schools: a Study of Intellectuals in Politics*, Oxford: Basil Blackwell, 1973, p. 107.

⑦ Cary J. Nederman, *John of Salisbury*, Tempe and Arizona: Arizona Center for Medieval and Renaissance Studies, 2005, p. 39.

⑧ Clement C. J. Webb, "Note on Books Bequeathed by John of Salisbury to the Cathedral Library of Chartres", *Medieval and Renaissance Studies* 1 (1943), pp. 128 – 129. 转引自 Cary J. Nederman, *John of Salisbury*, Tempe and Arizona: Arizona Center for Medieval and Renaissance Studies, 2005, p. 39.

尔等地任重要教职，经历了 12 世纪这一变革时代的众多历史事件，生活阅历丰富。从中可以看到朋友圈子的重要性，他在朋友的帮助下才得以进入权力机构。这说明即便是约翰这样的神职人员亦非常看重现世生活，所以他积极地参与世俗政府即宫廷的事务，并且努力维护教会与国家的关系，以保障教会的自由。

第二节 论著与书信

约翰在巴黎接受了良好的教育，在宗教神学、教会法、罗马法和古典文化方面都有深厚造诣，并且在教会、宫廷和外交方面有丰富的政治经验，编著了多部拉丁作品：《恩特替卡斯》《论政府原理》《逻辑论》《教皇史》《圣安瑟伦传》和《圣贝克特传》。约翰还留有约 325 封书信。

一、《恩特替卡斯》

约翰创作的第一部著述是诗集《恩特替卡斯关于哲学家的教学指导》（*Entheticus de Dogmate Philosophorum*）或《长恩特替卡斯》（*Entheticus Maior*）。在 12 世纪的作者中十分流行自创希腊词汇，*Entheticus* 是约翰自创的，实际上他并不懂希腊语，只是借此传播经典，增加这部著作的权威性，这里音译为《恩特替卡斯》。拉霍温（Jan van Laarhoven）将约翰的这部著作翻译编辑为三卷本（*Entheticus Maior and Minor*①，Edited and Translated by Jan van Laarhoven，3vols，Leiden，Netherlands；New York：E. J. Brill，1987）②，共有 1852 行。拉丁语 *Dogmate* 是教条学说 *Dogma* 的夺格单数形式（ablative singular），题目显然是有关哲学家学说的，那么约翰自创的 *Entheticus* 是什么意思呢？拉霍温认为，有哲学表述证明该词是"指导性调查"的意思③，"这一教

---

① *Minor*，短或小的意思，*Entheticus Minor* 会在约翰的另一部著作《论政府原理》中论述。
② 关于约翰的论著有手稿及中世纪到近现代的编辑编著的多种版本，本书选取当代最常用的拉丁文本和英文译本。
③ 详细论述参见 *Ent.*, 1, pp. 16 – 17.

诲性质的诗作，包括'学校'，'社会'，'教会'和'国家'，《圣经》，古典学，哲学和伦理学"①。这部著作既有教导性，告诉读者哲学的智慧和美德的资源，人类理性和神的真理之间的关系，以及学校和宫廷的良好秩序；又有讽刺性，尖刻嘲讽了人身攻击，这种攻击约翰在巴黎学校和欧洲宫廷上都有遇到。② 正如本书的题目《恩特替卡斯关于哲学家的指导》所示，对正派的哲学家的社会理想的赞扬贯穿整部诗集，也成为他之后的著书立说的原则之一。

　　尽管《恩特替卡斯》结构较为松散，一些章节缺少连贯性③，但是整体来看是相对完整的。拉霍温将这部诗集分成序言、主体四卷和结语。本书的其中一个主题是"旅行"。旅行作为人类最基本的活动形式之一，在西欧中世纪历史舞台上扮演了重要的角色。旅行不仅大大丰富了中世纪西欧人的社会生活，而且对当时的政治、经济和社会文化都产生了重要的影响。序言只有简短的 24 行，旅行主题就已经出现："宫廷为有新朋友而高兴，摈弃了老朋友，只有愉悦的原因和利益得到满足。'你是谁，谁来了？你旅行的原因是什么？你要去哪里？什么时间去？'这些问题或许会被问道。这本书就是对这些问题的简短回答。"④ 约翰的回答架起了序言和第一、第二卷阐释真理和德性原则的桥梁。

　　第一卷包括第 25 行到第 450 行，主题为学术，以讽刺的视角对教育进行批判，因为这种教育否定古希腊罗马的权威，并且忽视了文法。⑤ 该部分以在学校受过良好教育的人容易受骗为开篇，他们聪慧但是肤浅善变，他们错误的观点直接来自所受的教育。学校老师致力于创新，讲授他们自己的观点，却经常忽视伟大的思想家的学说。这些老师认为如果他们参考古代的哲学家，他们的荣耀会减少、地位会下降，更不用说去参考他们同时代的人。⑥ 此外，

---

① *Ent.*，1，p. 18.

② Cary J. Nederman，*John of Salisbury*，Tempe and Arizona：Arizona Center for Medieval and Renaissance Studies，2005，p. 44.

③ Rodney Thomson，"What is the *Entheticus*?" in *WJS*，p. 294.

④ *Ent.*，1，pp. 104 – 105.

⑤ Ronald E. Pepin，"John of Salisbury as a Writer"，in Christophe Grellard and Frédérique Lachaud，eds.，*A Companion to John of Salisbury*，Leiden：Brill，2014，p. 151.

⑥ *Ent.*，1，pp. 106 – 111.

教师鼓励学生不勤勉即可获得学识。① 约翰悲叹教育成了一种投资，一种可以为学生及其家庭带来地位和物质回馈的有用工具。教师鼓励这种态度以满足自己的野心。真正的指导"成了损害"，这种教育最终掩盖了学识和得到假的文凭。② 约翰强调那些写和说不一致的人不具备获得美德与智慧的知识的资格；认为解决空洞的讲演的唯一办法是罗马神话中的墨丘利（*Mercurius*）③ 与"文献学"结合，也就是对真正雄辩术的培养，"墨丘利是语言的象征，文献学是理性的象征；哲学要求二者的结合。"④ 一个人的演讲要想得到关注，就需要掌握表达真理和美德的智慧的能力。一个新入宫廷的廷臣如果是真正的哲学家，就要有有说服力的观点和机智的反应。哲学家是语言的具体体现，是西塞罗和其他古典哲学家赞扬的合适行为，在所有事情上都应遵循亚里士多德适度原则。⑤ 显然，要成为真正的哲学家必须努力工作和不断地学习。约翰认为学业的补充和完成，需要上帝的恩典，从矛盾和冲突中得出的真理，与知识从道德中得到的教训是一样的，"如果真正的上帝是人类的真正智慧，哲学就是对真正的上帝的爱"⑥。约翰由此倡导特别的基督教哲学：哲学永远是为宗教服务的，因为不管人类能达到何种智慧都是上帝的恩赐。那些认为自己的知识完全是自己的才能和努力的结果，很快就会陷入自己高于其他人的这种偏见中，并且认为自己的优越性需要相应特别的对待或者地位来体现。他以第一人称讽刺道："我居住在佩蒂特桥（Petit Pont），艺术（arts，*ars*）是新的支持者，我可以夸耀地说前者是自我发现：老年人所教授的但年轻人不知道，我发誓都是我自己发现的。"⑦ 这种教育讽刺的主题，在他的另一部著述《逻辑论》中也有。⑧ 约翰在后文论述了改变这种教育的方法，即上帝

---

① *Ent.*，1，pp. 110 – 111.

② *Ent.*，1，pp. 112 – 113.

③ 墨丘利是罗马神话中诸神的信使和传译，其飞行速度非常快，同时又是商业、医药等神。相当于希腊神话中的赫尔墨斯（Hermes）。

④ *Ent.*，1，pp. 118 – 119.

⑤ Cary J. Nederman，*John of Salisbury*，Tempe and Arizona：Arizona Center for Medieval and Renaissance Studies，2005，p. 47. 关于亚里士多德的适度原则下文将会详细阐述。

⑥ *Ent.*，1，pp. 124 – 125.

⑦ *Ent.*，1，pp. 108 – 109.

⑧ Ronald E. Pepin，"John of Salisbury's *Entheticus* and the Classical Tradition of Statire"，*Florilegium*，Vol. 3（1981），p. 216.

恩典和运用哲学结合。上帝的恩典赐予了对智慧的认知并调和这种自大，哲学能给人们很多启示。但约翰作为一名教士自然没有忘记《圣经》的重要作用，哲学永远不能替代《圣经》学习，《圣经》"是所有作品的女王"①。真正的哲学家通过将自己所学知识和上帝直接教授的真理相对比，训练了适度原则。一旦认清了哲学在现存人类系统中的位置，约翰认为我们可以理解和评判古代哲学学派和体系的优点和不足。理性之光由对上帝的爱点燃，并且通过对自己薄弱意志的承认得到庇护，为知识阐明提供了最充足的资源。②

第二卷包括第451行到第1274行，主要论述作者所认为的真正的哲学，阐释了古典权威的重要性，同时批判了古希腊罗马哲学家的一些观点，特别是"至善"（Highest Good，*Summum Bonum*）③ 的观点。不同的哲学家对待"至善"有不同的看法，约翰认为他们都只是掌握了部分真理，但是没有抓住整体。如斯多葛学派（Stoics）④ 遵循上帝，认识到对死亡的适度恐惧是摒弃邪恶的必要条件，并且使人们在物资缺乏的世界中保持人性。但他们的观点包含了错误的宿命论认识，认为一切命运都是上帝掌控的，没有人可以更改命运。⑤ 另一个例子是亚里士多德学派，这些亚里士多德的追寻者认为理性的力量使人们能够在自然世界和宇宙结构上得到一定程度上的理解。但他们忽视了上帝是自然界出现的主要原因并且永远存在，这使他们远离了灵魂救赎之路。⑥ 似乎只有伊壁鸠鲁学派没有论述上帝救赎的意义，他们只关注世俗的欢乐。⑦ 约翰对古典哲学家的认知是片面的，他对苏格拉底（Socrates，前470/469—前399），毕达哥拉斯（Pythagoras，前570—前495），阿那克萨哥拉（Anaxagoras，前510—428）的认识模糊；对柏拉图的认识，主要来自

---

① *Ent.*，1，pp. 134 – 135. "*Scripturarum regina.*"

② *Ent.*，1，pp. 146 – 149.

③ "至善"这一哲学命题将在下文中详细论述。

④ 斯多葛哲学学派（或称斯多亚学派），创始人为是塞浦路斯岛人芝诺（Zeno）（约前336—前264年），因在雅典集会广场的画廊（古希腊语转写：*Stoa Poikile*）聚众讲学而得名。该学派从其创始人开始，历来就和统治阶级的上层关系密切。该学派的代表人物和思想理论见：范明生：《古希腊罗马美学》，北京：北京师范大学出版社2013年版。

⑤ *Ent.*，1，pp. 146 – 149.

⑥ *Ent.*，1，pp. 144 – 151.

⑦ *Ent.*，1，pp. 140 – 143.

《蒂迈欧篇》（*Timaeus*）的逻辑学①；对亚里士多德的赞扬贯穿了他的哲学体系，但是几乎没有涉及他的思想本质。在古希腊和罗马的学派与哲学权威中，约翰特别对新学院派（New Academy）的怀疑主义和西塞罗（Marcus Tullius Cicero，前106—前43）的思想做了褒扬。前者将怀疑保持在适度范围内，后者认为教学不仅要有雄辩术而且还要包括神的本质。② 约翰在本书中还没有像他在后期著作那样标榜自己是新学院派或者西塞罗的信徒。并且约翰在阐述这些学派的思想时，对他们或褒或贬主要依赖于是否符合基督教义。③ 第二卷作者态度开始变化，很有可能暗示了旅行者对伦理困境和公众生活的影响变得熟悉。

　　第三卷包括第1275行到第1752行，旅行的主题回归，约翰的注意力从教学转移到了宫廷，指责许多老廷臣道德上的不纯洁和智力上的愚蠢。约翰提醒真理和神法的维护者，在宫廷中会面临嘲弄和危险。④ 他认为新廷臣必须忽略老廷臣的恶习，摒弃英格兰之前存在的大法官不公正的判决。⑤ 这部分的论述基调更为黑暗和严肃，有可能暗示了他与亨利二世关系的恶化。约翰承认道德的复杂性和宫廷生活的不确定性，坚信有良好动力的廷臣必须时常接受周围人设置的骗局，这样才能生存和达到改革设想。约翰引入自创的名字贺卡努斯（*Hircanus*），是为了谴责暴君。⑥ 在本卷，约翰还表示了对贝克特的任职不乐观的态度，"道德通过袍子舞者（亨利二世）传入宫廷，他祖父的律法不管他做了什么都会保护他……我担心大法官的努力在改变宫廷习俗方面是无用的"⑦。约翰警示："不要因为自己的喋喋不休而毁灭，因为有些人已经因为自己的诚实而被错误的哲学家也就是被暴君流放……小的陷阱正等着那些讲明真相的廷臣，除非自我保护好，要不就会成为公众敌人。"⑧ 所以

---

① 约翰在本书中对柏拉图的引用比亚里士多德多，这与他的其他著作不同。

② *Ent.*，1，pp. 154 – 187.

③ Ronald E. Pepin，"John of Salisbury as a Writer"，in Christophe Grellard and Frédérique Lachaud，eds.，*A Companion to John of Salisbury*，Leiden：Brill，2014，p. 152.

④ *Ent.*，1，pp. 188 – 189.

⑤ *Ent.*，1，pp. 188 – 189.

⑥ Cary J. Nederman，*John of Salisbury*，Tempe and Arizona：Arizona Center for Medieval and Renaissance Studies，2005，p. 49.

⑦ *Ent.*，1，pp. 200 – 201.

⑧ *Ent.*，1，pp. 202 – 203.

约翰并不竭力推荐虔诚，为了与表里不一的宫廷谈判，并且达到这样一种目标："这种（自我保护）技巧是好的，通过合理的举止获利，那么愉悦，生活和救赎都能实现。"① 约翰进一步指出宫廷生活的危险，可以选择迅速退出，"要么在宫廷中保持沉默，要么找到遥远的藏身之处：如果你不能宽恕你的语言，没有人能宽恕你，不虔诚的人们会压制你的日子"②。但是从宫廷退出之路不顺畅，同时还有道德阻力。约翰描述了人们在旅行途中所见的各色人物和他们的性格。③ 住旅馆的人代表了邪恶中的一面，如同逃脱了陷阱的廷臣一样。他们即使回到了坎特伯雷，对他们美德的威胁并没有结束：修道院里同样存在着一些竭力只为现世幸福努力的人，而不是通过学习和行动热爱和尊敬上帝。奉承、阴谋、诽谤和自我吹嘘在修道院里同样常见。④ 即使是完全脱离了"坏的类型"的修道院，与世俗政权相比更要维持好灵魂的健康。约翰这部分的论述可以看作是对旅程准备的指导，也留给人们这样一种印象：没有一种共同体的或者制度的设置能够保证人们的不腐败。

人们在哪里可以虔诚地过着荣耀的生活？第四卷主要是对这一问题的回答，包括第 1753 行到第 1834 行。约翰再次强调寻找真正的哲学家即有良好道德和虔诚信仰的人，是抵制邪恶的关键。对朋友的准确评价，必须从古代作者和聪慧的老师那里获得建议，这些权威的经验是获得美德的必要条件。无论作为廷臣还是教士都要过现世的生活。约翰认为获得良好生活是困难的，这要靠个人。最重要的是要理解和接受恩典（Grace，*Gratia*），"恩典会产生和加强虔诚的爱……如果缺少恩典，那么向好的自然的努力就会白费"⑤。最后的总结部分十分简短，包括 1837 行到 1852 行，仅 16 行，再次强调上帝的指引，并对安全旅行提出建议："但是为什么我还要延期呢？你对出行感到焦虑。小心你可能要做的；一旦开始就要仔细完成旅行。"⑥ 概言之，约翰在第

---

① 　*Ent.*，1，pp. 198 – 199.

② 　*Ent.*，1，pp. 210 – 211.

③ 　Ronald E. Pepin，"John of Salisbury as a Writer"，in Christophe Grellard and Frédérique Lachaud，eds.，*A Companion to John of Salisbury*，Leiden：Brill，2014，p. 153；*Ent.*，1，pp. 204 – 213.

④ 　*Ent.*，1，pp. 210 – 219.

⑤ 　*Ent.*，1，pp. 222 – 223.

⑥ 　*Ent.*，1，pp. 226 – 227.

一和第二卷对学院教学和哲学进行阐述，为讽刺宫廷提供了良好的伦理学视角，在第三和第四卷中谴责世俗宫廷的事务，将讽刺对公众和私人利益有害的人与对宫廷和廷臣谨慎的建议结合起来，认为哲学理念对廷臣有帮助作用。

这部诗集采用挽歌（elegiac distich）的形式，模仿罗马诗人奥维德（*Publius Ovidius Naso*/Ovid，前43—17 /18）① 的《哀怨集》（*Tristia*）。② 奥维德当时被流放，他写《哀怨集》是希望得到奥古斯都的宽恕。约翰运用了源于奥维德"代拟"（*prosopopeia*）的一种技术，即作者将书比拟成人，拉霍温认为："代拟……提供了一种良好的方法，作者将自己的构思隐藏，尽管此书要献给谁还不确定，只是有些暗指。"③《恩特替卡斯》虽然不像约翰的另外两本重要著作《论政府原理》和《逻辑论》指明是献给贝克特的，但提道："坎特伯雷，主教和国王的母亲，培养了你并为你准备了收容你的地方，的确是你的家。她要求你回来并且在这里休养，因为这里是国家的中心和正义之地。你必须遵从母亲要你公正的规诫，她会帮助你延长任期。"④ 这里的"延长任期"极有可能是对贝克特说的。拉霍温在这里的英文翻译，也证实了这一拉丁诗作很难被翻译成英语。从这段论述前的章节可以看出贝克特是西奥博尔德的继承人⑤，可见约翰使用了"代拟"的技术。所以很难区分《恩特替卡斯》中比拟的人和大法官贝克特之间的区别，该书献给贝克特的可能性非常大。

内德曼认为，约翰很可能在40年代的巴黎学生生涯时期写作了这部诗集的主要部分，剩下的部分很可能在1156年底前完成。⑥ 1156年约翰第一次被

---

① 奥维德，这位极具天赋的诗人对中世纪和文艺复兴时期的教会及世俗诗作都有很大的影响力。他去世几年后，《变形记》（*Metamorphoses*）就成为希腊罗马神话和传说的标准参考书，这一地位从未动摇过。见 M. P. Cunningham，"Ovid in Christian Culture"，*New Catholic Encyclopedia*，Vol. 10，Detroit，MI：Thomson/Gale；Washington，D. C. ：Catholic University of America，2003，p. 727.

② Hans Liebeschütz，*Mediaeval Humanism in the Life and Writings of John of Salisbury*，Nendeln：Kraus Reprint，1968，p. 19.

③ *Ent.*，1，p. 48.

④ *Ent.*，1，pp. 210 – 211. "*Pontificum regumque parens te Cantia fovit，hospitiumque tibi praeparat，immo domum. Haec petit，ut redeas et in illa sede quiescas，quae caput est regni iustitiaeque domus. Parebis matri praesertim recta monenti，quaeque tuos tendit perpetuare dies.*"

⑤ *Ent.*，1，p. 188 – 189.

⑥ Cary J. Nederman，*John of Salisbury*，Tempe and Arizona：Arizona Center for Medieval and Renaissance Studies，2005，p. 43.

流放，周围境况改变，他删除了诗集的部分内容。① 约翰希望将这部书作为一种教授工具，对当时的一些问题提出质疑，并且反映了他当时所处的环境，正如拉霍温在导言中所说："我们不应该忘记每个作者特别是每个诗人都是某种程度上的自传写者。"②

此外，12 世纪十分流行讽刺性著作，斯蒂芬·C. 法若罗（Stephen C. Ferruolo）展示了古罗马讽刺诗人如尤维纳利斯（*Decimus Iunius Iuvenalis/ Juvenal*，1—2 世纪）的作品，这些作品是 12 和 13 世纪文法课程教授的主要内容，学生要模仿古典写作手法。③ 约翰的老师康奇斯的威廉教授这种课程，正如拉霍温所说，"不仅仅是个人抒情诗感情的表达，这种'古典'诗更是专门技术和尊重学习的阐述，像约翰这种优秀的学生怎么会拒绝这种（写作手法）的诱惑？"④ 显然，约翰《恩特替卡斯》的创作，接受了这种讽刺手法，这种写作手法贯穿于该作品的全部内容之中。

二、《论政府原理》

约翰完成《恩特替卡斯》之后，与亨利二世的关系发生变化，他认为这部著作已经不能全面表达自己的观点。约翰不仅删除了诗集的部分内容，而且又创作了《论政府原理》与《逻辑论》这两部最重要的著作，正如罗德尼·汤姆森所说："12 世纪 50 年代后期，我发现约翰与五年前相比，更加不像一个哲学诗人而是哲学政治家。他已经不能满意《恩特替卡斯》……特别是他希望阐述政治体系，而不止是讽刺政治。"⑤ 很多地方，《论政府原理》是对《恩特替卡斯》中思想的补充与扩展。上文介绍《恩特替卡斯》的长（*Entheticus Maior*）部分，它的短（*Entheticus Minor*）部分，又被称作《论政府原理中的恩特替卡斯》（*Entheticus in Policraticum*），可以看作是《论政府原理》的简短前言，仅有 306 行。拉霍温指出，使用诗介绍散文的作品，是一

---

① Rodney Thomson, "What is the *Entheticus*?" in *WJS*, p. 300.

② *Ent.* , 1, p. 52.

③ Stephen C. Ferruolo, *The Origins of the University: the Schools of Paris and their Critics*, 1100 – 1215, Calif. : Stanford University Press, 1985, pp. 93 – 130.

④ *Ent.* , 1, p. 19.

⑤ Rodney Thomson, "What is the *Entheticus*?" in *WJS*, p. 301.

种将此书献给相关人的庄严方式，为读者将读到的作品提供背景介绍，具有
批判性、道德性和通俗化的特点。① 《恩特替卡斯》的短部分放弃了严肃的道
德说教，主要是让读者在朝廷中和社会中避免轻浮态度，包括世俗和精神领
域。② 这部短诗作分为两部分，第一部分有 154 行，描述了作者与大法官的交
流联系；第二部分介绍坎特伯雷的情况。与《恩特替卡斯》长部分的直接和
"普通"相比，短的这部分诗作更为小心慎重，特别是在批判性方面。

　　《论政府原理》全名 *Policraticus：of the Frivolities of Courtiers and the Foot-
prints of Philosophers*，中文常译为《论政府原理：廷臣的轻浮与哲学家的足
迹》。*Policraticus* 是约翰自创的希腊词语，可理解为"政治家书"③，这里显
示了他古典知识的渊博和对本书政治内容的强调。④ 该著拉丁版本参见韦伯
（C. C. J. Webb）的 *Episcopi Carnotensis Policratici sive de Nugis Curialium et Vesti-
giis Philosophorvm Libri Viii*（Oxonii：Typographeo Clarendoniano；Londini；Novi
Eboraci，1909），目前尚无完整的英文译著，更无中文译著。但经典的英文译
著有两本：有关政治部分（political）参见约翰·迪金森的 *The Statesman's
Book of John of Salisbury‒Being the Fourth，Fifth，and Sixth Books and Selec-
tions from the Seventh and Eighth Book，of the Policraticus*（Translated into English
with an Introduction by John Dickinson，New York：Russell & Russell，1963）；
有关奉承部分（courtly）参见约瑟夫·派克的 *Frivolities of Courtiers and the
Footprints of Philosophers：Being the First，Second，and Third Books and Selections
from the Seventh and Eighth Books of the Policraticus of John of Salisbury*（Edited
and Translated by Joseph B. Pike，New York：The University of Minnesota，
1972）。这两部著作加在一起基本上涵盖了约翰的拉丁文本，只是缺少部分序
言。近年来流行的关于其的译著见内德曼的 *Policraticus：of the Frivolities of
Courtiers and the Footprints of Philosophers*（Edited and Translated by Cary
J. Nederman，Cambridge：Cambridge University Press，1990）。遗憾的是该版本

---

① *Ent.*，1，pp. 65 ‒71.
② *Ent.*，1，pp. 238 ‒239.
③ Clement C. J. Webb，*John of Salisbury*，London：Methuen & Co. ltd.，1932，p. 22.
④ Cary J. Nederman，*John of Salisbury*，Tempe and Arizona：Arizona Center for Medieval and
Renaissance Studies，2005，p. 51.

仅有迪金森译著的一小部分，几页涉及派克的译著。中国政法大学出版社已引进内德曼的版本（萨尔兹伯利的约翰，《论政府原理》影印本，Beijing：China University of Political Science and Law Publishing Company，2003）。

《论政府原理》约 250000 字，分为 8 卷共 166 章。韦伯指出："《论政府原理》是约翰最精心阐述的著作，比其他著作更为受欢迎。"① 尽管该书的写作缺乏内部连贯性，而且有重复，但作为约翰在政治领域的最重要的作品，通常被认为是"拉丁中世纪时期的第一本阐释政治理论的书目"②，"在阿奎那之前最终的政治学理论著作：亚里士多德的《政治学》被发现之前，学者教士的思想观念的丰富储存库"③。该著内容丰富，并不仅仅是一部政治学著作，还涵盖了道德伦理、神学、思辨哲学、法学、军事学和文学等诸多领域。约翰写作序言约在 1159 年 9 月，当时贝克特仍被困在法国图卢兹（Toulouse），序言提到将该书寄往图卢兹，暗示了是献给在图卢兹的大法官的贝克特。④ 从该书的献给人和整本书的主题来看，该书的受众人员不是单纯的在修道院生活的神职人员，而是像贝克特或者作者本人那种在世俗宫廷生活的人。

约翰探讨了被坏的政治影响的善的人如何重归美好的生活，社会和政府如何运作才能为所有人提供美好生活。全书共分为 8 卷，每章节的标题并不是真正的标题，虽尽量客观，但仍有一些太短，一些又太长，一些武断或牵强附会，只选取了细节而忽略了本质，夸大或减少了作者的论证，有的太有针对性或者没有体现内容，经常不是完全正确的，甚至是全部错误的。比如，第二部分 8 章只有 5 行，这个短小的章节确有 2 行标题；相比之下，第二部分 27 章共有 558 行，标题也是 2 行。第七部分 23 章，这个 165 行的章节有全书最长的标题——7 行，而第一部分 6 章这个 164 行的篇幅仅有 2 行标题。第一部分 2 章标题中的"学习"（*studiis*）并没有出现在正文中；第四部分 1 章的标题是"君主与暴君的区别"给人以本章只讲了此问题的错觉。所以只要认

---

① Clement C. J. Webb, *John of Salisbury*, London：Methuen & Co. ltd.，1932, p. 74.

② John of Salisbury, *Policraticus*：*of the Frivolities of Courtiers and the Footprints of Philosophers*, Edited and translated by Cary J. Nederman. Beijing：China University of Political Science and Law Publishing Company, 2003, p. xv.

③ Ewart Lewis, *Medieval Political Ideas*, Vol. 1, London：Routledge & K. Paul, 1954, p. 169.

④ *Webb*，1，p. 17．"*Dum tamen Tolosam cingitis …si michi credideris.*"

真对比题目与正文就会产生很多疑问，一定程度上影响了读者的阅读和翻译者的翻译。

尽管本书只有两个副标题：廷臣的轻薄、哲学家的足迹，但整部书的主题可分为三部分内容：前三卷批判了廷臣的轻薄，他们通过一些活动和奢侈行为从公共利益中谋取私利；第四到六卷描述了政治有机体的秩序，阐述了君主及其他各个阶层应有的职责；第七、八卷借鉴波伊修斯（Boethius，约480—524）《哲学的慰藉》（*De Consolatione Philosophiae*，Consolation of Philosophy），描述了宫廷内外关于幸福的讨论，正确的观点会带来智慧和美德，而不合理的观点会带来腐败和邪恶，特别是伊壁鸠鲁学派的幸福观带来的问题如何解决等。①

内德曼认为，能够从约翰的职业生涯中，看出该书结构和最初的布局不同。1156 年约翰失宠于亨利二世，被迫离开坎特伯雷开始流放生活，与此同时开始写作散文，试图描述美好生活的基础，并批判伊壁鸠鲁派享乐学说倡导的错误的幸福景象。这是政治失意时期的自我安慰，用作该书第七、八卷的主题。当他被重新召回西奥博尔德的教廷后，约翰将这种自我安慰变成对教廷官员的建议，以避免世俗或者教会的潜在的灾祸，这种动机促使他完成了该书的政治部分即第四到第六卷，阐述了一种关于政府与社会的理论，如果该理论能变为现实，就会保护像他这样的廷臣、君主及其随从的身体与精神安全。他的关注点因此由个人的幸福扩大到整个国家的幸福。约翰完成整本书的时间是 1159 年早秋，尽管有可能在此后的几年里又做了修订。② 在创作该书的同时，约翰还在编写他的另一部重要著作《逻辑论》。内德曼分析了这两部著作各章节的写作时间，显示了它们之间的内在联系性③：

1157 年中期前：《逻辑论》第三卷，第四卷的一章到六章（也有可能包括第四卷的七章到四十一章）。

1156 年后期到 1157 年中期：《论政府原理》第七卷序言到十六章及二十五章，第八卷序言到十四章，以及二十五章的开始。

---

① Cary J. Nederman, *John of Salisbury*, Tempe and Arizona：Arizona Center for Medieval and Renaissance Studies, 2005, p. 52.

② Ibid, pp. 52 – 53.

③ Ibid, p. 27.

1157 年中期到 1158 年后期：《论政府原理》第一卷到第六卷，第七卷十七章到二十四章，第八卷的十五章到二十三章。

1158 年后期到 1159 年后期：《逻辑论》序言，第一卷和第二卷，第四卷四十二章。

1159 年后期：《论政府原理》序言，完成第八卷二十五章。

中世纪时期的多数作者喜欢引用大量的权威资料来加强论证，包括基督教和非基督徒资料。约翰写作《论政府原理》同样如此①，他引用的资料尤其丰富，显示了他的博学，为他赢得了"12 世纪最有学识的人"的称谓。②该书引用的最重要的权威资料是《圣经》，包括《旧约全书》和智者（先知）的预言，还有一些圣经注释。比如，第四卷，对《申命记》（Deuteronomy）的诠释占据大量篇幅，约翰用此来描述好君主的特征；他谙熟拉丁教会教父及早期基督教作者的著作，特别是对天主教思想家奥古斯丁和将圣经翻译成拉丁语即武加大译本（Vulgate）、编著了大量圣经注释的哲罗姆（Saint Jerome/Eusebius Sophronius Hieronymusc，约 347—420）的著作引用很多，同时他还对基督教神学家和历史学家保卢斯·奥罗修斯（Paulus Orosius，约 375—约 418）和同时期的作者阿伯拉尔的著作引用较多。而对一些教父时代可知的作者没有引用。

约翰的古典学教育主要体现在修辞学、哲学和诗作领域，他大量引用了非基督徒的古典经典。古典经典吸引基督徒是因为符合基督教真理的要求，在该书的七卷 10 章，约翰指出："当我们去除异教徒的错误，就不必恐惧他们，甚至对我们非常有利。……非基督徒的作者如果对理性没有偏见，我们可以阅读。……他们的花园充满鲜花和芳香的果实。"③ 这种比喻显示了约翰对古典经典的关注，给读者提供了快乐和效用。在同一章内，约翰将智慧比作泉水，不仅从《圣经》中，还从非基督徒的经典中获取，"智慧犹如泉水，河流从此流出浇灌大地，不仅充满了神的花园，而且流向即便是埃塞俄比亚

---

① 如前所述，韦伯（Webb）在其编辑的拉丁文《论政府原理》（Policraticus）附录列举了约翰的引用。本节的分析基于这篇附录。

② Reginald Lane Poole, *Illustrations of the History of Medieval Thought and Learning*, London: Society for Promoting Christian Knowledge, p. 191.

③ *P.*, Book VII, Chap. 10, pp. 254–255.

人（Ethiopians）都不知的非基督徒"①。在《恩特替卡斯》中，约翰同样指出："你们将讨论古代人的学说和辛苦工作的成果，这是哲学家从他们的学习中摘得的果实。"② 同时在阅读古典经典时，约翰从未忘记阅读时需要有审慎的态度，"天主教书籍阅读更为安全；非基督书籍对简单思想的人来说有更多危险性。这两种书籍对指引思想比信仰更为有效。实际上，阅读使人变得博学；谨慎地选择最好的（书籍）使人成为一个道德崇高的人"③。对约翰来说，引用古典经典，必须加入新的个人的观点，要包含创造性。约翰在《论政府原理》第一卷的序言中讲到古典经典对他写作的帮助："在很大程度上，使用的材料来自别处，除了我自己经常和直接说的，我有时用缩略形式表达观点，有时用其他人的语言以忠实权威地表达观点。"④

约翰阅读引用的书籍主要来自坎特伯雷的图书馆——基督教会图书馆和圣奥古斯丁修道院。⑤ 除《圣经》及其注释外，约翰主要引用以下四种资料。首先是引用古希腊时期的哲学家作品。"古代哲学家因天赋而著名，他们在自己领域所做的贡献被大众接受。通过学习这些有天赋的人，提供了解令人费解的问题的途径，在他们的帮助下，有很多成功的发现，使我们感到愉悦和钦佩。"⑥ 约翰认为阅读和学习古代哲学家的著作非常必要，他们提供的知识对当代仍有价值。他在意大利阿普利亚时，遇到懂希腊语和拉丁语的学者，他们为他翻译了文献⑦，可以推测约翰阅读的为希腊哲学家的拉丁翻译版本，或者通过拉丁作者的间接引用的一些不完整的文献片段⑧。约翰的老师忽视学习希腊语，约翰同样如此，他说："我最近遇到一些困难，我的老师们不能为我解惑，因为他们也不懂希腊语。"⑨ 由此可见，12 世纪的学者很少有人懂希

① *P.*，Book VII，Chap. 10，p. 255.

② *Ent.*，1，p. 105

③ *P.*，Book VII，Chap. 10，p. 253.

④ *P.*，Book I，Introduction，p. 9.

⑤ Janet Martin，"John of Salisbury as Classical Scholar"，in *WJS*，p. 180.

⑥ *P.*，Book VII，Chap. 1，p. 216.

⑦ *Met.*，Book I，Chap. 15，p. 44.

⑧ Hans Liebeschütz，*Mediaeval Humanism in the Life and Writings of John of Salisbury*，Nendeln：Kraus Reprint，1968，p. 78.

⑨ *Letters*，2，No. 194，pp. 272 – 273. "*obstaculum repperi quod nullus magistrorum nostrorum sufficit amouere uia Graecae linguae expertes sunt.*"

腊语，约翰没有途径直接接触希腊文作品。他对荷马（Homer）、希罗多德（Herodotus，约前 484—前 425）、毕达哥拉斯和苏格拉底（Socrates，前 470/469—前 399）不熟悉，但偶尔能引用他们的学说。而约翰对柏拉图（Plato，前 428/427 年—前 348/347）著作的引用则通过《蒂迈欧篇》（*Timaeus*）拉丁翻译及评论获得。这些著作约翰主要通过间接途径获得：西塞罗，马克罗比乌斯（Macrobius Ambrosius Theodosius，4 世纪末 5 世纪初），波伊修斯和奥古斯丁等拉丁作者的著作。① 约翰或许是中世纪最早熟悉亚里士多德六本关于逻辑学著作（合称《工具论》（*Organon*））的人之一。② 他在《论政府原理》中主要引用了亚氏《工具论》中的《分析前篇》（*Analytica Priora*）、《范畴论》（*Categoriae*）、《解释论》（*De Interpretatione*）、《题旨》（*Topica*）、《论向面》（*Physiognomonica*）和《形而上学》（*Metaphysica*）。尽管亚氏的伦理学与政治学方面的著作到 13 世纪才传入西欧，但约翰已经能从《工具论》中汲取许多重要的亚氏观点，思考政治问题，并将这些观点融入《论政府原理》中的社会哲学里。③

其次是对古罗马时期道德哲学家（伦理学家，moral philosopher）的引用。如约翰熟知西塞罗（Marcus Tullius Cicero，前 106—前 43）几乎所有的作品，特别是对《论责任》（*De Officiis*，On Duties or On Obligation）的引用最多。关于西塞罗的两部主要政治学著作《论国家》（*De Re Publica*，On the Commonwealth）的大部分章节和《论法律》（*De Legibus*，On the Laws），约翰没有直接的资料来源，而是通过奥古斯丁与基督教作家拉克坦提乌斯（Lucius Caecilius Firmianus Lactantius，约 250—约 325）的著作得知。④ 在《恩特替卡斯》中没有出现对西塞罗的批评，约翰自认为是西塞罗语言和方法上的追随者，

① Laure Hermand – Schebat, "John of Salisbury and Classical Antiquity", in Christophe Grellard and Frédérique Lachaud, eds., *A Companion to John of Salisbury*, Leiden: Brill, 2014, p. 192

② Cary J. Nederman, *John of Salisbury*, Tempe and Arizona: Arizona Center for Medieval and Renaissance Studies, 2005, p. 54.

③ Cary J. Nederman, "Aristotelianism and the Origins of 'Political Science' in the Twelfth Century", *Journal of the History of Ideas*, Vol. 52, No. 2 (1991), pp. 183 – 184.

④ Cary J. Nederman, *John of Salisbury*, Tempe and Arizona: Arizona Center for Medieval and Renaissance Studies, 2005, p. 53.

因为除《圣经》和奥古斯丁的著作外，约翰对西塞罗的著作的引用最为频繁。塞涅卡（Lucius Annaeus Seneca，约前 4—65）的《书信集》（*Epistles*）等也是约翰在本书中经常引用的。

再次，约翰喜欢引用古罗马诗人的拉丁作品。引用次数较多的有维吉尔（Publius Vergilius Maro，英文常称作 Virgil，前 70—前 19）的作品，包括史诗《埃涅阿斯纪》（*Aeneid*）、《牧歌集》（*Eclogues*）和《农事诗》（*Georgics*）；抒情诗人贺拉斯（Quintus Horatius Flaccus，英文常称作 Horace，前 65—前 8）的《诗艺》（*Ars Poetica*）、《讽刺诗集》（*Satires*）、《世俗歌集》（*Carmen Saeculare*）和《书札》（*Epistles*）；尤维纳利斯的《讽刺诗集》（*Satires*）；卢坎（Marcus Annaeus Lucanus，英文称 Lucan，39—65）的史诗《法沙利亚》（*Pharsalia*，又称作《论内战》，*De Bello Civili*）；奥维德（Publius Ovidius Naso，英文称 Ovid，前 43—17/18）的《恋歌》（*Amore*）、《爱的艺术》（*Ars Amatoria*）、《岁时记》（*Fasti*）、《列女志》（*Heroides*）、《变形记》（*Metamorphoses*）、《黑海零简》（*Epistulae ex Ponto*）和《爱的医疗》（*Remedia Amoris*）等。

最后，约翰引用了很多罗马法和教会法的资料，主要包括《民法大全》和《格拉提安教会法汇要》。他本人在巴黎并没有接受过正规的法学教育，只在坎特伯雷听过意大利法学家维卡利尤斯的授课，他对法律知识的精通主要在于他有丰富的法庭经验。

值得注意的是，约翰大量引用的前人著作很多没有直接来源，利用的是坎特伯雷图书馆编辑整理的作品摘要（*florilegia*），如对一些非基督徒作者作品的引用没有直接在他的作品中显示出来。① 包括弗朗提努斯（Sextus Julius Frontinus，约 40—103）、苏埃托尼乌斯（Gaius Suetonius Tranquillus，约 69—122）和格利乌斯（Aulus Gellius，约 125—180）等。所以实际上，他的古典学识没有那么渊博。因为政治学古典模范缺少，约翰陷入某种困境，致使他的某些概念缺少传统的支持。他的解决方法是伪造一些古典著作，使他的观点合法化。

约翰运用这些权威的方式是"例证"（*exempla*），即用举例的方法阐释他

---

① Janet Martin, "John of Salisbury as Classical Scholar", in *WJS*, pp. 179 – 201.

的经验和学说。① 《论政府原理》中的许多章节是这些例子的合集，而这些例子缺少内在的联系。例子的来源如上所述十分广泛：大量来自《圣经》中的故事，一些来自古典经典或者教父史学家的作品，还有一小部分是源自他自己在教廷和宫廷的经验。有些例子是有关邪恶信念转化为行动的反面例子，有些例子则是表达善意和忠诚本身。这些例子帮助读者缩小不同的伦理论述的差距，阐明了人们发现自身的实际境况。例证是为了阐明日常伦理和政治行为的原则，通过具体例子揭示普遍经验，正如内德曼所说："约翰的例子是为了适应日常生活中的道德与政治行为中的主要原则的表述。如同在《圣经·新约》中耶稣的寓言（parables），《论政府原理》中展示了例子（exempla）。"② 彼得·冯·莫斯（Peter von Moos）指出他不关注史料的来源是否重要，更不用说准确性。③ 约翰的例子常常以矛盾的方式展现，迫使读者去寻求这种公开的冲突背后的真相和原因。这种方式约翰继承自他的老师阿伯拉尔。④ 阿伯拉尔在《是与否》（Sic et Non）⑤ 中对比了《圣经》和其他正统经典。这种阿伯拉尔式的途径是必要的，"人们可以自由地怀疑和要求通过对比得来的真相，尽管观点会有冲突"⑥。可见，约翰对阿伯拉尔写作方式的尊敬，隐蔽的真理要通过努力和激励来获得。约翰运用例证也激励了读者理性寻求知识。

总之，《论政府原理》是第一部中世纪神职人员将道德哲学与政治实践协

---

① Peter von Moos, "The Use of *Exempla* in the *Policratiucs* of John of Salisbury", in *WJS*, pp. 207 – 261.

② Cary J. Nederman, *John of Salisbury*, Tempe and Arizona: Arizona Center for Medieval and Renaissance Studies, 2005, p. 55.

③ Peter von Moos, "The Use of *Exempla* in the *Policratiucs* of John of Salisbury", in *WJS*, pp. 207 – 261.

④ Cary J. Nederman, *John of Salisbury*, Tempe and Arizona: Arizona Center for Medieval and Renaissance Studies, 2005, p. 56.

⑤ "或许阿伯拉尔最有影响力的逻辑学著作就是《是与否》，该著列举了一系列问题，并从教父权威中找到解决冲突矛盾问题的答案。阿伯拉尔从教会教父的相关著作中选取所需要的，他提出对比、逻辑审查及综合的指导。这部书阐释的主题及辩证方法论是经院哲学的显著特征。" Jeremiah Hackett, *World Eras*, Vol. 4, *Medieval Europe*, 814 – 1350, Detroit: Gale Group, 2002, pp. 423 – 424.

⑥ *Webb*, 2, p. 122. "*De quibus dubitare et quaerere liberum est, donec ex collatione propositorum quasi ex quadam rationum collision ueritas illucescat.*"

调起来的书，反映了 12 世纪政治、思想和教会生活的焦点。与同时代的其他人一样，约翰关注世俗与精神权力的关系及现世生活。与他们不同的是，约翰将哲学与如何作为一个好的君主或者廷臣结合起来，关注廷臣如何在政治生活中积极活动，同时保持道德高尚。既是对君主的劝导，又展示了真正的哲学生活。他强调哲学不是虚无的，而是在政治领域里能积极发挥作用，为上帝及仆从服务。他的政治思想的活力主要在于平衡政治实践与伦理宗教生活。

三、《逻辑论》

　　Metalogicon 同样是约翰自己创造的伪希腊词语，《逻辑论》（Metalogicon）是仅次于《论政府原理》的重要著作，包含了与 12 世纪学术研究有关的最重要的信息。① 内德曼认为："除了 12 世纪 50 年代后期短暂的反教育运动，英国甚至整个欧洲大陆的政治和文化背景似乎没有什么可促使他写作。"② 序言指出该著是献给贝克特的。③ 与《恩特替卡斯》相比，两书都阐述了一些学校教授无实际和无影响的知识：诗作主要嘲讽和谴责一些教师没有抓住智慧的本质，而《逻辑论》力图捍卫普通教育课程，探究整个课程设置。如前文所述，该书与《论政府原理》交叉写作，约成书于 1159 年，两书之间有密切关系，如有很多相同的主题元素。其中一个共同特征是约翰对新学院派的适度怀疑主义的方法论上的评价。④ 在该书的前言中，约翰讲道："对一个智者来说，在事务上成为学院派是令人怀疑的，我不能保证我所说的是真理。"⑤ 他效仿西塞罗在《学院派哲学》（Academica）的评价，承认人的理解力有限因而影响到真理的探寻，获得知识的过程是困难的，"理解真理是困难的，

---

①　Hans Liebeschütz, *Mediaeval Humanism in the Life and Writings of John of Salisbury*, Nendeln: Kraus Reprint, 1968, p. 3.

②　Cary J. Nederman, *John of Salisbury*, Tempe and Arizona: Arizona Center for Medieval and Renaissance Studies, 2005, p. 62.

③　*Met.*, Prologue, p. 6.

④　关于新学院派适度怀疑主义参见：Cary J. Nederman, "Beyond Stoicism and Aristotelianism: John of Salisbury's Skepticism and Twelfth Century Moral Philosophy", *Brills Studies Intellectual History*, Vol. 30 (2005), pp. 175 – 195.

⑤　*Met.*, Prologue, p. 6.

（如学院派所说）真理如果在井底会是模糊的"①。从这方面来说，该书可以看作是《论政府原理》的哲学原则。约翰在《论政府原理》中论述道："一些不管是因爱还是因恨产生的评判，会变成错误……这将由读者的自由意志选择要走哪条道路，这样我的名字将远离邪恶和欺骗。"② 换言之，读者要根据自己的想法做出评判。那么应如何避免"邪恶和欺骗"，该书阐述了具体的逻辑分析的关键，即对能获得的真理的理解和洞察，成为理解《论政府原理》的基础，正如内德曼所说："《逻辑论》是《论政府原理》的补充。"③

该书有50000多字，分为序言和主体四卷，主题为教育是美好生活的关键，强调了前三艺的重要性：拉丁文法，包括文学，诗作和散文；逻辑，发展理性和合理性；修辞，清晰有说服力地表述观点。教育是美德、智慧和知识获取的最佳路径，只有通过教育才能最终获得幸福和救赎。序言非常重要，因为其中作者不仅阐述了写作目的，呼吁学习逻辑学，而且树立了拉丁写作的典范，是古典写作方式的发展。④ 第一卷是对一些课程设置的批判，将种种不合理归结为虚构的人物科尼菲西乌斯（Cornificius），同时阐释了基本的文法规范。第二、三、四卷通过亚里士多德的《工具论》探讨逻辑，同时强调辩证理性是必要的。

约翰很多课程设置的观点是在巴黎求学过程中学到，并且希望能以平衡合理的方式教授。约翰描述科尼菲西乌斯为："尽管他看起来遵循修辞学，事实上他破坏所有的人文学科研究，攻击所有的哲学体系，毁坏友善慈爱互惠的关系……暴饮暴食，盲目自大，装腔作势，行为贪婪，不负责任，习惯令人憎恶，欲望肮脏，外表放荡，生活邪恶，名声败坏。"⑤ 约翰用了如此多不好的词对其进行控诉，但没有明确地指出科尼菲西乌斯的身份，他有多重面

---

① *Met.*, Book II, Chap. 13, p. 105.

② *Webb*, 2, p. 227. "*Odio siquidem uel amore in partem alterutram praesentium plerumque iudicia prolabuntur. In quibus tamen quid sequendum sit lectoris relinquetur arbitrio, ut procul a nomine meo faciam uitium et notam mentiendi.*"

③ Cary J. Nederman, *John of Salisbury*, Tempe and Arizona: Arizona Center for Medieval and Renaissance Studies, 2005, p. 65.

④ Ronald E. Pepin, "John of Salisbury as a Writer", in Christophe Grellard and Frédérique Lachaud, eds., *A Companion to John of Salisbury*, Leiden: Brill, 2014, p. 156.

⑤ *Met.*, Book I, Chap. 1 - 2, pp. 11 - 12.

孔,而且是实际具体有形的,书中不同地方的人物身份分别为学生、学校校长、廷臣、教士和商人,年纪也是变化的,约翰使读者认为科尼菲西乌斯是他那个时代真实的人物。① 比如,科尼菲西乌斯的身份是学生时,"去了学校"②,在那里"他没有接受老师的指导"③,"他认为自己教自己"④,换言之,他不接受当时的学者的教育,约翰本人受到多位老师的指导,他对这种行为不满。又比如,科尼菲西乌斯可能是西奥博尔德教廷中的一位教士,"……形式上加入了宗教生活。培养与西多会、克吕尼修会、普雷蒙特雷修会修士,甚至更高地位者的友谊,最后以获得他们的荣耀"。约翰谴责道:"上帝会知道并评判他们的意图。"⑤ 再比如,科尼菲西乌斯是一位廷臣,约翰以法利厄的阿努而夫(Arnulf of Lisieux,1104/09—1184)为原型塑造了科尼菲西乌斯的廷臣形象。⑥ 约翰熟知阿努而夫的教育背景,他们长期积怨,与这位有影响力的廷臣有知识和政治上的冲突。支持科尼菲西乌斯的人,约翰称其为 Cornifician,韦伯认为他们"攻击逻辑学和所有的学习以及哲学"⑦。弗兰克·巴罗认为 30 年代后期他们(Cornifician)或许是约翰在巴黎的同学,并且在同窗时期就彼此有敌意。⑧ 沃德(J. O. Ward)描述 Cornifician:"或许是用现代人的语言来说第一代'求职者',他们谴责 12 世纪上半叶前三艺的平衡教育和后四艺的有责任心的老师。"⑨ 约翰还将圣伯纳德的一些教育观点归在科尼菲西乌斯名下。如圣伯纳德对巴黎的学校持批判态度,认为道德邪恶

① 关于 Cornificius 的身份,学者有不同的观点,具体参见:Rosemary Barton Tobin, "The Cornifician Motif in John of Salisbury's *Metalogicon*", *History of Education*: *Journal of the History of Education Society*, Vol. 13, No. 1 (1984), pp. 1 – 6.

② *Met.*, Book I, Chap. 3, p. 14.

③ *Met.*, Book I, Chap. 3, p. 13.

④ *Met.*, Book I, Chap. 5, p. 24.

⑤ *Met.*, Book I, Chap. 5, pp. 23 – 24.

⑥ Cary J. Nederman, *John of Salisbury*, Tempe and Arizona: Arizona Center for Medieval and Renaissance Studies, 2005, p. 67.

⑦ Clement C. J. Webb, *John of Salisbury*, London: Methuen & Co. ltd., 1932, p. 79.

⑧ Frank Barlow, ed., *The Letters of Arnulf of Lisieux*, London: Royal Historical Society, 1939, pp. xvii – xix.

⑨ J. O. Ward, "The Date of the Commentary on Cicero's 'De Inventione' by Thierry of Chartres (ca. 1095 – 1160?) and the Cornifician Attack on the Liberal Arts", *Viator*, Vol. 3 (1972), pp. 223 – 224.

和异端在巴黎学校都可以找到，他反对以宗教学习为中心的学校教育，反对正式的哲学训练，固执地拒绝与他的对手进行直接理性的辩论。这样做是因为圣伯纳德在生前及去世后一直享有很高的声望，约翰不能直接指名道姓反对他。①

尽管约翰对揭露科尼菲西乌斯有疑虑，但他毫不含糊地指出科尼菲西乌斯式的哲学令人厌恶。科尼菲西乌斯真正的目的是攻击修辞学，他们拒绝承认修辞学学习的价值。②"修辞是一种天赋，由个人的本性承认或者拒绝。"③根据科尼菲西乌斯的观点，"获得或者缺少修辞都是由天性决定的。为获得修辞而作努力是无用或多余的"④。在约翰看来，认为那些缺少天资的人很难通过教育改变，因为天性限制了他们，是一种极其有害的看法。"人们小时候学习讲话受如何培养影响。教师的指导有时候并不能使学生脱离小时候养成的习惯。"⑤ 但是这仅仅能证明要注重幼时的教育，而不是科尼菲西乌斯所认为的本性无法改进或提高。约翰指出："人们忽视的时候，本性能力容易变坏，通过培养和关注可以得到提高……尽管天赋是重要的，但是不通过学习，就永远不会或极少地发挥作用……勤奋学习可以建设和保持最低级别的人类本质天赋。"⑥ 与科尼菲西乌斯相反，约翰认为即使有天赋也首先需要有指导的补充，然后要进行常规训练，才能获得修辞技艺。科尼菲西乌斯则通过攻击人类提高自己的合理性，使社会陷于危险，切断了人们获取幸福的道路，这一幸福是上帝给予的，同时排除了认识到上帝恩典的可能性。简言之，该书认为人们的修辞学能力是恰当的本性，上帝的恩典，教学和应用的结合。⑦ 为了证明自己的观点，约翰参考了西塞罗和亚里士多德的观点。通过西塞罗的著作，约翰接受了人类社会文明存在于雄辩的讲演和理性中，当然需要上帝

---

① Cary J. Nederman, *John of Salisbury*, Tempe and Arizona: Arizona Center for Medieval and Renaissance Studies, 2005, p. 67.

② Ibid, p. 67.

③ *Met.*, Book I, Chap. 6, p. 24.

④ *Met.*, Book I, Chap. 8, p. 27.

⑤ *Met.*, Book I, Chap. 6, p. 25.

⑥ *Met.*, Book I, Chap. 8, pp. 30 – 31.

⑦ Cary J. Nederman, *John of Salisbury*, Tempe and Arizona: Arizona Center for Medieval and Renaissance Studies, 2005, p. 69.

的帮助。人类的社会性依据于理性和修辞讲演的会合，约翰用典型的西塞罗方式讲了这一点，强调修辞是"产生了很多杰出的城市，产生了很多王国的友谊和联盟，通过爱将人们团结在一起"①。讲演（修辞）是这样一种机制，将智慧转化为公共演说并且劝说人们追随自己的意愿，进而和谐地生活在一起。如果他们没有语言工具，即使有理性，"他们还是会退化为残忍的动物，城市会成为畜栏，而不是一种由基本的纽带连接在一起，互相帮助，像朋友那样合作的社区"②。约翰是为了让人们达成共同利益而不是获取私人财富，必须要提高语言技能，促进文明建立，维护人类社会和谐。"科尼菲西乌斯拒绝教育可以提高人们修辞能力，不仅是反对个人，更是反对所有的城市和政治组织。"③ 科尼菲西乌斯的错误，在于解释人类天生的弱点是永久性和不可克服的，而社会现实证明这是错误的观点。约翰对亚里士多德认识论、伦理及心理的概念的运用也证明了科尼菲西乌斯的错误。约翰运用了亚里士多德关于人类本性赋予了灵魂一定的力量的观点，通过调查研究构成灵魂内部的基本活动。④ 于是约翰认为有雄辩力的人要通过常规的训练，直到他能完全领会修辞学的原则。约翰的亚里士多德观是能力放弃了第一本性，由第二可获得的本性而变得完整。这揭示了约翰所教授的"勤奋学习……使人们的理解之路变得通畅"⑤。个人的知识通过训练获得，"艺术，通过使用和练习建立，产生了合适的果实"⑥。单纯的规则是无用的，因为学习理论原则要与修辞学联系。讲演中的雄辩只有那些常年训练仔细和熟悉常规的人才能掌握。他有一段话效仿了亚里士多德的《范畴篇》，"我们第一次尝试的时候总是困难的，通过勤奋的练习会变得简单些，一旦掌握了规则就会更简单，除非那些疏于训练和不仔细才影响了效率"⑦。成功的修辞学家需要仔细关注自己早年的行为，或者细心观察导师行为。

因此，作者在《逻辑论》中认为哲学不是深奥难以理解的或者仅仅是空

---

① *Met.*, Book I, Chap. 1, p. 11.
② *Met.*, Book I, Chap. 1, p. 11.
③ *Met.*, Book I, Chap. 1, pp. 11 – 12.
④ *Met.*, Book I, Chap. 11, p. 34.
⑤ *Met.*, Book I, Chap. 23, p. 64.
⑥ *Met.*, Book IV, Chap. 8, pp. 215 – 216.
⑦ *Met.*, Book I, Chap. 11, p. 34

想的原则，而是一种人们思想和行为的具体指导。人们只有通过实际经验的学习才能成为智者。"通过经验获得知识，这是同行动紧密相连的。"① 实际上这种经验主义的基础认为通往智慧之路，始于特定行为的练习，人们一旦明确要获得知识（智慧的前提），理性和理解的力量就会使得人们获得智慧的果实。

约翰的教育观念还包括伦理因素，"我这部著作关注道德，因为我坚信所读和所写的美好事物是无用的，除非他们对个人生活方式有积极影响。任何哲学只要不是培养美德的果实和对人们的指导，就是无效的"②。他的这种观点充分说明，人们学习不是简单地变得聪明或者有学识，如果所学不能帮助树立端正的品性，那么良好教育就没有价值，而且人们在获取知识的过程中所用的技术都附属于道德的评判。适当的学习不仅仅是由学到知识的数量决定，还包括教育经验的质量。约翰在《论政府原理》中论述的适度原则和美德，在《逻辑论》中同样重要，在约翰看来，道德与智力都是重要的。有用的知识并不是单纯让人们得到财富、权力和地位，否则会声色放纵，教育的目的是既要提升智慧美德，又要提高灵魂的质量最终获得幸福。

值得注意的是，《逻辑论》显示了约翰渊博的古典知识。与《论政府原理》相比，《逻辑论》引用的资料不同。在《论政府原理》中大量引用的历史学家观点在该书里几乎没有，约翰更多地提及了他同时代的作者，包括阿伯拉尔、吉尔伯特、沙特尔的伯纳德和圣维克多的于格（Hugh of St. Victor，约 1096—1141）等。该书引用最多的为亚里士多德的作品和《圣经》。他用继承自亚里士多德的基本逻辑学观点支持他的观点。除此之外，约翰引用较多的作者有奥古斯丁、波依修斯、西塞罗、塞维利亚的伊西多尔（Isidorus Hispalensi/Saint Isidore of Seville，约 560—636）、乌尔提亚努斯·卡佩拉（Martianus Capella，约活动于 5 世纪前后）和昆提利安。③ 显而易见，约翰在该书中表述了他对关于古代和现代权威的引用的看法。一方面，在约翰看来，

---

① *Met.*, Book Ⅳ, Chap. 19, p. 231.

② *Met.*, Prologue, p. 6.

③ 约翰在《逻辑论》中的引用作者见：*Ioannis Saresberiensis Metalogicon*, Edit J. B. Hall auxiliata K. S. B. Keats – Rohan, Corpvs Christianorvm Continuatio Mediaeualis XCVIII, Turnholti：Brepols, 1991, pp. 187 – 199.

教育理念是通过练习获得的，经验是智者要遵循的。在前人成就的基础上，能够看得更远，"我们这一代享有先辈的遗产。我们知道更多，不是因为我们本身的能力发展，而是受其他人的支持，我们从先辈那里继承了丰富的遗产。沙特尔的伯纳德（Bernard of Chartres，? —1124）曾将我们比作站在巨人肩膀上的矮子。他指出我们比前人看到的更多更远，不是因为我们的视野宽阔或者有高度，而是因为有前人的基础"①。另一方面，约翰指出："我不同意那些摈弃自己时代好的东西，又抱怨将其推荐给后代。"先人同样犯了很多错误，与同时代的学者相比，他们不能作为当今的权威。② 约翰力图将古典融于基督信念，当古典经典与基督理念不符时，约翰毫无疑问地不再参考古典经典。

四、其他著作

（一）《教皇史》

约翰 1163 年完成《教皇史》（*Historia Pontificalis*），这时他在法国流放。该书不超过 15000 字，被认为是未完成的作品，正如克里斯多夫·布鲁克所说："显然这（《教皇史》）是片段。"③ 这本书是献给他的密友（*amicorum karissime*）策勒的彼得的，可以算是一种编年史，从一个英格兰人的视角描述第二次十字军东征之后的西欧世界，包括从 1148 年到 1152 年的教会历史。④ 该书是"关于记述英格兰内战，第二次十字军东征，以及教皇尤金三世的性格和政策的第一部重要史料"⑤。

约翰在《教皇史》开篇陈述了编写历史书的目的，"所有这些编年史作家有一个目的：叙述重要事件，这样可以通过这些事件清楚地看到上帝无形的

---

① *Met.*，Book Ⅲ，Chap. 4，p. 167.

② *Met.*，Book Ⅲ，Prologue，p. 144.

③ Christopher Brooke，"Aspects of John of Salibury's *Historia Pontificalis*"，in *Intellectual Life in the Middle Ages*：*Esays Presented to Margaret Gibson*，edited by Lesley Smith and Benedicta Ward，London and Rio Crande：The Hambledon Press，1992，p. 185.

④ *H. P.*，p. xix.

⑤ *H. P.*，p. xlii.

东西，人们可能会通过奖励或惩罚的例子更积极地敬畏上帝和追求正义。……那些对过去一无所知的人，对未来也是盲目的……编年史作家的记录对建立或消除习惯是有价值的，这是为了加强或者消除特权；恩典的知识和神法使我们的生活更加稳定牢固……"① 但是该书缺少传统的撰写中世纪历史的典型特征，如普遍意义上的年代记，因为年代记可能会远离约翰或彼得感兴趣的主题；记述重大事件时，经常在细节方面模糊不清。该书还是非常个人化的一本书，用独特的视角带读者去看教会、国家和学校的事务。实际上该书仅存在一小部分的手稿，在中世纪后期不会有更多的读者，直到 19 世纪人们才知道是约翰的作品②。以此看来这本书除了彼得外，约翰没有想要更多的读者。③

《教皇史》与约翰的其他作品一样，都包含作者自传的因素：《论政府原理》反映了他在英格兰为宫廷服务的生活；《逻辑论》描述了他在巴黎求学的日子；《教皇史》则反映了他完成巴黎的学业后在教皇教廷服务的情况。④《教皇史》对古典知识的引用与其他作品相比较少，或许是因为约翰在兰斯时图书馆藏书较少。除了《圣经》外，他常引用的有，罗马诗人维吉尔、奥维德、贺拉斯和剧作家泰伦提乌斯（*Publius Terentius Afer*/Terence，前 195/185—前 159），以及拉丁教父奥古斯丁和哲罗姆的作品。还包括同时代的作者的著作，如引用了普瓦捷的吉尔伯特对波伊修斯的《三位一体论》（*De Trinitate*）的评注。约翰在前言中讲道："在上帝的帮助下，我所见所听的真实的事，或者其他可靠的人（*probabilius uirorum*）的作品是支撑本书的权威。"⑤

与古典时代相同，历史的撰写在中世纪是修辞学的一个分支。和约翰之前的作品类似，在《教皇史》中约翰继续采用了阿伯拉尔的"是与否（sic et non）"的方法。⑥ 这样的方法使得该书中对人物的评判既包括好的一面又包

---

① *H. P.*，p. 3.

② Clement C. J. Webb，*John of Salisbury*，London：Methuen & Co. ltd.，1932，p. 126.

③ *H. P.*，p. xlvii. "（本书是）为兴趣和对他朋友彼得指导的私人记录。"

④ Cary J. Nederman，*John of Salisbury*，Tempe and Arizona：Arizona Center for Medieval and Renaissance Studies，2005，p. 75.

⑤ *H. P.*，p. 4.

⑥ Cary J. Nederman，*John of Salisbury*，Tempe and Arizona：Arizona Center for Medieval and Renaissance Studies，2005，p. 77.

括不好的一面，如对教皇尤金三世、克莱尔沃的圣伯纳德、布洛瓦的亨利（Henry of Blois，1098/9—1171）和他最敬爱的老师吉尔伯特等的评价。① 因为信息过多，约翰承认是基于"可能性的"见证者，他或许会疏忽真相。约翰作为教士，认为上帝会对人类行为的道德价值做出最后的评判。约翰对大主教西奥博尔德十分忠诚，他是这部书中唯一完全以正面形象出现的人物。这位大主教勇敢挑战了国王斯蒂芬禁止他出席兰斯的宗教会议的决定，代表英国教会向教皇尤金三世请求怜悯，对曾经反对他的人表示宽容，所有的这些事件，约翰都亲身见证过，他将西奥博尔德作为英明的领导的典范。西奥博尔德在书中的形象是忍耐克制和胸襟宽广的，而像克莱尔沃的圣伯纳德那样有权力的教士在书中却以压迫和折磨他的下属教士的形象出现，这种对比是古典修辞学的一种典型例子。②

在该书中，约翰对吉尔伯特的深切同情和对法利厄的阿努而夫的极度厌恶不容忽视。事实上该书超过四分之一的部分偏离主题，调查了对吉尔伯特的审判和他的教学，并证实了他一直是约翰最喜爱的老师。③ 约翰认为吉尔伯特诚实有思想，是代表宗教正统的人，不应该受到迫害。很可能这是该书不公开出版的一个原因。约翰在该书中对阿努而夫的描述不像在《逻辑论》中，完全没有掩饰对他的厌恶。阿努而夫认为自我利益是高于责任的，这是导致第二次十字军东征失败的重要原因。④ 约翰认为阿努而夫是国王斯蒂芬的亲信，国王形象负面但没有直接出现在该书中，只在背景知识中出现，即为他的儿子尤斯塔斯（Eustace）加冕努力。在阿努而夫看来，在教皇英诺森二世宣布王位合法问题前，女伯爵安茹的玛蒂尔达没有权利继承英格兰王位。约翰用大主教昂热的奥格（Ulger of Angers，？—1149）的演讲反驳，将阿努而夫

① Ronald E. Pepin，"John of Salisbury as a Writer"，in Christophe Grellard and Frédérique Lachaud，eds.，*A Companion to John of Salisbury*，Leiden：Brill，2014，pp. 167–168.

② Cary J. Nederman，*John of Salisbury*，Tempe and Arizona：Arizona Center for Medieval and Renaissance Studies，2005，p. 77.

③ Ibid，p. 77；Clare Monagle，"John of Salisbury and the Writing of History"，in Christophe Grellard and Frédérique Lachaud，eds.，*A Companion to John of Salisbury*，Leiden：Brill，2014，pp. 221–228.

④ Marjorie Chibnall，"John of Salisubury as Historian"，in *WJS*，pp. 172–173.

形容为厚颜无耻、虚假和奸诈的人，驳斥了对女伯爵的指控。① 但是约翰显然没有亲历这些事件，因为一个亲身经历者说奥格并没有对这些指控进行回应。②

或许最令人感到奇怪的是该书的题目——《教皇史》，尽管教皇教廷的确是本书的中心，但约翰却对教皇并没赋予太多的关注，而是关注重要人物之间的冲突和协商。③ 尤金三世建树不多，地位无足轻重，他最大的成就是对期望废除婚姻的夫妻进行调节④，即使在这一方面，也没有他取得成功的证明。约翰对这位教皇抱以斥责的态度，这位教皇在做出决定之后又经常反悔，他推测这种行为的原因："一是（教皇）经常撤销前任的评判，更不用说他的下级主教们，二是他过于依赖自己的观点。"⑤ 简言之，性格的缺陷和不听取他人建议导致他的这种行为。该书还描述了西奥博尔德与国王斯蒂芬及英格兰教会主教的谈判，这位坎特伯雷大主教表现出来的坚强性格和宽阔视野似乎是教皇所缺乏的，但约翰在该书中并没有认为教皇在履行其职时是失败的。这一时期对教会来说是有秩序的时期，即便处在第二次十字军东征中：很大程度上亦有赖于国王维护教皇的权威，教会事务平稳运行。12 世纪 60 年代教会分裂，德国和英国的君主都对教会进行打击，这一点约翰十分清楚，所以《教皇史》阐述了即使教会的最高层领导者没有杰出的领导力，教会亦知道有效运作的方法。⑥

（二）圣徒传

《安瑟伦传》（*Vita Anselmi*）和《托马斯·贝克特传》（*Vita et Passio Sancti Thome*）是约翰写的两部圣徒传记，现代学者罗纳德·E. 佩平（Ronald E.

---

① *H. P.* , pp. 83 – 85.

② Christopher Brooke , "Aspects of John of Salibury's *Historia Pontificalis*" , in *Intellectual life in the Middle Ages*: *essays presented to Margaret Gibson* , edited by Lesley Smith and Benedicta Ward. London and Rio Crande: The Hambledon Press, 1992, p. 186.

③ Clare Monagle , "John of Salisbury and the Writing of History" , in Christophe Grellard and Frédérique Lachaud, eds. , *A Companion to John of Salisbury* , Leiden: Brill, 2014, p. 215.

④ *H. P.* , pp. 61 – 62.

⑤ *H. P.* , p. 51.

⑥ Cary J. Nederman , *John of Salisbury* , Tempe and Arizona: Arizona Center for Medieval and Renaissance Studies, 2005, p. 79.

Pepin）将其编辑翻译成一本书——《安瑟伦和贝克特：两位坎特伯雷圣徒的一生》（*Anselm & Becket*：*Two Canterbury Saints' Lives*，Toronto：Pontifical Institute of Mediaeval Studies，2009）。在约翰的著作中，他的圣徒传记在体裁上并不特别突出。

1163 年贝克特为争取追封坎特伯雷的安瑟伦为圣者而积极奔走，约翰为支持贝克特而写了《安瑟伦传》。很多学者认为这是约翰在埃德默（Eadmer，约1060—1126）的著作《圣安瑟伦传》（*Vita S. Anselmi*)① 的基础上，所创作的非原创性的作品②。约翰没有运用修辞学和文学的技巧，而是对安瑟伦的职业生涯进行了最直接的描述，并且阐述了被一些学者忽视的安瑟伦的部分职业细节。这本传记还阐明了当时人们对圣洁的理解以及有助于封圣的方式方法。而约翰将当代著作融入写作安瑟伦的简短传记中，这种经验也有助于他撰写贝克特传。《托马斯·贝克特传》可以算作约翰最不重要的一部著作。对贝克特生涯和性格的敷衍写作证明了此书创作得非常仓促，可以算是书信合集的前言，而不是完整的圣徒传记。《托马斯·贝克特传》最引人注目的地方应该是详细描绘了贝克特如何被暴徒杀害的情景，这是在 1171 年早期给坎特伯雷的约翰的信件的基础上的写作。③ 该书的主要贡献在于影响了对圣贝克特崇拜的传播，有助于其封圣，同时也是约翰一贯的捍卫教会自由和谴责暴君思想的表达。④

五、书信集

威廉·斯塔布斯（William Stubbs）指出："中世纪的信件特征为很多信件集是经过编辑的，作者用正确的拉丁文法，作为文学作品而不是单纯的历史记忆出版。……很多情况下信件只是一种凭证。很多真正的信息来自信件的

---

① 现代英拉对照本见：Eadmer, *The Life of St Anselm*, *Archbishop of Canterbury*, edited with introduction, notes and translation by R. W. Southern, Oxford：Clarendon Press, 1972.

② Ronald E. Pepin, "John of Salisbury as a Writer", in Christophe Grellard and Frédérique Lachaud, eds., *A Companion to John of Salisbury*, Leiden：Brill, 2014, pp. 165 – 166.

③ Cary J. Nederman, *John of Salisbury*, Tempe and Arizona：Arizona Center for Medieval and Renaissance Studies, 2005, p. 81.

④ Ronald E. Pepin, "John of Salisbury as a Writer", in Christophe Grellard and Frédérique Lachaud, eds., *A Companion to John of Salisbury*, Leiden：Brill, 2014, p. 171.

持有者而不是撰写者。……约翰是贝克特的通信者中撰写真实信息的人。……12世纪涌现了大量的信件，虽然有不足之处，但仍然为民族、文学和社会史提供了详尽的材料。……如约翰这种最好的作者，可以阅读和评判原典。"①现代学者米勒（W. J. Millor）和巴特勒（H. E. Butler）编辑，布鲁克（C. N. L. Brooke）修订了约翰的书信，将其按年代排序成两部书信集。约翰的书信展示了他的知识和文学素养，反映了当时的历史事件。

第一部书信集是约翰早期的信件，时间涵盖1153到1161年，包括135封信，记录了坎特伯雷教廷的日常工作，展示了约翰早期生活的背景。其中大约有四分之三的书信是以大主教西奥博尔德的名义，写给国王、法官、教皇教廷和英格兰教会的主教，这些信件反映了坎特伯雷大主教及其部分圈子成员对法律的看法，对教皇诉求的基础以及向宫廷阐述大主教决定的背后原因等。撰写如此多的信件，说明约翰的工作应该非常繁忙，并且给人留下了能干的教会行政官员的印象。总体来看，有西奥博尔德签名的信件展示了有序的坎特伯雷教廷是精神和世俗政治领域的典范。其余的37封信以约翰个人名义所写，从中可以看到约翰在文学方面的贡献。② 这些信件主要是写给与他关系亲密的三个人：策勒的彼得、坎特伯雷的约翰和阿德里安四世。在书写这些密友的信件时，约翰和创作其他作品一样，参考了很多经典和《圣经》资料，特别是对拉丁书信写作权威如塞涅卡、西塞罗和奥古斯丁等人作品的大量引用。约翰的私人信件体现了文学的一种理想：他和在性格、阶级和责任方面不同的人分享学识，以帮助他们来处理事务。比如，约翰在一封写给策勒的彼得的信中说："既然我是你的朋友，我很高兴我们能够交流意见和在财产上有合作关系。"③

值得注意的是，约翰的私人通信最多的时段是在1156到1157年间，这

---

① William Stubbs, "Learning and Literature at the Court of Henry II（June 11, 1878）", in *Seventeen Lectures on the Study of Medieval and Modern History and Kindred Subjects Delivered at Oxford, under Statutory Obligation in the Years* 1867 – 1884, Oxford: Clarendon Press, 1886, pp. 146 – 148.

② Cary J. Nederman, *John of Salisbury*, Tempe and Arizona: Arizona Center for Medieval and Renaissance Studies, 2005, p. 81

③ *Letters*, 1, No. 111, p. 180. "Cumergo me uobis amicum esse profesus sim, participium rerum et animorum libens agnosco …"

正是亨利二世不喜欢他的时候，他被禁止代表大主教履行职责。在很多给彼得和教皇阿德里安四世的信件中，约翰表示对自己的处境及命运的深思促使他写作了《论政府原理》。1159 年约翰写信给彼得，说明他刚完成这部著作，并请求彼得评论，其中他讲到一种哲学原则："所有的事务都源于共同的帮助……宇宙是由一致的精神培养了和谐事物的不同意见和不同事物的一致。统一的精神安排宇宙中不同的地区，就像是它的成员，为了使他们协调并且互惠帮助。"① 这一原则构成了《论政府原理》第五、六卷的有机体论的基础。同样，《逻辑论》中关于人类社会和文明的讨论也有类似观点。因而此书信又可以作为他对其他作品的补充。策勒的彼得认为这些书信显示了他的博学和文笔优美。②

第二部书信集包括约翰 1163 年到 1180 年所写的信件，中心主题为贝克特和亨利二世的争论。1173 年前的 175 封信都是以他本人的名义所写，除了有两封是代表策勒的彼得和贝克特。③ 1173 年后的 15 封信中有几封是代表埃克塞特和坎特伯雷。虽然大多数信件是以个人名义所写，但仍然可以区分完全专业对公的即法律或行政性质的通信和对私的信件。④ 在专业的信件中，约翰维护贝克特，特别是 1166 年中期以后，他意识到必须全力支持大主教，这些信一般都写给教会中的权威人士，包括教皇亚历山大三世、英格兰与法国地区的教会上层人物，希望他们能帮助解决贝克特与亨利二世的争端。这些信件描述了坎特伯雷教会在混乱的环境之中，被世俗统治者和将个人利益置于对上帝的义务之上的教士所围攻，是了解贝克特争端的重要的材料资源。

约翰在更为私人的信件中，表述了他的恐惧、关注点、期望以及为支持坎特伯雷的人如何达成目标给了一些建议。贝克特、坎特伯雷的约翰、埃克塞特的巴塞洛缪（Bartholomew of Exeter/Bartholomew Iscanus，? —1184）、福德的鲍德温（Baldwin of Forde，约 1125—1190）都多次作为约翰的收信人。这

---

① *Letters*, 1, No. 111, p. 181. "*Mutuis auxiliis constant omnia…et profecto ea sic uniuersa procedunt, quod tantam dissidentium concordiam et concordium dissidentiam idem unanimitatis cordiam et concordium dissidentiam idem unanimitatis 'spiritus intus alit' et, ut sibi inuicem uicario quodam ministerio consonent, mundane corporis partes uelut membra disponit.*"

② *Letters*, 1, p. x.

③ *Letters*, 2, No. 143, pp. 28 – 31; No. 157, pp. 64 – 67.

④ *Letters*, 1, p. xi.

些私人信件与第一部书信集的写作类似，约翰运用了写作技巧并引用了大量典故，不同的是第二部中的书信更多地公开表达了他的情感和哲学偏好，与作为西奥博尔德的秘书时期相比，他有更多的时间反复思考后再写信。

这两部书信集不仅都展现了作者的个性、品位、能力以及与他人的友谊，还显示了作者命运与坎特伯雷教区紧密相连，以及英格兰与罗马的关系。① 从约翰的书信集中，能探视这一段时期的历史发展情况，特别是著名的贝克特与亨利二世争论事件，而且能从这些书信中探究约翰本人的思想观点。

综上所述，约翰在英格兰和法国接受了良好的教育，特别是在法国跟随众多名师完整地学习了七艺，为他以后的写作打下坚实的基础。同时他结交了众多有影响力的朋友，帮助他获取坎特伯雷和沙特尔等地的职务，正如因耐德所说："如果没有显要地位的朋友，个人不可能进入高级别的权力圈。"② 此后约翰在罗马和坎特伯雷教廷积累了丰富的教廷经验，并且与宫廷有密切联系。渊博的学识和丰富的阅历促使约翰编著了多部著作，大部分都达到了相当高的水平。《恩特替卡斯》这一讽刺诗作既阐述了哲学原则，又批判了学校和宫廷，隐晦地提出改进建议。《论政府原理》结合道德哲学与政治实践，阐述了约翰的理想国家。《逻辑论》强调七艺学习的重要性，阐述了作者的教育理念。《教皇史》展现了 1148 年到 1152 年的教会历史。约翰留下的书信集，是探究约翰本人思想活动和当时历史背景的重要资料。从约翰的著述和实践活动中可见，他一直坚持自己的原则，如处理事务的适度观，对教皇的忠诚，对坎特伯雷和教会自由的维护等。毋庸置疑，对约翰生平和著述的回顾有利于深入探究他的政治思想。

---

①   *Letters*, 1, p. ix.
②   Wilfred Lawson Innerd, *The Educational Thought of John of Salisbury*, Ph. D. Dissertation, University of Pittsburgh, 1971, p. 50.

第二章　人性论

中世纪思想家的"自然/本性（nature，*natura*）"概念源于古希腊哲学，*natura* 是希腊词 *Φύση*（*physis*）的拉丁翻译。张汝伦通过分析研究认为："在早期古希腊思想家那里，*physis* 首先意味着一个万物发生和成长的过程，由此引申出万物的起始和事物的始基的意思，最后是事物的一种组织原则、结构的意思。……nature 概念的另一个起源是古代的 *kosmos* 概念，不同于近代的 cosmos 概念，可以说是 *physis* 概念的扩大，构成一个有序的存在总体，这个存在总体协调种种过程及支配这些过程的规律。还包括个人行为和社会结构的 *ethos*（习惯的生活方式），规范性习俗和法律的 *nomos*（习俗），以及规范地支配宇宙发展一切方面的 *logos*（逻各斯）。*kosmos* 最初既有神学和人的意义，又有物理的意义。"① 简言之，是被人的理性目的论"定格"为某种相对稳定性的、生物学上的"本性"。② 意思是说人性（human nature）是人的自然属性或者本性。约翰对本性的理解为："本性是一种生成力（*uis quaedam geniti-ua*），根植于所有事物中，凭借于此可以活动或作为活动接收者。这叫作'生成'，因为所有的事物存在就要有本性，本性又是生存的原则。每种事物都源自自身构成的适应性，不管这种构成是否因是部分而为人知；或者它的构成包含所有物质与形式，如简单事物不需要承认部分的积聚；或者构成概念只是上帝意志的展现。"③ 对人性的具体内涵，古今中外学者看法不同。比如，

---

① 张汝伦：《什么是"自然"？》，载于《外国哲学》2011 年第 4 期，第 84 – 85 页。
② 方德志：《追寻"德性/virtue"的源始涵义——兼论中（儒家）西方古典德性论学理方法的差异》，载于《湖北大学学报（哲学社会科学版）2012 年第 2 期，第 31 页。
③ *Met.*，Book I，Chap. 8，p. 28.

中国自战国时期的孟子（约前372—前289）、荀子（约前313—前238）以来就有性善性恶之争；西方古希腊的柏拉图（Plato，前428/427 或前424/423—前348/347）是"二元"人性论观点的主要来源之一，他认为灵魂或心灵是能够脱离肉体而存在的一种非物质实体，灵魂分为三个部分的理论，即欲望（desire）或情欲（appetite）；理性（reason）；愤慨（indignation）、生气（anger）或意志（spirit）。人的理想状态应当是灵魂三部分的和谐与一致，又理性控制一切。他强调的重点是理智，是知识，人类必然又是社会性的。①

探讨人性问题是研究政治思想不可或缺的一部分，人性与政治的关系问题是政治哲学的最基本的问题之一。正如海因里希·迈尔所说："政治哲学的中心议题——最好的政治秩序，正确的生活，公正的统治，权威的必要依重，知识以及暴力［的使用］——必须与其他关于人性的问题一同提出，后者涉及诸如人处于神兽之间的位置，人类心智的能力，其灵魂的限量，以及其身体的需求。"② 因为政治哲学是围绕人为什么需要政治，需要什么样的政治和怎样组织政治生活等这些问题而展开的，人性是从古至今人类理解政治生活的一种重要视角。所以本章所探讨的约翰的人性观是其政治思想的重要组成部分。

基督教认为人的先天本性是善的，"神学上所谓的'自然本性'（nature）指的是上帝所创造的秩序，同时涵盖人与自然、精神与物质。基督教一方面相信世上有形无形的万物均系上帝创造于虚无之中，一方面又坚持上帝是善的，所以，上帝所直接创造的'自然本性'也就是善的"③。然而由于人违背上帝的意愿，犯了原罪而堕落，正如尚九玉分析总结："基督教人性论认为，人的本性是善恶二重的。一方面，人的现实本性是恶的；另一方面，人的先天本性是善的。这两个方面构成了基督教人性论的基本内容。原罪说是基督

---

① ［英］莱斯利·史蒂文森：《人性七论》，袁荣生、张冀生译，北京：商务印书馆1994年版，第40–43页。
② ［德］海因里希·迈尔：《为什么是政治哲学?》，见萌萌：《启示与理性——哲学问题：回归或转向》，北京：中国社会科学出版社2001年版，第10页。
③ 夏洞奇：《现代西方史家对奥古斯丁政治思想的解读》，载于《史学史研究》2004年第1期，第75页。

教人性论的思想来源。"① 约翰作为一名神职人员，他的人性观就是建立在基督教原罪说的基础上的。同时，约翰强调人们向善的本性，在自然法则框架内，由理性指引的自由意志引领人们寻求至善、适度德性和幸福，过哲学式生活。

第一节　原罪说

在论述约翰的原罪说之前，对于灵魂与肉体的关系有必要进行探究。这一永恒话题很多哲学家和神学家都有论述，比如亚里士多德不承认人的灵魂与肉体在分离时的实体性，柏拉图主义者不承认肉体的实体性，而奥古斯丁则认为肉体与灵魂是"不相混合的联合"。约翰对该问题的看法的直接来源是奥古斯丁，他认为人类是由理性的灵魂和易腐坏的肉（身）体组成②，终有一死的肉体和理性的灵魂之间的关系是互相依存的。③ 在奥古斯丁看来，精神与肉体是相互依赖并且应该是和谐的，人类真正的本性来自二者的结合。在代表作《上帝之城》（De Civitatis Dei）中他详细阐释了这种人类本性的观点，并通过参考权威资料《圣经》来论证："所谓的肉身不仅是地上的物体和必朽的生灵（此处的意思是这个：凡肉体各有不同。人是一样，兽又是一样，鸟又是一样，鱼又是一样），而且以别的各种方式，用这个表达了不同事物。在各种修辞当中，人自身，也就是人的自然，总是被称为肉身，这是以部分代

---

① 尚九玉：《简析基督教的人性论》，载于《郑州大学学报（哲学社会科学版）》2006 年第 5 期，第 38 页。第 39 页："既然人的先天本质是善的，为什么人性又是恶的呢？表面上看来，基督教关于人性的观点似乎是矛盾的，其实不然。基督教认为，至善而全能的上帝没有、也不可能把罪恶作为人的先天本质赋予人，上帝赋予人的先天本质是神性，是善的。罪恶并不真正是人与生俱来的本质，而是人后天所形成的，人性之中的恶起因于人类始祖亚当的堕落。亚当的堕落使人类丧失了上帝所赋予的最初的神圣本质，罪恶随之而来成了人的本性，罪在某种意义上就成了人的第二本质。……人的现实本性之所以为恶，根本原因在于人是被造的，这决定了人是不完满的，而"始祖的堕落"使得人的不完满表现为人的原罪。显然，基督教关于人性之恶和人性之善的观点不是在同一个层面论述的。一个是在现实的层面，一个是在本质的层面，两者正好构成了一个完整的人性论体系。"

② Webb，1，p. 171. "Hominem uero constare anima rationale et carne corruptibili."

③ Met.，Book III，Chap. 1，p. 149.

整体的修辞法。"① "这两个词，都是用同样的修辞法说话，即用部分代整体。灵魂和肉身都是人的部分，两者都可以指代整体，也就是人。并不是这个人是灵魂性的，那个人是肉身的，而是两者都是同一个，也就是按照人生活的人。"② "那些认为灵魂的坏事都来自身体的，都错了……身体的腐败对灵魂的重压不是初人之罪的原因，而是对它的惩罚；不是必腐的肉身使灵魂有罪，而是灵魂的罪使肉身必腐。"③ 诚然，在奥古斯丁看来，肉体不是罪的来源，同理也不可能获得救赎。人类是精神与肉体的结合，精神控制着肉体，因为高级统治低级。④ 人的自然本性内部的和谐是根据上帝旨意而活的结果，"身体和灵魂都按照上帝生活。那并不只是一个物质的伊甸园，只有对身体好的事物，而没有使心志成为灵性的事物；也并不因为人们只安享内在的，而不安享外在的感觉，所以只是灵性的。因为两者都有，所以它在物质上和灵性上都是好的"⑤。奥古斯丁的人性论正如赵敦华所说："有两种倾向：在形而上学和自然观领域中，他处于维护'肉身复活'等教义的考虑，主张参照肉体的实体性来解释灵魂，兼顾人的内、外两方面，反对贬低肉体的柏拉图主义；然而，在伦理观中，他主张在人与上帝的关系中考察灵魂，推崇灵魂纯洁、贬低肉体的柏拉图主义倾向表现得十分明显。"⑥

　　中世纪关于个人的思想源于逻辑学中的共相问题。比如白色是共相，白色的云就是个别存在。共相问题对中世纪学者理解世界至关重要，关于该问题有很多看法。最主要的两种是唯名论（nominalism）和实在论（realism）。约翰是温和（适度）实在论者（moderate realist），他对唯名论者（nominalist）的看法为："这种观点认为共相仅仅是单纯，但是随着他的作者洛塞林

---

① ［古罗马］奥古斯丁：《上帝之城：驳异教徒》（中），吴飞译，上海：上海三联书店2008 年版，第 186 – 187 页。
② 同上，第 191 页。
③ 同上，第 189 页。
④ 等级概念（hierarchy）在 12 世纪也十分重要，自然、教会和社会的等级都是神的旨意，参见：Jean Leclercq, François Vandenbroucke, Louis Bouyer, *The Spirituality of the Middle Ages*, translated from the French by the Benedictines of Holme Eden Abbey, Carlisle, London: Burns & Oates, 1968, pp. 3 – 30. 本书第三章将论述。
⑤ ［古罗马］奥古斯丁《上帝之城：驳异教徒》（中），吴飞译，上海：上海三联书店2008 年版，第 205 页。
⑥ 赵敦华著：《基督教哲学1500 年》，北京：人民出版社2007 年版，第 147 – 148 页。

（Roscelin，约1050—约1125）几乎被遗忘。"① 人们与神职人员的关系和认为人类是根据上帝的映象创造出来的这两个神学问题都与此问题相关。在政治思想中，个人和社会的关系也与此相关。个体与 soul（灵魂）和 self（自己，自我，本质）相关。灵魂（anima），在中世纪被认为是永恒的，人的非物质部分，与思考和意志有关。约翰指出："灵魂能感知事务，存储了他们的映象，保持和回顾他们，建立了自己的记忆财富。精神上有事物的映象，产生想象，超越了之前的回忆，改变自己的活动，其他的代表同样与此类似。"② 灵魂是至关重要的："灵魂不能削减或者分割，不可能裂成碎片或支离破碎。因此是不朽的。"③ 灵魂由上帝创造，根据基督理论，灵魂又是除上帝外最重要的永恒。上帝将灵魂变成存在。Self（seipsum）与身份，性格或者人最本质的东西相关，与灵魂相区别。约翰指出："如果个人能够完全地了解自己，并且小心地检验其他高于自己的存在，给予与其平等存在适当地（的）考虑，虔诚地思考高于自己的，以合适的适度理论调查……他对邻居慷慨，崇拜和热爱天堂里的那些一直陪伴在上帝身边的存在，有神圣的威严的所有美好事物都要感谢，赞美和崇拜。"④

约翰在《论政府原理》中继续论述了灵魂问题，他指出："肉体来源于灵魂，因为没有任何其他来源能够获得，因自身的麻痹惯性静止，又依靠精神元素行动。"⑤ 精神与肉体不同，直接来源于上帝，约翰甚至认为："生命的灵魂是上帝，身体的生命是灵魂；灵魂消逝身体随之而亡；当失去上帝的支持时，灵魂也就迷失了。"⑥ 当然灵魂需要肉体，否则无法在世上活动，二者是相互依存的，但又是有等级性的。肉体从属于灵魂，灵魂从属于上帝，这充分说明灵魂高于肉体。这种等级性不是因为奥古斯丁所认为的灵魂永恒，而是因为它们自身的特征，灵魂可以独立存在，"身体的本性是生存和活动，因自身的结构原因屈从于灵魂，通过内在的一种和谐服从灵魂，灵魂在自己

---

① *Met.*，Book II，Chap. 17，p. 112. 洛塞林被认为是唯名论的创始人。

② *Met.*，Book IV，Chap. 9，p. 217.

③ *Met.*，Book IV，Chap. 20，p. 234.

④ *Met.*，Book IV，Chap. 40，pp. 270 – 271.

⑤ *P.*，Book III，Chap. 1 p. 153.

⑥ *P.*，Book III，Chap. 1 p. 153.

的领域发挥作用，毫无疑问从上帝那得到动力，全心全意地服从上帝，赞同上帝的所有一切。如果没能做到这一点，它也就无法生存"①。所以当身体的本性服从灵魂时，就会变得有生命力，上帝会赋予灵魂生命力，以此使人们有完美的生活，"只要身体的所有部分活着，就要完全地从属于灵魂，不是分散而是作为整体而存在，各部分发挥各自的作用。上帝完全地拥有灵魂，控制并赋予整体的生命力……"②。

《圣经》中描述上帝创造世界之初，所有一切都是好的，罪源于人类的始祖亚当和夏娃在伊甸园中受到蛇的引诱，违背上帝的禁令吃了智慧树上能分别善恶的果子，犯下过错，失去了上帝的恩宠，受到严厉的惩罚，被逐出伊甸园。③ 由此，偷食禁果成为整个人类的原罪（original sin）。《圣经》中没有原罪这种表述，原罪是后世神学家们根据原典归纳的教义总结出来的。④ 这里人犯罪的动机在于受到魔鬼的引诱而渴望拥有分辨善恶的智慧，约翰指出人们堕落（fall）的境况："人们向智慧之树伸出双手，满足了自己的贪欲，背离对朋友的承诺，与真正的上帝禁令一致，进入了黑暗、饥饿和死亡，与地狱订立契约。他通过经验获得善和邪恶的知识，给自己建立了有多种痛苦的地方。"⑤ 他同时又对魔鬼撒旦的角色进行了描述："我们第一次在这样一条街上游荡，一个人被推了一下失去平衡，结果他跌入错误。"⑥ 尽管人的意志依然自由，理性的灵魂依然朝向上帝，但人还是会受到无知和欲望的辖制而犯罪。人们由此需要经验获得知识，进入一种虚弱的境况——失去了和谐，身体变得懒散，灵魂变得愚钝，"生命的短处，我们的愚笨，我们冷漠的不关心，我们枯燥的行动使我们一无所知；即使这种通过遗忘而直接从我们头脑消失，对知识的背叛，是记忆的不忠实和敌对的部分"⑦。显然约翰认为，人一出生就有原罪，人的本性因为灵魂有罪而变恶，身体和灵魂的和谐受到无

---

① *P.* , Book III, Chap. 1 p. 153.

② *P.* , Book III, Chap. 1 p. 153.

③ 《旧约·创世纪》。

④ 较早是由教父德尔图良（*Quintus Septimius Florens Tertullianus*/Tertullian，约160—约225）提出，此后正统教义认为原罪一直传至人类的所有后代，因此需要耶稣基督的救赎。

⑤ *P.* , Book VIII, Chap. 25, p. 406.

⑥ *P.* , Book VIII, Chap. 25, p. 406.

⑦ *P.* , Book I, Introduction, p. 6.

知、贪婪和欲望等的破坏。"我认为最危险的境况是，卓越的人需要面对这样一个事实，奉承的财富诱惑蒙蔽了寻求真理的双眼……灵魂，被各种类型的诱惑欺骗，因自身的背叛误入歧途……"①

约翰对身体和灵魂的阐述十分重要，他由此将人类比喻成国家，因此，对二者关系的理解，不仅是理解约翰的人性观的关键，而且有助于理解其国家理念。

第二节　善的追求

古希腊时期的柏拉图认为人皆求善。② 中世纪时期的基督教认为人性中包含着善，人性就其先天本质而言是善（good, *bonum*）的。③ 具体到约翰，他在波伊修斯观点的基础上，强调了在上帝恩典的前提下，人具有自由意志和理性，能够追求善。

一、自由意志（**free will**, *liberum arbitrium* ）

自由意志是哲学的核心问题之一，从基督教哲学到近现代哲学都对此进行了广泛深刻的讨论。福朗分析道："与中世纪的很多观念类似，中世纪的自由（*libertas*）观念也是古典与《圣经》特别是《保罗传》的结合，比如奥古斯丁的自由意志学说：与上帝意志一致时，个人意志就是自由的，如果意志强烈就与爱的观念一致。但基督式的概念融合了罗马人民权威的概念，自由的概念被中世纪教会理解。法律可以保护一个区域，在这个区域中人们可以遵循西塞罗：自由就是按自己所想生活。这一意志是可以理解为奥古斯丁式的。另一个因素是习惯法（common law）的传统，自由是个体关注权利的总结。这种观点认为自由（*libertas*）与尊严（*dignitas*），身份（*status*），法律

---

① *P.* , Book I, Chap. 1, p. 11.

② 谢文郁：《自由与生存：西方思想史上的自由观追踪》，上海：上海人民出版社2007年版，第28页。

③ 尚九玉：《简析基督教的人性论》，载于《郑州大学学报（哲学社会科学版）》2006年第5期，第38页。

（*ius*）同义。所有个体存在可以得到保护，包括教会，修道院，村庄和财产。法律的存在是自由的保障。这并不意味着实体没有责任或义务，也不是独立于任何君主权力，而是没有法律就不会有正义。将自由写进宪章是对权利的编纂，显示了统治者的保护。"① 具体到约翰的自由观，他直接采用了哲学家、政治家波伊修斯的观点。波伊修斯对 12 世纪的学者影响非常大，不仅因为他所译的亚里士多德著作促进了亚里士多德学说在欧洲的传播，更因为他的名著《哲学的慰藉》广泛流传，富有感染力，该书为自由意志问题贡献了重要的辨析。

在《哲学的慰藉》第五卷 6 章中，波伊修斯通过预知对永恒（eternity）进行了讨论。波伊修斯用"哲学女神"来指称拟人化的哲学，如同在监狱中等待死亡。他指出："永恒是同时并完全地拥有无限的生命。如果我们把它和暂时的事物相比较，就会得到更清楚的认识。所有受时间限制的生命，他们的活动都是来自过去，存在于现在，最终进入未来。没有任何生命在时间长河中的某一时刻了解自己一生的全部过程。他还不知道明天会发生什么，就已经忘记了昨天所发生的事；而今天的生活，也不过就是转瞬即逝的一刹那……我们所谓的永恒，是能完全并同时拥有永远无限的生命，这生命既包含未来，也不曾失掉过去。这样的存在，永远处于现在的时刻，而且使无限变化的时间也常与它自身同在。"② 生命受时间限制，人们对上帝的预知就会畏惧，如果未来发生之事已被上帝安排好，那么人们将怎样自由选择？上帝是存在于时间外的永恒，存在于永恒的"现在"，那么他的知识用"预见"

---

① Kate Langdon Forhan, *The Twelfth Century "Bureaucrat" and the Life of the Mind*: *John of Salisbury's "Policraticus"*, Ph. D. Dissertation, The Johns Hopkins University, 1987, pp. 229 – 230. 奥古斯丁是中世纪教父时期最重要的神学哲学家，他的思想体系讨论了最重要的神学和哲学问题，阐释了一种基督教的世界观，对约翰等中世纪神职人员影响很大，正如沃尔克对其评价，"自由使徒时代以来，古代教会在奥古斯丁身上取得了最高的宗教成就……整个西方基督教都蒙受了他的恩惠。西方宗教生活具有远超过东方宗教生活的优越性主要是他留下的遗产。中世纪的罗马天主教的大多数特点起源于他的神学思想"。见 [美] 沃尔克：《基督教会史》，孙善玲等译，北京：中国社会科学出版社 1991 年版，第 202 页。中世纪教会采用的是自由意志说和恩典说的调和。关于奥古斯丁的自由意志观参见：王琳：《奥古斯丁自由意志诠释》，黑龙江大学硕士学位论文 2011 年。

② [古罗马] 波爱修斯：《哲学的慰藉》，代国强译，南昌：江西人民出版社 2007 年版，第 185 页。

不太合适，而是对永恒的"现在"的看法。"如果所有的判断都是根据自身的性质去领悟事物，上帝的永恒则永远处于现在之中。他的认知穿越了时间，经历无限的过去和未来，直接观察万事万物，就如同那些事情发生在现在一般。如果你对上帝分辨万物的预知加以权衡思考，你就会更加正确地认识，上帝对现在的事物进行着永远不变的认知，而不是对未来的预知。把上帝的预知看作'天命（Providence）'，比看作'预见（Prevision）'更加正确。"①约翰从这段话中借鉴了这种对上帝的认知，解决了必然性的问题，上帝看到人们的选择和由选择带来的后果，人们的行动不能说是必然的。"从上帝的观点来看，某些事情必然会发生。但从事物自身的性质来看，它似乎完全自由，不受任何约束。因为有两种必然性，一种是单纯的，比如'人终有一死'就是一个毋庸置疑的事实；而另一种必然性是有条件的，比如你知道一个人正在行走，那么，他一定是在行走。因为一个人所认识的就一定与事实相吻合。但那有条件的必然性，绝对不会如此简单直接。因为没有一种这样的必然性能够强迫一个随意行走的人，只不过在他行走的时候是行走的。同样，如果天命预知一件现在的事情，虽然它自己的本性没有那种必然性，但确实存在这么一回事。上帝在他的'现在'中，注视那因人的自由意志而将在未来发生的事情。因为如果从上帝深邃的眼神中看待这些事物，在上帝的预知中，它们是必然要发生的。反之，就它们自己观察自己而言，在它们的本性上，还是拥有完全的自由。上帝预知的事情都会毫无疑问地发生，但有些事情的发生则是由于自由意志；这些虽会成为事实，但也不会失去自身的本性。因为，在它们发生之前，也有不会发生的可能。……这些事情正在发生时，它们都不得不发生。但一种事情在它发生之前一定受到必然性的束缚，而另一种则没有这种束缚。存在于上帝'现在'之中的，就一定存在，这是毋庸置疑的。有些事情是遵从必然性而发生，其他的事情是因人的自由意志而发生……如果我们站在上帝的认识这一角度来看，它们是必然的，但是如果从它们自身的角度去看，它们完全自由，不受任何必然性的限制。正如你刚才提到的，感觉所明白的，交付给理性，就成为了普遍的真理。如果由自己观察，则是

---

① ［古罗马］波爱修斯：《哲学的慰藉》，代国强译，南昌：江西人民出版社2007年版，第186页。

特殊的。"① 正如赵敦华对波伊修斯观点的解读："天命是对不变的世界整体的全部预知，它规定着世界的秩序，但不决定世界中的具体事件；后者在时间系列发生，有其前因后果。人的道德生活是时间里的偶然事件，通过人的自由选择实现。"② 波伊修斯提供了一种将上帝的全知全能与正义和善相关联的途径。由此可看到，约翰在《论政府原理》中明确指出他借鉴了波伊修斯《哲学的慰藉》中的这一观点③，以此说明人具有自由意志，这一点主要可从他对神秘事物的论述中明晰。

中世纪关于未来的预测占卜十分流行，约翰在《论政府原理》中用了相对大的篇幅来描述魔法和占卜④，他认为这种情况是缺乏自由意志的表现。亨利二世统治期间，对魔法占卜十分推崇，比如他在英格兰与威尔士战争前咨询了算命者和手相家，约翰严厉批判了这一做法，"这些骗子做了什么……咨询的这些算命者在哪些方面能给出建议？……手相家又能提供什么？实际上（预言）失效后的几天，没有警告你会失去……"⑤ 当然约翰承认自然有一些迹象，有时会帮助到人们。例如农民和水手，根据自己特定的经验，通过推测天气来决定在特定的时间需要做什么。⑥ 约翰认为不能沉迷于此，"如果沉浸在这种预测力，那么就会变得和沉迷于宴会的人一样不诚实"⑦。在约翰看来，这种一定程度上的宿命观对人们不利，违背自由意志，或许会带来错误的希望甚至绝望。

同时，约翰没有也不可能否定上帝的全知全能、对未来事务的预测以及自然法⑧，"自然的原则对所有一切都有约束力；要考虑到特殊的个人的职

---

① ［古罗马］波爱修斯：《哲学的慰藉》，代国强译，南昌：江西人民出版社 2007 年版，第 187 - 188 页。
② 赵敦华：《基督教哲学 1500 年》，北京：人民出版社 2007 年版，第 178 页。
③ *P*. , Book VII, Chap. 15, p. 274.
④ 韦伯（Webb）编辑的《论政府原理》的拉丁文本有超过 120 页的篇幅论述该问题。
⑤ *P*. , Book II, Chap. 27, p. 128.
⑥ *P*. , Book II, Chap. 2, p. 58.
⑦ *P*. , Book II, Chap. 26, p. 127.
⑧ "自然"（nature）在哲学史中是一个意义不断变迁的概念，"自然法"（natural law, laws of nature）问题更是非常复杂，西方自然法大致历经古希腊罗马时期的自然主义、中世纪的神学主义、近代的理性主义和现代的自由主义几个阶段，对自然法是什么、自然法在人类社会生活中处于什么样的位置等问题的思考和回答一直持续了两千多年。中世纪神学家和法学家对自然法有不同的思考和论述，可简单归纳为自然法是上帝意志的表达，一切事务都受制于上帝永恒法的支配。约翰也将自然本身定义为"上帝的智慧和仁慈"，见 *P*. , Book II, Chap. 12, p. 73.

责。因此，职责的规定与法律不同，但是对自然法的服从是职责的一部分"①。由此，约翰对上帝预知的看法是，"他们（预言者）的断言可信，但要注意隐藏在这之后的情况。他们对事情的这种宿命观以对上帝的谦卑和敬畏为前提，除非是伴随而来的必然性事件，他们担忧上帝的判决无效"②；"上帝的知识非常复杂，所有的知识现在是，曾经是，将来也是这样。所有他知道的是真实的，他摒弃错误，这种错误也是他所评判和谴责的"③；"于是上帝的知识保持在任何未受损失和不可转移的地方，如果在任何事上有任何变动，这种可变性是因为没有那么多人知道这是已知的"④。这就是说，上帝本身是永恒的，上帝的知识无限，并且因人类能力有限而无法全部理解。但人们的自由也不会因为上帝的预见而减少，正如波伊修斯所说的那样，上帝是永恒的现在，不决定世界上的具体事件。人们能够选择做或者不做邪恶之事，选择追求善。所以自愿离开正义道路将会导致犯罪和死亡，结果也会变成如奴隶的枷锁般的负担，发现自己的命运是罪与死亡，尽管这不是命运的束缚而是他自己的错误导致，"所以我们看到，完全实现自由意志，他有权力犯罪或者不犯罪，没有强制的分配，没有命运的强迫，没有条款的推动，也不是自然的任何错误推动他去犯罪，这种不容置疑的原因导致他的自由意志死亡"⑤；不过这不值得同情，"否则没有正义能够谴责这种人，因为过失不会归于他自己而是制造者"⑥。追求善的行动不能只在自由领域内，只有在上帝恩典的帮助下才可行，然而上帝的恩典不会给出具体满意的答案，人们的理性特点才会解决这一问题。

二、理性（reason, *ratio*）和恩典（grace, *gratia*）

约翰在《逻辑论》中定义理性为："一种灵魂的力量，用以检验和调查那

① *P.*, Book II, Chap. 2, p. 12.
② *P.*, Book II, Chap. 20, p. 99.
③ *P.*, Book II, Chap. 21, pp. 103 – 104.
④ *P.*, Book II, Chap. 21, p. 102.
⑤ *P.*, Book II, Chap. 20, p. 100.
⑥ *P.*, Book II, Chap. 20, p. 100.

种对理智或者智力留下印象的事务。"① 他还引用塞涅卡著名的理性定义：
"理性是神的精神的一个特定部分，体现在人的身体中。"② 理性不仅是建立
在从自己的错误中恢复的事实，而且提供发现善的本质和上帝的本性的能
力。"……本性，我们最爱的母亲，机智地安排所有存在的事务，在所有的生
命中，她提出，崇高的人因有理性特权，因讲演变得出众……通过理性和讲
演，他成功找到幸福捷径，超越其他所有存在，得到真正的幸福的桂冠。"③

理性会遭到非理性的攻击。比如，奉承的欺骗和对休闲活动不适度的追
求都会威胁理性。④ 这两种现象在宫廷生活中较为常见，约翰在《论政府原
理》中详细论述了这一问题。理性会被错误运用，为避免这种状况发生，行
为必须在自然法框架内，"法律有一定的戒律即有永久的必要性，对所有的人
都有强制力，犯了错绝不可能不受惩罚"⑤。自然法和个人职责⑥间可能会有
冲突，在约翰看来是法律与道德的分离。约翰认为不仅理性使人们有了从整
体上区分个人责任和自然法的能力，而且在自然法框架内自由理性的选择克
服了缺点和因为原罪带来的不完整。

奥古斯丁的人类本性中的"恩典"与"自由"这两个重要概念，给中世
纪学者带来很多问题，因为奥古斯丁根据他的时代思考的问题不能满足 12 世
纪社会发展的需求，因而约翰又参考了波伊修斯的观点，特别是对哲学重要
性的强调，希望自由和恩典之间能够存在一个理想形式。结合奥古斯丁和波
伊修斯的观点，约翰在《论政府原理》中指出恩典的意义："在这种程度上，
我不追随维吉尔或者异教徒，我相信任何人可以通过自己的意志获得知识和
德性。我承认恩典在意志和完成选择方面的有效性。我尊敬这种方式——确
实是唯一真正的方法——引领人们的生活达到出于美好意愿的满足。"⑦ 在
《恩特替卡斯》中，约翰认为："没有恩典，本性的力量就会白费，所有为追

---

① *Met.*, Book Ⅰ, Chap. 11, p. 35.

② *Met.*, Book Ⅳ, Chap. 16, p. 228.

③ *Met.*, Book Ⅰ, Chap. 1, p. 9.

④ 具体论述见本书第三章第一节对宫廷生活的批判。

⑤ *S.*, Book Ⅳ, Chap. 7, p. 33.

⑥ 约翰关于自然法和个人的职责问题参考了西塞罗《论共和国》（*De Res Publica*）和《论
责任》（*De Officis*）。

⑦ *P.*, Book Ⅷ, Chap. 25, p. 408.

求善的努力也无效……（恩典）优于并且支配思想，规劝感情，促进劳动力的使用，监管语言，不允许犯罪，提升情感，指导理性，促进行动，开解秘密，教授真理。"①

约翰认为善的意志是上帝恩典的礼物。爱这一基本的行动将使人本性（善）恢复。不过自己却无法达成，是由上帝恩典促成的。恩典是一种恩赐的礼物，不可能由个人制造或争取到。然而如果只是上帝的恩典，人类又如何自由地选择善？这一问题首先在奥古斯丁那里是靠上帝全知全能论解决的，也就是对约翰来说的一种预定论。上帝是善、正义和无所不知的。上帝知道人类将来的行为，只拣选那些会有合适行为的人赐予恩典，给予支持和保护，因为个人失败已经事先知道，这样就不会得到恩典并从中受益。其次，追求善需要知识，特别是要理解善。即使个人获得恩典改变生活，他可能也会因缺少知识而做不到。② 如何获得知识又是另一个问题。约翰在《论政府原理》的八卷25章论述了知识让人堕落后，又要重新获得知识，才能重获生命。如同邪恶以树的形式出现，至善也在树中发现，特别是知识之树。因为人们的堕落始于亚当吃了智慧之树的果实，救赎也要从智慧之树找到，"人们向智慧之树伸出双手，满足了自己的贪欲，背离对朋友的承诺，做了上帝禁止之事，进入了黑暗、饥饿和死亡，与地狱订立契约"。堕落之后，"他通过经验获得善的及邪恶的知识，为自己建立了一个体验多方面痛苦的场所"。没有上帝的恩典，人的本性会倾向恶的一面。知识使人堕落，但人只有通过知识才能找回自我，"尽管被禁止，人获得了它，从知识之树，真理，美德和生命中堕落；他迷失了方向，除非他重回知识之树，通过知识获得真理，行动获得美德，欢乐获得生活，否则无法重回生命"③。

在《逻辑论》中，恩典行动被认为是学习的基础，促进追求智慧。学习没有捷径，只有努力才能达到，"一个人要想成为哲学家需要阅读，学习，沉

---

①　*Ent.* , 1 , pp. 120 – 121.

②　Kate Langdon Forhan , *The Twelfth Century "Bureaucrat" and the Life of the Mind : John of Salisbury's "Policraticus"* , Ph. D. Dissertation , The Johns Hopkins University , 1987 , pp. 54 – 55.

③　*P.* , Book VIII , Chap. 25 , p. 406.

思和做善的事情，以免上帝愤怒拿走他所拥有的"①。掌握文法（grammar）是学习阅读的必然要求，但是没有恩典，这一原则就无用，约翰讲道："文法作为科学知识的基础，植入了（美德的）自然种子，在恩典的土地上发芽。这个种子再一次提供了与恩典合作，恩典增加了物质和力量，直到它成为坚实的美德，并增加多方面的尊重，直到它结出好的果实，因此人们被称作'善'。与此同时，恩典本身会使人们成为善的人。恩典带来了意志和做好事。进一步说，恩典传授给人们书写和正确表达的能力……"② 因此，恩典对所有智力工作都至关重要。约翰希望自由和神的恩典之间能够达到一个理想形式。

第三节 人性问题的解决

在《逻辑论》中，约翰指出："所有的学习中，最具有美的是伦理学这一哲学最精彩的部分，如果没有伦理学，哲学不能称为哲学。"③ 人们生活的终极目标是幸福，这是伦理哲学的基石，古希腊道德哲学家苏格拉底、柏拉图、亚里士多德；拉丁文写作的道德哲学家西塞罗、塞涅卡和波伊修斯；神学家奥古斯丁、安瑟伦和阿伯拉尔等都对此问题有论述。虽然他们的论述有所不同，但都认可伦理学为人类至善（highest good/ supreme good, *summum bonum*）的研究，以及如何达到这种善。

"至善"这一希腊哲学命题在 12 世纪的西方讨论颇多，主要见于奥古斯丁的著作，特别是《上帝之城》的第八和第十九卷。奥古斯丁认为"至善"主要有两点，首先，尽管是非基督教来源，奥古斯丁支持柏拉图的观点——至善在上帝中。其次，对实践生活（active life，世俗）和沉思生活（contemplative life，精神）的关系和区别进行探讨，通过描述"上帝之城"（*Civitas Dei*，或"天上之城"）和"世人之城"（*Civitas Terrena*，或"地上之城"）的

---

① *Met.*, Book I, Chap. 24, p. 65.

② *Met.*, Book I, Chap. 23, p. 65.

③ *Met.*, Book I, Chap. 24, p. 67.

历史，讨论了善的本质。① 奥古斯丁认为，选择"他们希望智慧的人过社会生活，这是我们更为赞同的。看我们现在撰写了十九卷之多的这本书，包含了上帝之城的开端、发展、结局，如果没有圣徒们的社会生活，这个上帝之城如何可能?"② "无论采取那三种生活方式中的哪个：安宁，积极，还是二者兼有，都可以。人们不应该都要安宁，从而在安宁中不过问邻人的事务；也不应该太积极，从而没有对上帝的沉思。他不能在安宁中耽于闲适，而要在安宁中询问或发现真理，从而让每个人得益，在自己发现真理时，也不嫉妒别人。"③ 奥古斯丁探讨的这些问题，成为中世纪道德哲学的基础，不仅在学校里教授，更成为基督教修道院传统。

奥古斯丁在教父时代不是唯一探讨现世生活和精神生活主题的人，其他教父的观点也影响了中世纪的思想。希腊哲学关于理论与实际生活区别的讨论可追溯到 3 世纪关于《圣经》注释的关注。比如亚历山大教导学院④的奥利金（Origen，约185—254）被认为是"第一个阐释《圣经·新约》中马大（Martha）对耶稣积极主动关注和她妹妹马利亚（Mary）的静默关心，他由此得到更高的赞美，对沉思生活进行了特别强调"⑤。这说明奥利金等亚历山大教导学院的人重视沉思生活，他们告诉人们这样一个道理，积极行动的生活仅仅是人不得不经历的一小部分，最终目的是达成沉思生活。奥古斯丁后的教皇格里高利一世（Gregory I/ Saint Gregory the Great，约540—604）著有四卷本的《对话录》（*Dialogues*，全名《教宗格里高利就意大利教父们的神迹的四卷本对话》*Divi Gregorii Magni*，*Pontificis Maximi*，*Libri Qvatuor Dialogorum*

---

① Kate Langdon Forhan，*The Twelfth Century "Bureaucrat" and the Life of the Mind：John of Salisbury's "Policraticus"*，Ph. D. Dissertation，The Johns Hopkins University，1987，pp. 98 – 100.

② [古罗马] 奥古斯丁：《上帝之城：驳异教徒》（下），吴飞译，上海：上海三联书店 2009 年版，第 136 页。

③ 同上，第 155 页。

④ 亚历山大教导学院（Catechetical School of Alexandria，也被称为 Didascalium），又译为教理学院、圣道学校，以哲学问答的方式来教导基督教神学。哲罗姆认为是《马克福音》的作者圣马可创立，还有学者认为创建者是圣潘代诺（Pantenus，? —约200）。

⑤ Gerhart B. Ladner，*The Idea of Reform：Its Impact on Christian Thought and Action in the Age of the Fathers*，Eugene，US：Wipf & Stock Publishers，2004，p. 331.《路加福音》，10：38 – 42，p. 126；《约翰福音》，11：1 – 44，pp. 184 – 186.

De Vitiis Et Miracvlis Patrvm Italicorvm，*et animarum aeternitate*），以对话的形式介绍了 6 世纪主要发生在意大利的奇迹故事以及意大利教父的生活，认为发生在现世的这些奇迹都能反映上帝的存在。其中第二卷《圣本尼狄克传》（全名《修道院院长圣本尼狄克的生平与神迹》（*De Vita et Miracvla Venerabilis Benedicti Abbatis*），记载的是《本笃会规》（*the Rule of Saint Benedict*）的创立者、被称为"西方隐修制之父"的圣本尼狄克（*Benedict of Nursia*，又译为诺尔西亚的本笃，约 480—约 543 年）的事迹，《本笃会规》约创作于 525 年，是圣本尼狄克为卡西诺山上的修士们制定的规章，对修士的日常生活做了具体规定，每天都有一定的时间学习、劳作、祈祷和休息，要求修士坚持谦卑、清贫、贞洁和顺从，强化了院长的权力。《本笃会规》倡导的组织性和纪律性使修道院更具规模，可能因为这一点，格里高利一世才会如此赞同《本笃会规》。① 格里高利七世对于《本笃会规》大力提倡，重视布道即对人们的教导和传教，对不同的听众给予不同的布道，希望修士们在实践生活和沉思生活中找到一种平衡，"真正的基督徒的生活是寻找上帝，这是从皈依开始的。皈依不是从异教到基督教的皈依，而是从世俗生活向真正的精神生活的皈依"②。由此可见，他更喜欢的是沉思生活，这体现了他作为一个虔诚的基督徒特别是一个修士的思维模式。《本笃会规》不仅影响了格里高利一世的思想，更是推动了修道院的改革。《本笃会规》的影响在 10 世纪和 11 世纪发展到顶峰，间接促使了教皇格里高利七世的教会改革运动。1075 年，格里高利七世颁布了《教皇敕令》③，强化教皇权力，并将其权力延伸到世俗领域。改革使得教会机构重组和权力集中，强调了教士的精神地位和权力。这种思想发展为以后的教会主导政治文化生活提供了理论依据。12 世纪，这种传统由阿伯拉尔教授给约翰，"至善"只能在教会生活范围内达成。阿伯拉尔对思想发展最重要的贡献是在基督教框架内再一次将非基督教的道德观念引入。阿伯拉尔的道德词汇主要来源于亚里士多德，西塞罗和塞涅卡。他在《哲学家、

---

① ［美］迈克尔·格拉茨，莫妮卡·海威格编：《现代天主教百科全书》，赵建敏译，北京：宗教文化出版社 2012 年版，第 707 – 710 页。

② 王亚平：《基督教的神秘主义》，北京：东方出版社 2001 年版，第 120 – 121 页。

③ 《教皇敕令》具体内容见徐大同、丛日云：《西方政治思想史 中世纪》（第二卷），天津：天津人民出版社 2005 年版，第 203 – 204 页。

犹太人和基督徒之间的对话》（*Collationes sive Dialogus inter Philosophum*，*Iu-daeum et Christianum*）① 中认为上帝是至善，人们必须爱上帝，"唯有上帝可绝对和恰当地被称作是至善……对至善的享有乃我们真正的幸福，那体现在对至善的享有中的至爱（*summa illa dilectio in illa summi boni fruitione*）理当被称作是人的至善……所以，信仰上帝的人爱上帝胜过一切，当他们看见那幸福的时候——这是他们根本无法凭借信仰就能估计的，他们那至高的喜悦就是他们永恒的幸福（*perpes beatitudo*）"②。他对上帝无私的爱的阐述最终归结到上帝是至善这一点上，爱上帝不是因为上帝会给予人们什么，而是因为上帝是至善。

阿伯拉尔在另一部著作《伦理学》（*Ethica*），又名为《认识你自己》（*Scito te ipsum*）中考探讨了现实的罪与原罪的区别，并且考察了罪的补救办法为悔过（repentance）、忏悔（confession）和赎罪（satisfaction）。在阿伯拉尔看来，给人带来功绩和赞美的不是人的行为，而是人的意图（intention，*intentione*），"行为好是因为通过好的意图。我们称意图本身是好的。但我们不说'行动'有好坏而是来源于意图。因此纵然是同一个人在不同的时间做同一件事，由于意图的不同，可能是好的或可能是坏的"③。同样，人犯罪不在于行为而在于人的意图，只有人的意图才决定人的罪。阿伯拉尔认为罪是对上帝的蔑视，故意破坏神法（divine law）。人有好的意图是善的一个条件，如

① 《哲学家、犹太人和基督徒之间的对话》（*Collationes sive Dialogus inter Philosophum*，*Iu-daeum et Christianum*）分为两部分：第一卷是哲学家与犹太人的对话，他们都信奉自然法，并且探讨了犹太人信仰的《圣经旧约》中的律法是否合理地制定、值得服从和满足过永恒的生命要求，简单回顾了犹太人古代和中世纪的历史，没有过多地提及哲学家；第二卷是哲学家与基督徒的对话，讨论了宗教信仰和理性的作用，美德的本质和种类，善的概念和如何臻于至善，天堂的本质，肉体恢复的意义等。参见 Peter Abelard, *Ethical Writing*：*his Ethics or "Know Yourself" and his Dialogue between a philosopher*，*a Jew*，*and a Christian*，translated by Paul Vincent Spade with an introduction by Marilyn McCord Adams，Indianapolis/Cambridge：Hackett Pub. Co，1995.
② ［法］皮特·阿伯拉尔：《伦理学·对话》，溥林译，历代基督教思想学术文库：古代系列第122卷，香港：道风书社2007年版，第235－237页。
③ Peter Abelard, *Ethical writing*：*his Ethics or "Know Yourself" and his Dialogue between a philosopher*，*a Jew*，*and a Christian*，translated by Paul Vincent Spade with an introduction by Marilyn McCord Adams，Indianapolis/Cambridge：Hackett Pub. Co，1995，p. 23.

果人们犯罪，肯定是由于背离了上帝。①

约翰从传统中吸取经验，不仅认为上帝是至善，而且注重现世生活，强调德性和幸福是两种至善。② 过哲学式生活才能克服无知、贪婪和欲望等恶习。约翰的分析表明，人性问题的解决必须依据理性的知识，使人们能够自我认识，自由意志又依据自然法和自我认识使人们了解善和德性，德性带领人们走向智慧和幸福。

一、德性（virtue, *virtus*）和适度（mean/moderation, *moderatio*）

德性是英语"virtue"的汉译，有时又译成"美德"，是一个复杂的哲学范畴。拉丁文 *virtus* 对译的古希腊词是 αρετή（*aretê*），简译为"卓越"和"优秀"。方德志认为"'德性（virtue）'的源始涵义就是'力量'，是自然之力赋予和'内化'为人之向生的那种生生潜能——它与'恶性（vice）'相对"③。中世纪的德性主要指恶能被克服的一类品质，能使人完成其使命，走上完美的旅途。

约翰德性的概念来源于亚里士多德的适度德性观。12 世纪罗马法复兴和对亚里士多德逻辑学兴趣重燃，这一时期的主要特征是学者对知识系统化的热情。内德曼指出："主要有两种途径对这种知识整理：第一种，圣奥古斯丁对柏拉图的解读，将哲学分成三个领域：物理学，伦理学和逻辑学。根据这一三分法，物理学是沉思的领域，伦理学是行动的领域，逻辑学则包括这两方面（更侧重前者）；但奥古斯丁对道德哲学领域的划分十分狭隘：包括个人行为的总结，个人德性，政治或者公众领域并没有被提及。这种柏拉图式的奥古斯丁主义对哲学的划分在中世纪得到广泛接受，通过《上帝之城》和如伊西多尔的《词源》之类的间接资源传播。第二种，哲学的概念来源于亚里士多德。12 世纪的学者并没有直接从亚氏获得，而是通过波伊修斯对希腊学者波菲利（Porphyry，约 234—约 305）的哲学著作《导论》（*Isagoge*）所作

---

① 张荣：《罪恶的起源、本质及其和解——阿伯拉尔的意图伦理学及其意义》，载于《文史哲》2008 年第 4 期，第 140 – 148 页。

② *P.*, Book VII, Chap. 8, p. 240.

③ 方德志：《追寻"德性/virtue"的源始涵义——兼论中（儒家）西方古典德性论学理方法的差异》，载于《湖北大学学报（哲学社会科学版）2012 年第 2 期，第 33 页。

的注释，卡西奥多罗斯（Cassiodorus，490—585）的《制度》和伊西多尔的《词源》获得，这些著作都是在中世纪盛期广泛传播的，那么亚氏对哲学的分类也被当时的知识分子熟知。"① 换言之，亚里士多德的政治学和伦理学著作在12世纪中期尚未传播到拉丁西方②，约翰只有从亚氏逻辑学著作和间接资料中获得伦理思想。波伊修斯翻译的逻辑学著作《工具论》是12世纪影响最大的亚氏著作，约翰主要从中获得了适度思想。③ 适度还被翻译成中庸、中道、适中等，在现代英文里，使用的是同一个词"mean/moderation"，拉丁文 *moderatio*。约翰是12世纪第一位将《工具论》中的适度思想应用到知识、科学和教育中的知识分子。④ 关于德性，亚里士多德的经典定义是："德性是一种选择的品质，存在于相对于我们的适度之中。这种适度是由逻各斯规定的，就是说，是像一个明智的人会做的决定。德性是两种恶即过度与不及的中间。在感情与实践中，恶要么达不到正确，要么超过正确。德性则找到并且选取那个正确。"⑤ 过度和不及都是恶的行为特征，只有适度才是德性的特征，亚里士多德又列举了许多通俗的例子来证明这一论点。这段论述出自《尼各马可伦理学》，约翰没能直接获得本书，但这一中道思想的基本内涵也在亚氏的逻辑学著作中出现。比如《工具论》中就有类似的观点，在《解释篇》中，亚里士多德试图阐述世界不是根据严格的必要性管理，"如果是这样，那么，人们就不需要去在'如果我们采取某一行动，某一结果就会产生，而如果我们不采取它，这个结果就不会发生的这个假定上去考虑或操心了"⑥。内德曼总结了亚里士多德对德性的定义包括三个方面："1. 是可选择的性情；2. 基

---

① Cary J. Nederman, "Aristotelianism and the Origins of 'Political Science' in the Twelfth Century", *Journal of the History of Ideas*, Vol. 52, No. 2 (1991), pp. 183 – 184.

② 也有少部分学者认为约翰可能从法国或者意大利得到部分《政治学》的摘要，见 Michael Wilks, "John of Salisbury and the Tyranny of Nonsense", in *WJS*, p. 280.

③ Cary J. Nederman and J. Brückmann, "Aristotelianism in John of Salisbury's *Policaticus*", *Journal of the History of Philosophy*, Vol. 21, No. 2 (1983), pp. 203 – 229.

④ David Bloch, "John of Salisbury on Science and Knowledge", in Christophe Grellard and Frédérique Lachaud, eds., *A Companion to John of Salisbury*, Leiden: Brill, 2014, p. 289.

⑤ ［古希腊］亚里士多德：《尼各马可伦理学》，廖申白译，北京：商务印书馆2003年版，第47 – 48页。

⑥ ［古希腊］亚里士多德：《范畴篇 解释篇》，方书春译，北京：商务印书馆2013年版，第71页。

于适度原则；3. 德性原则是由理性原则决定。"① 约翰是赞同亚氏德性观的。当然在亚里士多德之前，古希腊人生活的各方面都已经贯穿着适度思想。从政治生活、经济发展、科技文化、艺术思想到思维方式，他们都认为过与不及是不好的。

约翰的德性观与古典亚氏也有不同之处，更与 13 世纪基督化的亚氏思想不同。比如亚里士多德认为妇女和奴隶有不同的德性评价标准，低等级的人不可能达到至善，这种伦理思想还没有通过评注者传到约翰那里。约翰设想了一种通用的德性标准，不管个人的社会阶层如何，对每个人都是适用的。但涉及具体实现，又受社会阶层和性别的影响，比如勇气这一美德，在农民和士兵身上的表现是不一样的。整个社会的和谐有序依靠各阶层各司其职，约翰德性的定义不是由个人在社会中的作用决定。② 而亚里士多德则不同，"这些人所具有的道德品质情况也相类似。他们都具有各种品德而程度不同。各人的品德应该达到符合于各人所司职务的程度。当然统治者的道德品质应该力求充分完善，他的职位既然寄托着最高的权威，他的机能就应该是一位大匠师，这样的大匠师就是'理智'，至于其他被统治的人各自奉行其自然的职务，他所需的品德，在程度上就只要适应各人的职务而已。由此可知，道德品质虽为上述各人所同备，每一德行，例如节制（克己），男女所持有的程度却并不相同，就勇毅和正义而说也是这样，苏格拉底认为男女在这些品德方面并无区别，是不切实际的。就勇毅说，男人以敢于领导为勇毅就不同于女子的以乐于顺从为勇毅：再就其他的品德说也是这样"③。亚氏的这一观点在《伦理学》和《政治学》中都有阐释，这种对妇女和奴隶与男性不同的看法在托马斯·阿奎那重新吸取亚氏思想前的中世纪是没有的。当然不是说对妇女的歧视在约翰那个时代不存在，只是没以这种方式呈现而已。

---

① Cary J. Nederman, "Aristotelian Ethics before the Nicomachean Ethics: Alternate Sources of Aristotle's Concept of Virtue in the Twelfth Century", *Parergon*, No. 7 (1989), p. 60.

② Kate Langdon Forhan, *The Twelfth Century "Bureaucrat" and the Life of the Mind: John of Salisbury's "Policratius"*, Ph. D. Dissertation, The Johns Hopkins University, 1987, p. 112.

③ ［古希腊］亚里士多德：《政治学》，吴寿彭译，北京：商务印书馆 2010 年版，第 39 - 40 页。

不管亚氏的著作如何传播，可以肯定的是适度和"境界（*habitus*）"① 原则对德性影响很大。亚里士多德对 *habitus* 的阐释是"有一种性质我们可称为'习惯（habits）'或'状态（disposition）'。习惯之不同于状态，在于它是较为持久和较为稳定。各种知识和各种德性都是习惯，因为即使一个人所获的知识不多，大家都公认他也是持久的性质而难于除掉的，除非由于疾病或类似的原因而发生了一种巨大的精神上的震动。德性也然，像正真、克己等等不适容易被逐开赶走，使之让位给恶行的"②。这一观念在很多古典经典及教父著作中都有体现，比如奥古斯丁在《上帝之城》的十九卷，反对斯多葛派的观点，认为德性本身不是生活的终点，而是途径方法。在亚里士多德的意志理性地指引欲望观点的基础上，奥古斯丁认为德性是"爱而有序"③。奥古斯丁的德性观融入了古典和基督教因素，对约翰也有影响。在德性观上，阿伯拉尔等人同样对约翰有影响。阿伯拉尔认为哲学家是有德性的，具有审慎，正义，节制和勇敢的特点，并且引用了亚里士多德的词汇"境界"，"德性是灵魂的好境界，反过来我认为，邪恶就是灵魂的坏习惯"④。由此阿伯拉尔认为德性是一种通过自身努力学习和慎思而达到的境界（习惯），而不是天生就拥有的。此外，奥古斯丁的另一部著作《论幸福生活》、波伊修斯的《哲学的慰藉》和西塞罗的《论责任》都有体现德性中的适度原则。

---

① 拉丁文 *habitus* 是一个很难翻译的词，源于最早出现在古希腊《荷马史诗·伊利亚特》中的 *ethos*，意思是一群人共同居住的地方，后来引申为人们形成的性格、风格、气质和习惯。张荣在《论阿伯拉尔的至善与德性观》（《哲学研究》2010 年第 2 期）一文中分析道："（*habitus*）除了有'外表、仪表'之意，还有'姿势、姿态，情况、状态，性质、特征'等意。'态'是其核心，但这不是指自然的外在的客观的属性和状态，而是指心灵的主观努力造就的一种'情－态'，是'心－情'、'心－态'、'心－性'、'心－境'，是一种精神境界。所以，我主张把表述德性的'*habitus*'翻译为'境界'：德性是境界，而且是一种根本的境界，是'大境'，犹如虚怀若谷的'化境'。按照冯友兰的四境界说，这种境界当属高于道德层次的天地境界，这在阿伯拉尔这样的神学家那里是很合适的。所以，德性就是灵魂的最高境：不是最好的境界，而是'最高的'境界——天地境界，'出神'，物我两忘。当然，翻译为'根本态度'也可以。"

② ［古希腊］亚里士多德：《范畴篇 解释篇》，方书春译，北京：商务印书馆 2013 年版，第 32－33 页。

③ ［古罗马］奥古斯丁：《上帝之城：驳异教徒》（中），吴飞译，上海：上海三联书店 2008 年版，第 262 页。

④ ［法］皮特·阿伯拉尔：《伦理学·对话》，溥林译，历代基督教思想学术文库：古代系列第 122 卷，香港：道风书社 2007 年版，第 213 页。

　　约翰吸收亚氏德性观形成了自己的观点。首先，美德是一种相对稳定的状态，一种品格的习惯。"品格是一系列习惯性的特定行动导致的一种性情。如果行动只有一次，不会立刻成为品格的一部分，除非经常稳定地运用。运用包括美德和邪恶……"① 其次，德性有适度原则，找到在过度和不及的中间点，适度原则的习惯运用对道德生活十分重要。比如勇气的适度是在怯懦和轻率间的中间点。适度原则也是《论政府原理》的主题，在第一卷中，引用泰伦提乌斯的话明确指出"适度在所有事务中"②。最后，约翰认为知识对德性获取十分重要。③ 知识可以理解什么是美德，决定何为适度，这一点在《论政府原理》八卷中得到详细阐述。

　　除了亚里士多德外，另一位对约翰的德性观有影响的是柏拉图。约翰认为罗马人追随了柏拉图而不是亚里士多的德性观。由柏拉图确定的古典德性包括正义（justice, *iustitia*），审慎（prudence, *prudentia*），勇气（fortitude, *fortitudo*）和节制（temperance, *temperantia*）。审慎是一种寻找和如何达到至善的德性；坚毅确保了达到（至善）的耐性和力量；正义掌管着上帝和人类的关系；节制包含其他德性。人类本性因为有理性高于其他生物，因理性达到完美。④ 约翰认为审慎在主要德性中占据重要位置，"审慎包括深入了解的真理，和观察真理的一定的技能；正义包含真理及维护它的坚毅，节制则使上述德性活动变得适度。因此审慎是所有德性的根源是不容置疑的。如果这一根源变得严峻，其他德性就会衰弱，因缺水死亡，即使分支被从原来源中砍下也会这样。谁能实践那些被遗忘的事？真理是审慎的主题，所有德性的源泉。理解真理的人明智，热爱真理的人为善，'根据此生活的人幸福'。"⑤ 除古典德性外，中世纪又发展了神学美德——信仰，希望和爱的指导。约翰

---

① *S.*, Book Ⅴ, Chap. 4, p. 74.

② *P.*, Book Ⅰ, Chap. 4, p. 25.

③ Kate Langdon Forhan, *The Twelfth Century "Bureaucrat" and the Life of the Mind: John of Salisbury's "Policraticus"*, Ph. D. Dissertation, The Johns Hopkins University, 1987, pp. 113 – 114.

④ Sigbjorn Sonnesyn, "Qui Recta Quae Docet Sequitur, Uere Philosophus Est, The Ethics of John of Salisbury", in Christophe Grellard and Frédérique Lachaud, eds., *A Companion to John of Salisbury*, Leiden: Brill, 2014, p. 333.

⑤ *Met.*, Book Ⅱ, Chap. 1, pp. 74 – 75.

尤其强调对古典经典的警戒，"由信仰指引的审慎的读者"①。约翰在《逻辑论》中用了同样的语言。② 从古典经典中不能获得德性，因为缺少恩典。在缺少基督信仰和仁慈互爱的前提下，不可能获得德性："尊敬德性的表面，假如没有信仰和爱的前提下它可被理解，实质上不是德性的本质。在我们之中谁至少能获得德性的表面！谁能触及德性本质？用德性的外衣装饰，这是非基督徒所擅长的，但是没有基督，他们不会获得真正的幸福果实。"③ 然而这并不能说明这些非基督徒不追求德性，比如约翰讲到苏格拉底的自我控制（*Socratis continentiam*）和老加图（Cato the Elder，前234年—前149年）的节俭（*Catonis parcitatem*）。④ 不过他们不能充分获得德性和在基督中真正的智慧。人们自身的力量不足以获得德性，必须要有上帝的恩典，同时古代人忽视寻求真理。⑤

除了《论政府原理》中的论述，约翰的书信也提及适度，并且适度思想贯穿了整个贝克特与亨利二世争论时期。约翰在分析争论中的三个人物——亨利二世、英国主教和贝克特时使用适度思想，并且从不同的角度批评了他们的不适度观点和行动。比如，在给普瓦捷（Poitiers）主教坎特伯雷的约翰（John of Canterbury，？—1204）的一封信中，约翰认为亨利将享有普遍的赞美："只要他能更多地维护上帝的教会，与那些理性理解他的人一起行为适度，禁止出于愤怒或者其他情感爆发的语言和情绪，也就是维护了皇室尊严。"⑥ 由于这个，约翰告知杰拉德·皮塞勒，亨利二世非常希望和贝克特和解，"大主教本人将会鼓励国王的适度观点，这是使用上帝给予的特许"⑦。

---

① *Webb*，2，p. 134. "*fidelis lector et prudens.*" 洛尔认为拉丁语形容词 *fidelis*，古典意义为"值得信赖的"，在这里更接近于名词 *fides*，可译为信仰（faith）。（Laure Hermand-Schebat，"John of Salisbury and Classical Antiquity"，in Christophe Grellard and Frédérique Lachaud，eds.，*A Companion to John of Salisbury*，Leiden：Brill，2014，p. 187.）
② *Met.*，Book III，Chap. 1，p. 148.
③ *P.*，Book III，Chap. 9，pp. 178–179.
④ *P.*，Book III，Chap. 9，pp. 177–130.
⑤ *S.*，Book V，Chap. 11，p. 127.
⑥ *Letters*，2，No. 287，pp. 634–635. "*si ecclesiae Dei ut oportet deferret magis，et cum his modesties ageret qui cum eo contrahunt aliqua ratione，et impetus irae uel alterius reprimendi affectus ad mensuram regiae grauitatis linguam cohiberet et animum.*"
⑦ *Letters*，2，No. 297，pp. 686–687. "*Cantuariensis ecclesiae patronus est，et inspirabit animo domini regis ut diuinitus indultam sibi licentiam moderetur.*"

1168 年他写信给鲍德温指出亨利二世没有对他的仆从显示适度："国王的本性轻视那些尽管有才华理性却不服从他的人。他'适度'的要求和他命令的'清醒'，有时有必要对抗他。"① 亨利不适度地对待贝克特和英格兰教会，使得教会和国家都陷入危险境地。② 在一封信中，约翰指出上帝知道他们的行径将会严厉地审判他们，因为他们缺乏"适度（modestia）"③。他在另一封信中又指责伍斯特（Worcester）主教的行为：对贝克特"超出了适度的对抗"④。1166 年写给其弟理查德的一封信，讲述英格兰主教们的行为——他们联合向罗马上诉反对贝克特，这封信的主题是适度，约翰一开始关注理查德的上司（master）埃克塞特的主教，该主教对贝克特给予同情看起来不明确："在这种权力和正义的冲突中，他应该表现适度，法律在先，恩典指引，理性支持，他看起来没有因反抗上帝授予的权力感到有罪，也没有同意损害教会利益。"⑤ 约翰参考适度原则，警告在处理大主教事件中鲁莽的恶习（excess of courage）。约翰承认很难让每个人都实践适度理论（golden mean，*aurea medi-ocritas*），但依然要通过德性适度途径为教会和上帝服务。反对贝克特的主教行为的出现，是因为他们"担忧和胆怯，这种（行为）超出了适度"⑥。约翰鼓励主教们："模仿所阅读的良好行为，如亚基人户筛（Hushai the Archite），他通过适度努力驱赶邪恶顾问亚希多弗（Achitophel）。"⑦ 约翰的想法很清楚：他不会盲目地追随贝克特。当大主教遵循适度原则时，约翰会坚定地支

---

① *Letters*, 2, No. 241, pp. 468 – 469. "*Ea enim est natura hominis, ut apud eum iacturam faci-at omnium meritorum qui quacumque ratione praeterierit aut distulerit unum, qualecumque sit, adimplere mandatum. Ea autem est moderatio precum et sobrietas mandatorum, ut ei quandoque necesse sit obviari.*"

② *Letters*, 2, No. 241, pp. 454 – 457.

③ *Letters*, 2, No. 187, pp. 242 – 243. "*modestia.*"

④ *Letters*, 2, No. 241, pp. 464 – 465. "*plus quam tante modestiae virum deceat.*"

⑤ *Letters*, 2, No. 172, pp. 128 – 129. "*In hoc conflict potestatis et iuris ea moderation incedat, praevia lege, duce gratia, iuvante ratione, ut nec temeritatis videri debeat adversus potestatem quam Deus ordinavit, nec metu potestatis aut amore bonorum euanescentium iniquitati consentiat in depressionem ecclesiae.*"

⑥ *Letters*, 2, No. 172, pp. 130 – 131. "*tubari et timere, et utrumque supra modum.*"

⑦ *Letters*, 2, No. 172, pp. 130 – 133. "*imitetur quod bonos fecisse legimus, ut Cusai Arachitem, qui consilium et malitiam Achitophel moderatione adhibita studuit dissipare.*" 亚基人户筛（Hushai the Archite）是大卫王的朋友和亲信，亚希多弗（Achitophel）《圣经》中大卫王的谋士，见《圣经·历代志上》27：33，p. 705.

持大主教，但当他不适度时，约翰会反对。贝克特对周围环境不敏锐，处理问题不够稳妥，没能掌握适度原则，约翰写信给巴塞洛缪指出："（上帝）评判我们的内心和言行，我非常严厉地谴责大主教，因为他从一开始就激起了国王和廷臣的怨恨，很多决定都应根据地点、时间和人物而定。"① 这一段话反映了《论政府原理》中的两个关键的伦理学说：第一，过度追求德性犹如缺乏热情一样是种恶习；第二，认识适度的行为，需要谨慎考虑行为发生时的环境。约翰认为贝克特没有认识到这两点。约翰在一封信中建议贝克特得体回应下属的意见，要通过德性适度建议和解而不是疏远下属，"特别是要让你的适度让所有人知道"。约翰建议："通过适度原则撰写和陈述条件，因为上帝教会的敌人的思想非常顽固，他们不会接受任何条件，除非破坏了教会的自由……"② 贝克特的行为没有根据德性，"应该通过适度原则回应这一观点，用行动和语言，生活和服装，这不是上帝眼中有利可图的，除非是来自内心深处的良知"③。在这以后约翰再次提及适度路径，建议贝克特应该模仿"适度地（modestia）大卫"，这样能"适度地回应那些谴责你特别是严重污蔑你的人"④。约翰重复了第二封直接写给贝克特的信，建议大主教"所有的行为都展现适度"，这种适度原则只能在考虑当时环境的情况下才能达到，"注意时间状态，罗马教会情况和英格兰王国的危机"⑤。在约翰看来，贝克特大主教要对各种环境因素周密考虑，才能选择出适度德性的途径。

---

① Letters, 2, No. 150, pp. 48 – 49. "Novit enim cordium inspector et verborum iudex et operum quod saepius et asperius quam aliquis mortalium corripuerim dominum archiepiscopum de his, in quibus ab initio dominum regem et suos zelo quodam inconsultius visus est ad amaritudinem provocasse, cum pro loco et tempore et personis multa fuerint dispensanda."

② Letters, 2, No. 176, pp. 168 – 169. "Modestia vestra, quod plurimum expedit, omnibus innotescat…eoque modesties scribendum et condiciones conseo exigendas, quo michi certior esse videor animos adversantium ecclesiae Dei sicinduratos esse ut nullam omnino conditionem admittant, nisi quae ecclesiae libertatem…"

③ Letters, 2, No. 176, pp. 170 – 171. "Huic opinioni occurrendum est exhibitione moderationis, tam infactis et dictis quam in gestu et habitu; quam tamen apud Deum non multum prodest, nisi de archano conscientiae prodeat."

④ Letters, 2, No. 176, pp. 172 – 173. "istis increpatoribus, immo detractoribus uestris quod poteritis modeste respondere…modestissimu Dauid…"

⑤ Letters, 2, No. 179, pp. 190 – 191. "Ita per omnia incedatis ut modestia vestra omnibus innotescat…Attendanda enim est instantia temporis, condicio ecclesiae Romanae, necessitas regni Angliae."

约翰在书信中也表达了引用《圣经》要适度的观点。在给利西厄的拉尔夫（Ralph of Lisieux,？—1191）的一封信中，他指出过多地引用《圣经》是不合适的："我更喜欢适度的制约，使我冷静写作，而不仅仅是收集关于神法的文章，即使是正确的引用也会对读者有害。"① 约翰认为即使引用上帝的语言，亦要注意适度。他在信中谴责那些以真理或者宗教名义远离适度的行为。②

可以说，适度原则贯穿了约翰的论著，有的学者甚至说他对适度的赞扬是不适度的，可见他对适度原则的热衷。在适度观基础上的德性，则是要在上帝的恩典下通过学习获得。

二、幸福（happy, *beatus* ）和哲学式生活

关于对幸福本质的探讨，约翰首先描述了伊壁鸠鲁学派对该问题的看法，他们认为幸福分为四个方面，即对财富、权力、荣耀和淫欲的追求，"这种幸福生活一直充满欢乐，以致没有一点地方值得悲伤和不安……这是基于身体的愉悦，通过追求可以达到极度的幸福"③。约翰对这种幸福概念的批判主要是这四个方面不可能实现，仅顾个人利益不可能达到幸福，"每个人生来就希望满足私利，甚至那些不努力表现的人亦希望别人认为他是表现好的，希望别人会错误评判本人的价值；达到善不是因为对个人利益的热爱而是对正义的热爱"④。为了证明这种愉悦不能等同于幸福，约翰又引用了波伊修斯的观点："伊壁鸠鲁学派描述的生活不是所需要的……他们经常产生的结果与其愿望相反。如果你们相信我，就去参考《哲学的慰藉》的篇章……"⑤ 约翰认为廷臣追求的就是伊壁鸠鲁式的幸福，这成为宫廷主要的哲学，"他们与重要人物的亲密关系会给他们带来想要的财富"⑥。从这种意义上看，宫廷生活成为享乐的中心而不是治理国家的中心。《论政府原理》的哲学篇章希望信奉伊

---

① *Letters*，2，No. 202，pp. 298 – 299. "*Malo enim moderationis habena calamum cohibere quam divinae legis articulos congerere qui，etsi recte prolati fuerint，interdum non nisi ad subversionem proficient auditorium.*"

② *Letters*，1，No. 24，p. 41.

③ *P.*，Book Ⅶ，Chap. 15，p. 273.

④ *P.*，Book Ⅶ，Chap. 15，pp. 273 – 274.

⑤ *P.*，Book Ⅷ，Chap. 24，p. 401.

⑥ *P.*，Book Ⅶ，Chap. 15，p. 276.

壁鸠鲁学派的人能够遵循真正的哲学成为合格的官员。约翰认为现世的愉悦不能保证幸福："伊壁鸠鲁学派的方法会将人带入死路，通过冒险，错误，苦难，各式空虚，没有人能找到愉悦和安静的环境……"① 追求现世的愉悦和宫廷追求使人们对财富热爱，因为人们有了财富才能过上这种生活。"自由地使用是愉快的，需要财富；缺少财富的人不这样使用，因为他们没有财富或者害怕丢失财富。"② 拥有财富是获得现世幸福的前提，这样就有可能产生各种邪恶如贪婪，甚至嫉妒他人的财富。③ 真正的哲学从智慧中取得资源，而伊壁鸠鲁学派从贪欲中得到，这种贪欲产生了四种后果：对财产的热爱，放纵的诱惑，暴君的产生，对名望的追求。④ 对财富和权力的贪婪都是"邪恶的源泉"⑤。约翰引用了奥古斯丁对贪欲（cupidity）的理解："意志被剥夺去热爱这些事务。"⑥ 野心是对权力和荣耀的渴求，如同贪婪（avarice）是对物质财富的追求，"守财奴渴望财富而处于饥饿状态，处于权力顶峰的人是奴隶，愉悦的信徒因不能快乐被淫欲折磨，名望的追求者在自负的顶端什么也不是"⑦。

批判伊壁鸠鲁学派的幸福观后，约翰论述了自己的幸福观——至善、德性和幸福密不可分。"所有的理性存在的终极目标都是获得真正的幸福……幸福是所有事物中唯一特定的至善。"⑧ 德性是获得幸福的唯一路径，它本身也是"至善"，"德性是幸福值得拥有的，幸福是德性的回报。这两种至善，一种是旅途，另一种是回家。没有什么比德性优先，流放疏远了上帝；没有什么比幸福更重要，人民享受了自己的权利，与上帝一同喜乐"⑨。获得幸福的方法是："这条路是美德，在两种范围之间，即知识和善的运用。"⑩ 德性和幸福互相依存，"行使德性的确是最高级的善，第一个果实是上帝本身"⑪。

---

① *P.*, Book VIII, Chap. 24, p. 404.
② *P.*, Book VII, Chap. 15, p. 273.
③ *P.*, Book VII, Chap. 15, p. 273.
④ *P.*, Book VIII, Chap. 16, p. 397.
⑤ *S.*, Book VII, Chap. 17, p. 281.
⑥ *S.*, Book VII, Chap. 17, p. 281.
⑦ *P.*, Book VIII, Chap. 24, p. 401.
⑧ *P.*, Book VII, Chap. 8, p. 240.
⑨ *P.*, Book VII, Chap. 8, p. 240.
⑩ *P.*, Book VIII, Chap. 25, p. 405.
⑪ *P.*, Book VII, Chap. 8, p. 243.

幸福又高于德性，"幸福超越美德因为所有的事务都是本体优于努力"①。

约翰的这种幸福观源自古典幸福观。斯多葛派对其影响最大。在中世纪思想史上，斯多葛主义占据了重要位置，特别是亚里士多德主义复兴前；即使在那之后，一些斯多葛派学说，主要是伦理学方面的，继续塑造着中世纪的哲学和神学，这时期的斯多葛派的观点和学说大部分是无意识的传播，并且在进入中世纪之前就已经开始。② 对西方拉丁阅读的人来说，第一个传播斯多葛派资源的是塞涅卡，他的著作在中世纪的图书馆中可以获得。③ 约翰指出："（塞涅卡）是敏锐的斯多葛派人士，他了解道德行为的核心，并且能准确地表达心中所思。"④ 并且他是忠诚的道德行为指引人，反对任何不道德的行为。⑤ 斯多葛派和塞涅卡认为，德性本身就是至善；没有其他的至善高于德性。对他们来说，德性并不是寻求幸福，而是包含其中。⑥ 奥古斯丁和其他教父并不完全认同这种观点。奥古斯丁认为完整形式的幸福，人类在人世不可能达到，只有在死后。幸福并不是依靠人的努力而获得，只能通过上帝恩典的帮助。⑦ 在一定程度上，这种观点加大了德性和幸福间的差距，目前德性生活还不能达到完全持续的幸福。但是，德性仍是奥古斯丁所认为的人世间好的生活的不可或缺的部分，幸福是终极目的。约翰的看法比奥古斯丁的更为积极，他认为恩典之下的追求至善，现世生活中可以达到幸福。当约翰宣称所有理性事物都会追求幸福，并不是仅仅给予一个简单的论断，而是说所有理性事物最终都会由它们的本性要求和行动实现。对个人和整个国家来说，只改正错误、调整生活不能达到幸福生活，必须追求善。人们首先知道何为善，个人的生活会影响整个社会，正义的社会也是个体追求善的基础。不仅

---

① *P.*, Book VII, Chap. 8, p. 240.

② Gerard Verbeke, *The Presence of Stoicism in Medieval Thought*, Washington, D. C.: Catholic University of America Press, 1983, p. 1.

③ Ibid, p. 8.

④ *Ent.*, pp. 186 – 187.

⑤ *P.*, Book VIII, Chap. 13, p. 377.

⑥ Peter Dronke, *A History of Twelfth – century Western Philosophy*, Cambridge: Cambridge University Press, 1988, pp. 81 – 112.

⑦ Sigbjørn Sonnesyn, "Qui Recta Quae Docet Sequitur, Uere Philosophus Est, The Ethics of John of Salisbury", in Christophe Grellard and Frédérique Lachaud, eds., *A Companion to John of Salisbury*, Leiden: Brill, 2014, p. 332.

个人需要善，而且整个社会也需要善，"如果每个人不仅关心培养自己，对不是自己关注点的外部事物也关心，那么个体及整体境况有变成最好的可能，德性会繁盛，理性流行，仁慈互爱占据所有地方，因此肉体服从精神，精神完全为上帝奉献"①。

约翰希望廷臣在宫廷服务的同时，可以过哲学家的生活，这是一种非常困难但又十分重要的任务。"一个人的道德特点足以让他履行哲学家和廷臣的职责，这种人是非常少的，因为大部分时间他们的兴趣是有害的。"② 约翰的这种思想是否直接来源于柏拉图"哲学家国王"的思想尚不明确，因为 12 世纪柏拉图的《理想国》（Republic）并不可得。约翰唯一能接触到的柏拉图作品是《蒂迈欧篇》（Timaeus），这一作品提到了《理想国》的内容，将哲学家与政治家联系在一起，约翰尽管在《论政府原理》中称柏拉图为"所有哲学家的国王"③，但没有具体提及柏拉图"理想国"的思想。

哲学的任务是帮助个人成为有德性的人。苏格拉底前的哲学仅是对自然世界的探究，苏格拉底则介绍了一个新的哲学目标即对德性的追求，"苏格拉底被认为是第一个将整体哲学的注意力转到道德的纠正和提高上，在他之前所有的哲学家只关注物理现象，也就是自然界的事物"④。哲学没有固定的含义，不同的哲学家对同一件事会有不同的解释，约翰表示会让读者自己选择追随谁的足迹。⑤ 约翰认为，哲学家错误地运用了智慧导致错失了哲学的真正目的——"真理精神"，他们陷入困惑并且教派多元化：斯多葛学派"崇拜上帝，将一切与必然性法则相联系"；伊壁鸠鲁学派"捍卫物质领域的自由"；学院派则是"对一切事物怀疑"。⑥ 在这三个学派中，约翰倾向于赞同学院派，认为怀疑主义错误最少，不仅因为他们提到了诸如旁托斯的赫拉克利德（Heraclides of Pontus，约前 390—前 310）和西塞罗之类他喜爱的人物，还因为他们的论断中的"适度"理念。

---

① *S.* , Book VI, Chap. 29, p. 276.
② *P.* , Book VII, Prologue, p. 213.
③ *P.* , Book I, Chap. 6, p. 30. "*totius philosophae princeps.* "
④ *P.* , Book VII, Chap. 5, p. 228.
⑤ *P.* , Book I, Introduction, p. 6.
⑥ *P.* , Book VII, Chap. 1, p. 218.

约翰同时认为怀疑一切是不对的，"有很多事情是因为感觉，理性或者宗教的证明而接受。对这些怀疑显示了虚弱，错误或者犯罪"①。根据奥古斯丁的《上帝之城》第八卷，约翰认为柏拉图将实际和哲学追求结合起来，适度原则体现在各处，"适度与美德可以从自然本身中发现"②。柏拉图是第一个将实践与思想结合到哲学中的学者，"苏格拉底处理了实践方面，将道德置于人们生活中，达到幸福的目标；毕达哥拉斯强调精神思想方面，训练能力，扩展知识；最后柏拉图将二者结合，并将其分成三部分：伦理学，物理学和逻辑学，也就是道德，自然和理性"③。柏拉图成为哲学生活和实际生活的典范，约翰赞扬他的政治活动和美德，"思考没有影响他作为政治家的优点，而且没有任何行动影响了他的沉思"④。这样，哲学和政治活动不仅能联系在一起，而且现世生活也不会对哲学不利。

柏拉图的去世是哲学的一大损失。他的学生亚里士多德"继承他的意志，如同晨曦中的明星照耀人们。他照亮了整个世界，通过智慧之光，教授人们哲学原则；拨开了人们眼前的迷雾，给予他们思考的力量去寻求真理"⑤。"亚里士多德理解并阐释了逻辑的艺术，他是'亚里士多德学派（逍遥学派）的王子'，被认为是建立者，是这一学科知识的权威。"⑥ 但丁称亚里士多德为"智者们的大师"⑦。尽管约翰对亚里士多德敬仰有加，但他没有将亚氏等哲学家奉为神明，"我不认为亚里士多德的观点和教导永远都是正确的，尽管他所有的作品都是大家所推崇的。理性和信仰的权威证明，亚里士多德在某些观点上是错误的"⑧。亚里士多德这位哲学家也涉足政治领域，约翰通过引用瓦列利乌斯·马克西穆斯（Valerius Maximus，14—37）叙述了这一情况："在他年迈时保持生命的火花……他勇敢地投身于拯救自己的城市，尽管在雅

---

① *P.* , Book VII, Chap. 7, p. 236.

② *P.* , Book VII, Chap. 5, p. 229.

③ *P.* , Book VII, Chap. 5, p. 230

④ *P.* , Book VII, Chap. 5, p. 232.

⑤ *P.* , Book VII, Chap. 6, p. 234.

⑥ *Met.* , Book II, Chap. 2, p. 77.

⑦ Stephen Sicari, *Pound's Epic Ambition：Dante and the Modern World*, Albany：State University of New York Press, 1991, p. 5. "*fra i maestri di color che sanno.*"［意］但丁：《神曲》，朱维基译，上海：上海译文出版社 2011 年版，第 30 页。

⑧ *Met.* , Book IV, Chap. 27, p. 164.

典卧床不起，仍然解救了城市……"① 约翰接着讲到亚里士多德曾在宫廷作为年轻的亚历山大的导师，出色地发挥了哲学廷臣的作用。②

哲学能够指引人们走上正确的幸福之路，绝非空话，"那些支持哲学仅仅只是话语的人犯了可耻的错误；他们错误地认为德性仅是话语……德性因自己的成果而被尊重，是智慧不可或缺的伙伴"③。于是约翰问道："哲学给予了那些观点变动的人什么，那些人的揭示幸福之路的理性之光熄灭了，犹如蒙蔽了旅行者的双眼，对他们来说，哲学指出了一条明路，这样他们的旅行会更加安全并且不会误入歧途。"④ 人们只能通过哲学获得真正的幸福，哲学指导所有的行动："所以特定的至善是幸福……人们没有哲学的指引不可能获得理解（幸福）的能力。任何在寻找幸福的过程中不遵循哲学会因为这种傲慢而跌倒，如同盲人在滑路上向高处行走……如果一个人越严谨地追求哲学，他寻找幸福的道路越顺利和正确。"⑤ "在我看来，哲学似乎是有圣灵这一权威支持……哲学家的目标也是达成智慧，用柏拉图的话说就是对上帝的爱……"⑥ 这些不同的道路，斯多葛学派、逍遥学派（柏拉图和亚里士多德），甚至伊壁鸠鲁学派的最终目标都是幸福。综合了柏拉图、奥古斯丁和波伊修斯等人的观点，约翰指出："哲学家的目的是获得智慧，根据柏拉图所说是爱上帝的人，抑制恶习，使其思想接近本性，通过此可获得真正的幸福。通过打破恶习的束缚获得幸福，如同通过提升阶段的沉思，他始终保持清醒和追求善。"⑦ 在约翰看来，通往幸福的路径首推教育。约翰在《逻辑论》和《论政府原理》中都论述了他的教育思想。学生在受教育过程中会遇到一系列的困难，比如教师的选择，有人会因自己的喜好或者教师的名声选择老师，而不是凭理性。有的学生会完全按照教师指示做事，即便是错误的。⑧ 在选择专业前要有大量的调查和广泛阅读，这样才能"显示自主决断权，在衡量所

---

① *P.*, Book VII, Chap. 6, p. 234.
② *P.*, Book VII, Chap. 6, p. 234.
③ *P.*, Book VII, Chap. 12, p. 257.
④ *P.*, Book VII, Chap. 2, p. 220.
⑤ *P.*, Book VII, Chap. 8, p. 240.
⑥ *P.*, Book VII, Chap. 8, p. 241.
⑦ *P.*, Book VII, Chap. 8, p. 241.
⑧ *P.*, Book VII, Chap. 8, pp. 243 – 244.

有选择的价值后作出明智的选择"①。最重要的教育原则是"一直保持大量阅读"②。不用恐惧阅读异教哲学家的作品，因为谨慎聪明的读者会摒弃错误，"导师的导师哲罗姆说：热爱《圣经》的知识，你就不会喜爱肉身的错误"③。阅读范围应该广泛，"所有的作品除了一些被证明不需阅读的都要阅读，因为所有的作品都有实用性，尽管有时会错误地运用"④。阅读时要有重点，比如关于道德哲学的著作需要仔细阅读。同时如果过量阅读就会产生危害，约翰再一次运用了适度原则。⑤ 阅读的目的是增加美德，避免犯罪，上帝会对德性有指引。"阅读的目的常被认为是寻求德性……所有关于救赎的指引一如既往地来自上帝，真正的教学会接受真理是不腐败的。"⑥ 因此，一个人既要广泛阅读各方面材料，又必须有选择地阅读，尤其是要重点阅读哲学家的作品。随着个人知识的增长，智慧也会增加，通过发现限制进而发现德性，"智慧本身包括所有事务的知识，并且管理所有事务，修复生活中行为、话语和思想的适当限制"⑦。但是哲学是对上帝的爱，这是需要"无限的"⑧，"根据柏拉图，哲学家热爱上帝，如果不爱神，哲学还能有什么？它是没有限制的，否则哲学本身受限变得不适当……如果上帝的爱消失，哲学这个词也随之消失"⑨。比如从下面的一段话可看出约翰对上帝的爱："我知道一个人（指他本人）……饱受疾病的不断折磨，但没有超出所能承受的范围，肉体的欢愉被碾碎，对上帝知识苛求的精神被唤醒和增强，轻视现实而运用美德。他的角色要求对灵魂和身体的控制，没有因为疾病而远离。他期待能够由上帝引导，甚至是鞭打，以确定这个不健康的人能够忍受。"⑩ 约翰的自述表明他的身体不是很健康，他认为这是上帝对他的警告和惩罚，暗示了他对上帝的虔诚，如果有机会就不会脱离纯净的精神生活。仁慈互爱是热爱智慧在现实行

---

① *P.*, Book VII, Chap. 9, p. 246.

② *P.*, Book VII, Chap. 9, p. 246.

③ *P.*, Book VII, Chap. 10, p. 255.

④ *P.*, Book VII, Chap. 10, p. 251.

⑤ *P.*, Book VII, Chap. 9, p. 247.

⑥ *P.*, Book VII, Chap. 10, pp. 252 – 253.

⑦ *P.*, Book VII, Chap. 11, p. 255.

⑧ *P.*, Book VII, Chap. 11, p. 256.

⑨ *P.*, Book VII, Chap. 11, p. 256.

⑩ *P.*, Book VIII, Chap. 8, p. 340.

动中的表现，哲学家的生活在政治世界的行动中，"需要和传播仁慈互爱才能达到作为哲学家的目标。因此这是哲学家不变的规则，每个人都积极阅读或者学习，行动或从行动中领悟仁慈互爱"①。仁慈互爱也是一种获取美德和幸福的方法，"（仁慈互爱）表现为荣誉，克己，冷静，谦逊，就虔诚地致力于上帝的庙宇来说，是整个令人尊敬的美德大军"②。对上帝的爱转化为对他人的爱，从而使理论变成实践，有合适的思考方式也就有了行为模式。

简要说来，哲学在约翰的政治思想中的作用是为人民提供指引，因为"没有公民或者军事义务没有被哲学检验，哲学本身阻止邪恶，如果没有哲学，人们不会有恰当的行为"。③ 约翰认为哲学是："所有一切的指导，因为绝对没有任何事情可以处理职责，或者国家事物中（哲学）没有优先处理。"④ 所以不论是个人事务还是公共事务，都需要哲学的指引，哲学在所有事物中所起的作用都需要适度，并要求一定的行动是有美德的。在任何行为上缺乏哲学指导是适度原则和纪律的缺乏。⑤

虽然约翰多次提到真正的哲学，但他没有明确真正的哲学是什么。相较于其他哲学流派，约翰更欣赏学院派，却并没有接受对一切事物持怀疑态度的观点。作为神职人员，他必定有深信不疑的事物。约翰参考了许多古代哲学家的观点，还融入了基督神学观点。约翰认为哲学帮助现世生活的人追求善，也就是关于上帝的沉思，同时对整个国家的健康有重要作用。⑥ 这个观点将约翰的国家有机体论同哲学章节关联起来。灵魂是没有部分的，但包含各种美德。真正的哲学必须要遵循灵魂，因为灵魂是美德的来源，是获得幸福的唯一途径。"稳定的国家中的公共或者私人生活只能源自智慧……愉悦犹如生机勃勃的花园，从这里美德的河流涌现。"⑦ 约翰在这里所指的愉悦是精神上的，而不是来源于任何种类的邪恶；它不是来源于"享乐，喝酒，宴会，

---

① *P.*，Book VII，Chap. 11，p. 255.

② *P.*，Book VII，Chap. 11，p. 256.

③ *P.*，Book VII，Chap. 8，p. 242.

④ *P.*，Book VIII，Chap. 8，p. 334.

⑤ *P.*，Book VIII，Chap. 8，pp. 334 – 335.

⑥ Kate Langdon Forhan，*The Twelfth Century "Bureaucrat" and the Life of the Mind：John of Salisbury's "Policratius"*，Ph. D. Dissertation，The Johns Hopkins University，1987，p. 110.

⑦ *P.*，Book VIII，Chap. 16，p. 396.

唱歌，舞蹈，运动，过度追求淫欲，放荡和各种类型的污秽"①。不过约翰对宴会之类的恶习在一定范围内能容忍，比如1156年6月，约翰参加了一个盛宴，这场宴会从早晨9点开始到晚上12点结束，有来自欧洲各地的人，有纪律的仆人，精心地服务和好客的主人都没有认为这是一种"恶习"。② 约翰对酒的阐述也表明了他内在的忍耐性。他说："酒是奢侈的同时喝醉是可耻的。"③ 同时他认为："酒可以释放压力，使人放松，不能否定酒带来的欢愉。"④ 最终他表现出一种妥协："上帝创造的所有对戒酒者来说很难，沉迷于喝酒要有限度，即使那些相信柏拉图权威的人，亦可能会任意饮酒。"⑤ 对约翰来说，"没有因为威胁的因素动摇内疚心理"⑥。因为这种心理，他声称自己是"空虚痛苦的可怜人"⑦，"我持续的错误使我已经被带到这种灾祸中"⑧。由此看来，他对自己严格，对他人宽容得多。他允许人类本性拒绝可能的艰苦，适度原则是他容忍这些恶习的底线。

　　参考斯多葛学派哲学集大成者克利西波斯（Chrysippus，约前280—约前207）的观点，约翰将人分成了三类：一类人是智者，他们参与到哲学中；一类人为哲学服务，他们是真正的哲学家；还有一类人希望成为哲学家但实际上还没有成为哲学家。⑨ 简言之，并不是所有参与哲学的人都是哲学家。已经遵循错误的伊壁鸠鲁生活足迹的廷臣，需要将他们从真正的哲学家中区分出来。约翰认为所有人都需要哲学，而在《论政府原理》中约翰又将普通人和哲学家区分出来。例如，约翰赞扬教会秩序："在我们的时代模仿哲学家很难，当德性消失，阿斯特蕾（Astrea，西方善魔女）放弃了男人重返天堂；比哲学家德性高的是修道院里僧侣的生活，或者说我认为这是最好和最保险的哲学。"⑩ 实际上，约翰并不认为修道院生活是成为哲学家的唯一道路，他仅

① 　*P.* ，Book I ，Chap. 4 ，p. 24.
② 　*P.* ，Book VIII ，Chap. 7 ，p. 333.
③ 　*P.* ，Book VIII ，Chap. 8 ，p. 337.
④ 　*P.* ，Book VIII ，Chap. 6 ，p. 323.
⑤ 　*P.* ，Book VIII ，Chap. 10 ，p. 351.
⑥ 　*P.* ，Book I ，Chap. 13 ，p. 52.
⑦ 　*Met.* ，Book IV ，Chap. 42 ，p. 276.
⑧ 　*P.* ，Book VII ，Prologue ，p. 215.
⑨ 　*P.* ，Book VII ，Chap. 8 ，pp. 240 – 241
⑩ 　*S.* ，Book VII ，Chap. 21 ，p. 321.

认为这是一个简单正确的道路，而宫廷生活则是理想国家和精神生活的阻碍，"一个人的道德特点足以让他履行哲学家和廷臣的职责，这种人是非常少的，因为大部分时间他们的兴趣是有害的"①。"早年生活所做的是无用的，因为在廷臣中几乎不可能保持清白。在那里谁的美德能不被廷臣的荒唐事毁坏？谁会坚强到没有腐败？最好的人是长期和有效拒绝这种生活的，他的腐败最轻。为了保持美德，人们必须远离廷臣生活。约翰用以下预言很好地揭示了宫廷的本质："想成为正直的人就会离开宫廷。"② 约翰认为自己是哲学家，他更喜欢哲学家生活。"……被宫廷的轻浮事所牵绊。我感到后悔和羞愧，我在一个完全不同的领域训练，已经浪费了接近十二年。由更神圣的哲学哺育更为合适，与哲学界相伴要比和廷臣在一起更为合适。"③ 在约翰看来，所有的宫廷生活都是哲学生活的阻碍，包括他要履行作为大主教秘书的职责。他批判此种职责是因为这使得他没有足够的时间去实现自己的知识上的兴趣，"夜以继日地被不可避免的事务缠身，没有时间关注自己想做的事"④。作为宫廷里的教士，他没有足够的时间去实现他的哲学生活。他批判："那些沉迷于宫廷荒唐事的人，披着哲学和仁慈的外衣，如同阴阳人有男人的外表和女人的脆弱。这种荒谬的事就是廷臣哲学家，但其实他二者都不是，宫廷是排斥哲学的，而哲学家是不会参与到宫廷荒唐事中的。"⑤

约翰的理想和现实是有差距的，在他的理想国中，真正的哲学指导人们，对共同利益的追求，做好自己的职责。寻求至善、德性和幸福，能够克服人类的恶习，是约翰政治思想的伦理基础。12 世纪的宫廷却不是这样，约翰讽刺和批判了这种宫廷生活，他希望廷臣能够像《论政府原理》的副标题那样，遵循真正的哲学家的足迹而远离轻浮事。

① *P.*，Book VII，Prologue，p. 213.
② *S.*，Book V，Chap. 10，p. 121.
③ *P.*，Introduction，p. 7.
④ *P.*，Book VII，Prologue，p. 214.
⑤ *S.*，Book V，Chap. 10，p. 122.

第三章 政治理想国

　　13 世纪，亚里士多德的《政治学》被翻译成拉丁文，这部著作开启了中世纪人们新的思想。它使人们认识到政治理论可以不是法学的分支，而是一门独立自主的学科。加之大约同一时期的《尼各马科伦理学》的翻译和传播，产生了很大的影响。因此一些学者认为所谓的政治自然主义（political naturalism）政治团体直接来源于人性而不是神灵启示或约定，只有在《政治学》（强调人的本质是社会政治性动物）复兴后，才被引入中世纪思想。① 比如，约瑟·坎宁（Joseph Canning）认为："晚期中世纪思想的主要革新是世俗国家观念的发展，而这一观念是'人是天生的政治动物'这一命题的产物。这种观念通过亚里士多德《政治学》和《伦理学》的重新发现而被要求。"② 沃尔特·厄尔曼认为："从 13 世纪后半叶开始，亚里士多德的影响就造成了思想上的转变，带来了一场观念上的革命。无论是在实践上还是理论上，13 世纪的亚里士多德洪流都标志着中世纪和现代之间的分水岭。"③ 维尔克斯认为："伴随着亚里士多德被遗忘的著作的重新发现，13 世纪发生了这种'哲学复兴'。"④ 实

① Gaines Post, *Studies in Medieval Legal Thought : Public Law and the State 1100—1322*, Princeton, New Jersey：Princeton University Press, 1964, p. 498.
② ［英］J. H. 伯恩斯主编：《剑桥中世纪思想史》，郭正东等译，北京：生活·读书·新知三联书店 2009 年版，第 500 页。
③ ［英］沃尔特·厄尔曼：《中世纪政治思想史》，夏洞奇译，南京：凤凰出版传媒集团·译林出版社 2011 年版，第 154 页。
④ Michael Wilks, *The Problem of Sovereignty in the Later Middle Ages：the Papal Monarchy with Augustinus Triumphus and the Publicists*, Cambridge：Cambridge University Press, 1963, p. 84.

际上，这种复兴在 12 世纪已初现端倪，德性的概念在 12 世纪神学中已经出现，所以 13 世纪德性概念的复兴不是革命性的一步。① 12 世纪的很多作者已经认识到政治学是一门独立学科，并且会探究政治学领域的本质，功能及与其他"实用"知识的功能。那么解读 12 世纪的政治理论传统是有必要的，因为 12 世纪对政治学已有贡献。约翰就是其中的代表人物，正如利贝许茨所说："《论政府原理》包含了所有中世纪的政治思想。在之后这些观念分离并且成为政治思想重要学派的起源。"②

约翰《论政府原理》中的前三卷宫廷部分，同样属于他的政治理论，阐述了当时的社会问题，后面三卷阐述了国家有机体论，正如雷金纳德·莱恩·普尔（Reginald Lane Poole）所说："约翰在前三卷清除影响国家健康生活的障碍，以及恶习和荒唐事的阻碍，在接下来的三卷中他做了自奥古斯丁后第一个对理想国家的描述。"③

第一节　对宫廷生活的批判

12 世纪的英格兰出现了一种盛行的风气，即宫廷里的教士反对宫廷文学或者说对宫廷讽刺，约翰被认为是这种风气的先驱。④《论政府原理》的副标题是 "*de nugis curialium*" 即廷臣的轻浮事（奉承者的轻薄），是 12 世纪宫廷讽刺文学的一种常见主题。在这种文学作品中，宫廷被认为是邪恶和腐败的中心，和地狱无异。这种谄媚的廷臣被形容为："狗和蛇；他们被称作寄生虫，背后诽谤者和奉承者，他们唯一的动机就是他们的野心，他们唯一的兴

---

① N. Kretzmann, A. Kenny and J. Pinborg, eds., *The Cambridge History of Later Medieval Philosophy: from the Rediscovery of Aristotle to the Disintegration of Scholasticism*, 1100—1600, Cambridge: Cambridge University Press, 1982, p. 657.

② Hans Liebeschütz, *Mediaeval Humanism in the Life and Writings of John of Salisbury*, Nendeln: Kraus Reprint, 1968, p. 6.

③ Reginald Lane Poole, *Illustrations of the History of Medieval Thought and Learning*, London: Society for Promoting Christian Knowledge, p. 190.

④ C. Stephen Jaeger, "The Court Criticism of MHG Didactic Poets: Social Structures and Literary Conventions", *Monatshefte*, Vol. 74, No. 4 (1982), pp. 398–409.

趣就是通过支持国王的幻想维护自己的地位；他们被认为是妒忌者、阴谋家和操控者，他们隐瞒了自己的无知和良好行为举止背后的邪恶想法。"① 讽刺文学通过对古罗马讽刺作家贺拉斯、尤维纳利斯和佩尔西乌斯（*Aulus Persius Flaccus*，34—62）塑造的人物的探讨，对英格兰宫廷进行批判，由此引发了新的反宫廷风尚，成为中世纪后期和文艺复兴时代流行的传统。②

尽管《论政府原理》中的宫廷部分包含很多对宫廷和廷臣的批判，是 12 世纪宫廷批判主义的代表，但是必须看到该书与《恩特替卡斯》代表的那种宫廷批判不同。约翰在《恩特替卡斯》中描述宫廷："命运的恩赐使整个宫廷在年经的国王统治下，所有的一切都是合法的……这个宫廷只喜爱听信尊敬那些不务正业的谄媚者；每个廷臣都认为艺术是令人厌恶的，他们憎恨这种为德性服务的艺术，但他们都喜欢为肉体服务。"③ 乔纳森·M. 纽曼（Johnathan M. Newman）指出《恩特替卡斯》通过对廷臣和哲学家的区分将他的讽刺目标从读者中区分出来④，这些论述说明约翰写该书的目的既不是给他讽刺的那些人阅读，也不是想改善他们的行为。在《论政府原理》中，他对"*nugae curialium*"（廷臣的轻浮事）有更实际的目标，即阐述他的政治观点，用当代的宫廷生活衬托他的理想国。约翰不仅仅是为了讽刺和嘲弄个别廷臣的恶习，更重要的是，他希望通过展示他的理想国来改正这些恶习。因此，约翰陈述道："没有人能够认为他自己因为言语受伤，因为这不是对个人的贬损，只是对本该避免的恶习的攻击。鉴于此，我将展现对恶习的沉迷以及美好的事，后者人们是应该所做的，人们的行为得到提高，而前者指出邪恶，人们从中获利而变得更好。"⑤

《论政府原理》的前三卷描述了当时的宫廷环境，批判了廷臣的某些追

---

① C. Stephen Jaeger, *The Origins of Courtliness*: *Civilizing Trends and the Formation of Courtly Ideals*, 939 – 1210, Philadelphia: University of Pennsylvania Press, 1985, p. 55.

② Ayşegül Keskin Çolak, *Nugae Curialium Reconsidered*: *John of Salisbury's Court Criticism in the Context of his Political Theory*, M. A. Thesis, The University of Birmingham, 2011, p. 30.

③ *Ent.*, 1, pp. 200 – 201

④ Jonathan M. Newman, "Satire between School and Court: The Ethical Interpretation of the *Artes* in John of Salisbury's *Entheticus in Dogmata Philosophorum* ", *Journal of Medieval Latin*, Vol. 17 (2007), p. 125.

⑤ *P.*, Book VII, Prologue, p. 216.

求，如打猎、赌博、预测魔法等。但是这种批判的目的和其他宫廷讽刺是不同的。那么首先来看宫廷和廷臣对约翰的意义。廷臣（courtier，*curia*）最普遍的意义是"与宫廷（court）有关系的人"或者"经常出入君主宫廷的人"。Court 的拉丁词是 curia（*curtisanus*，*curialia*），有三层含义：法律，宫殿和扈从。① 就是说 court 是处理相关司法问题的法律体系，作为政府中心的君主王位和国王的私人庭院包括他的家人和仆从。亨利二世的宫廷成员经常变动，缺乏运作良好的机构，是不稳定的，正如瓦尔特·迈普（Walter Map）对这种经常变动的宫廷的猛烈批判："我知道这个宫廷不合时宜；只是暂时多变，受空间限制和游荡，从没有一直在一个地区。当我离开时，我认为它是完美的；当我回来时，已经完全没有当初离开时的样子；我变成了一个陌生人。同样的宫廷，成员已经改变。"② 这种变换的成员当然不包括国王的家人亲属。拉尔夫·V. 特纳（Ralph V. Turner）也认为 *couriales* 这一讽刺性术语伴随新的行政阶层从 12 世纪早期开始出现③，这个新阶层的成员一般没有好的出身，而是在封建体系中低阶层的人，"拉丁语 *curialia* 字面上的翻译是 courtier（廷臣），这在我看来这个时代的人，特别是亨利二世宫廷上的伦理学家和讽刺家，使用这个词是以一种对野心家轻蔑的态度，对安茹英格兰新出现的行政阶级成员来说特别适合"④。《论政府原理》中使用的"*curiales*"没有具体机构的或者个人的参照物，但是仍然可以找到一些线索，第五卷 10 章阐释了辅助君主工作的阶层，可以看作是廷臣。在前三卷中，约翰采用讽刺的语气批判廷臣。

Curia 如上所述的第二层含义，是君主统治的中心，理解整个国家的政治，要从中心开始。正因为如此，约翰在论著开始就揭示了这一中心的短处，

---

① Martin Aurell, *The Plantagenet Empire*：1154 – 1224, translated by David Crouch, London：Longman, 2007, p. 31.

② Walter Map, *De Nugis Curialium*：*Courtiers' Trifles*, edited and translated by M. R. James；revised by C. N. L. Brooke and R. A. B. Mynors, Oxford：Clarendon Press, 1983, pp. 2 – 3.

③ Ralph V. Turner, "Changing Perceptions of the New Administrative Class in Anglo – Norman and Angevin England：The Curiales and Their Conservative Critics", *Journal of British Studies*, Vol. 29, No. 2 (1990), p. 93.

④ Ralph V. Turner, *Judges*, *Administrators and the Common Law in Angevin England*, London & Ohio：Hambledon Press, 1994, p. xxi.

他认为宫廷的现状充斥着腐败，并且影响了即将进入宫廷的人："一开始他们
（廷臣）接受了宴会上的酒，当他们喝醉后，致死的毒药或者其他致命的东西
会掺入。他们越是成功，浓雾越是迷惑了他们的双眼；黑暗弥漫导致真理消
失；美德从根部凋零，邪恶的果实传播。理性之光熄灭，整个人被带入不幸
中。"① 约翰重点批判的廷臣轻浮事包括过分地追求狩猎、赌博、音乐、戏剧
和魔法。约翰在《论政府原理》的第三卷前言中讲道："因为攻击这些轻浮廷
臣的荒唐事，我成为很多人的敌人。"② 但他依旧为了自己心中的理想国家表
达对当前的不满，主要从廷臣的狩猎、赌博、音乐、戏剧和魔法等活动方面
批判，以及对他们贪婪和奉承谄媚的讽刺。

一、狩猎和赌博

中世纪中期，狩猎是贵族们的主要消遣活动，普通民众一般没有资格进
行狩猎。③ 贵族有自己的打猎领地，国王更是拥有属于自己的森林，他和他的
廷臣可以打猎与练习骑术。④ 森林不仅仅是指地理上的林地，而是森林法下圈
中的任意土地。英格兰的王室森林区首先由征服者威廉建立，及至亨利二世
时代王室森林区的面积达到顶点，据称有接近三分之二的英格兰土地成了王
室森林，不仅是国王自己，他喜爱的贵族同样得到一系列的打猎特权。⑤ 亨利
二世大规模地圈建王室森林区，不但是因为他本人对打猎有着超常的热情，
还因为可以借此获取经济利益。⑥ 此处的狩猎活动不是为获取食物，完全是一
种消遣娱乐的活动。约翰认为过度的狩猎会给整个社会和个人带来危害。

首先，狩猎会破坏自然平衡和社会秩序。他们以经济原因为借口忽视了

---

① P., Book I, Chap. 1, p. 11.

② P., Book III, Preface, p. 152.

③ 森林法（Forest Laws），征服者威廉制定的一系列法律。1184 年，亨利二世颁布《伍德
斯托克法令》（Assize of Woodstock）。1217 年 9 月，《大宪章》中涉及森林法的条款加
以扩充后，形成一部独立的文献《森林宪章》。森林法对狩猎人身份有所限制，是只有
贵族（aristocracy）能进行的活动，国王及他喜爱的贵族得到一系列的打猎特权。

④ Judith A. Green, *The Aristocracy of Norman England*, Cambridge：Cambridge University
Press, 1997, p. 211.

⑤ Joachim Bumke, *Courtly Culture：Literature and Society in the High Middle Ages*, translated by
Thomas Dunlap Berkeley, CA：University of California Press, 1991, p. 416.

⑥ W. L. Warren, *Henry II*, London：Eyre Methuen, 1973, p. 393.

应有的责任:"有如此多的人沉浸于狩猎,为了掩饰他们强调减少了开支,即不在家用餐而是与同伴一起……给予他们这种无意义活动的唯一安慰,是可以给那些饥饿、衣不蔽体的亲戚家属提供工作。"① 约翰谴责了为保证狩猎而要对动物生命保护的做法,它们的生命似乎比普通民众的生命更重要,"为保护野兽而不担心会伤害到人"②。根据森林法,特定的动物如红鹿和野猪只能由特权阶层狩猎,约翰接着批判了这一法律会影响整个社会的秩序:"农民被迫离开他们的土地,野兽自由地在土地上闲逛。为了喂食这些野兽,农民不能在土地上种植庄稼,承租人的分配物被剥夺,家禽被从牧场上赶走。蜜蜂不能进入花园,已经不能自由飞行。"③ 可见森林法只保证贵族的特权,影响其他阶层的生活,进而影响了整个社会的和谐有序。

其次,对进行狩猎活动的个人来说,这是一种浪费时间的行为,这些时间可以用来做更有意义的事。约翰嘲讽道:"小心说话时不要误用了狩猎术语……在我们这个时代,这种知识包含了高等级阶层的人文学科学习。"④ 过度狩猎影响了他们的准确的判断,误用了狩猎技巧:"他们没有追逐被人们认为十分凶残有害的野兽。狼,狐狸,熊和一切有害动物未被打扰……在猎人面前肆意破坏。"⑤ 约翰又用《圣经》中的以扫(Esau)为例证明打猎对个人的不利:"以扫的双手沾满了厚厚的毛发;自从他越来越沉迷于狩猎放弃德性,他的举止变得粗野并且离开了家。"⑥

约翰的批判在于强调廷臣忽视自己的职责而去打猎,"谁比他更残忍,缺乏判断力和贪恋激情,无视自己的兴趣参加完全不懂的活动,不断侵害自己的利益,更影响别人活动?谁比他更残忍,忽视职责,在午夜起床,借助狗敏锐的气味,这位活跃的猎人,他热心的同伴们,随行的忠实仆从,浪费了时间、劳动力、资金和精力,他可能从最早的黎明到深夜一直进行捕猎野兽活动?"⑦ 打猎应由专职猎人进行,其他人不能沉迷于此:"打猎作为一种专

---

① *P.*，Book I，Chap. 4，pp. 17 – 18.
② *P.*，Book I，Chap. 4，p. 22.
③ *P.*，Book I，Chap. 4，p. 22.
④ *P.*，Book I，Chap. 4，pp. 15 – 16.
⑤ *P.*，Book I，Chap. 4，p. 16.
⑥ *P.*，Book I，Chap. 4，p. 20.
⑦ *P.*，Book I，Chap. 1，p. 12.

业技能，不被那些在城市附近居住的人承认，因为猎人，像在偏远地方生活的农民和其他居民，作为一个阶层是远离城市和没有好的出身的。"① 约翰强调："如果每个人关注自己的职能，这个体系就能和谐运作。"② 约翰回归最初的陈述："……他们的职责却是不同的；都要履行各自的职责。因此为什么不将权利交给猎人？你不认为猎人渴求国王或教皇宝座不合时宜吗？从这些尊贵位置降到猎人肮脏的和血腥的活动甚至会更不得体的。"③ "即使那些身份尊贵的人如亚历山大或者凯撒沉迷于打猎，从他们中也不会发现哲学家或者圣贤人士。"④

不过约翰并没有完全否定狩猎，他强调了适度的重要性："狩猎追求要适度，在公共土地上要保证不伤害人民。"⑤ "根据环境、时间、方式、个人和目的，打猎可以成为有用和受人尊敬的活动。当履行自己的责任同时不侵犯他人的权利，打猎这种追求就值得赞扬。这种活动就与责任和谐共存。"⑥ 约翰谴责的不是打猎本身而是廷臣对这种活动的过度追求："打猎，如果适当地追求，则可认为是一种职业或事业；如果不适度，那么就是浪费时间或是一种恶习；如果追求它而不履行应有的责任就会被法律惩罚。"⑦ 可见，狩猎是被鄙视的轻佻活动，但是这一活动如果遵循了适度原则，那么就是被允许的。⑧

赌博（投机游戏）源于数学，在军事策略教授中有涉及，是一种合法的休闲娱乐方式。赌博与饮酒在中世纪的宴会是常见的项目，乌尔班·听格·霍默思（Urban Tigner Holmes）描述了这种场景："一些人在玩棋类游戏，一些在掷骰子。这些赌徒一般一桌坐两人，玩掷骰子游戏的人经常从站着的人手中借11便士而偿还12便士。一些人脱衣服做赌注，一些玩家甚至赤身裸体。"⑨ 约翰用前人的例子来说明赌博的合理性，"我们阅读到托勒密，亚历山大，凯

---

① *P.*, Book I, Chap. 3, p. 13.
② *P.*, Book I, Chap. 4, p. 26.
③ *P.*, Book I, Chap. 4, p. 23.
④ *P.*, Book I, Chap. 4, p. 17.
⑤ *P.*, Book I, Chap. 4, pp. 24 – 25.
⑥ *P.*, Book I, Chap. 4, p. 23.
⑦ *P.*, Book I, Chap. 3, p. 13.
⑧ *P.*, Book I, Chap. 4, p. 25
⑨ Urban Tigner Holmes, *Daily Living in the Twelfth Century*, *Based on the Observations of Alexander Neckam in London and Paris*, Madison：University of Wisconsin Press, 1952, p. 195.

撒和毕达哥拉斯都通过这种方式（赌博）缓解压力。他们的休闲活动被认为是解决哲学问题的准备"①。赌博，如果适度，"没有邪恶的后果，那就会减轻沉重责任带来的负担，没有伤害个体，就会带来令人舒适愉悦的放松时光"②。个人的选择可以使赌博免于成为恶习，"调节所有的自由免于约束的环境由之前考虑的地点，时间，个人和原因决定。这种考虑使得所有的事务变得美好或者谴责他们道德上的丑陋"③。

赌博会因不适度变成恶习，即用骰子决定命运时，在这种情况下，"他自己的命运不是由自己品格决定而是骰子。谁不会憎恨骰子盒的预见优于自己的判断？"④ 掷骰子这种运气游戏，被约翰谴责的原因并非它被用作赌博，而是约翰这种神职人员认为，命运的唯一和最终决定者是上帝，是上帝意志的体现。上帝意志应当虔诚对待，用掷骰子判定命运，则亵渎了上帝意志。此外，赌博若出于对钱财的强烈追求，则是对个人财产不尊重的不适度的做法。如果由于赌博失去了自己的财产，就有可能会去偷盗别人的，"赌博是谎言之母，因挥霍而背信弃义，觊觎他人财产，对个人私有财产不尊重，一旦他浪费完自己的财产，就会逐步求助于偷窃和掠夺"⑤。赌博和狩猎一样，不适度的追求引发了物质上和精神上的不负责任，都会给个人和社会带来不利影响。

二、音乐、戏剧和魔法

中世纪的音乐多为宗教性质，并以拉丁语形式唱诵；11 世纪后半叶到 12 世纪，欧洲相继出现了许多城市，与此相适应的城市文化得到了迅速发展，许多文人用兴起的各种地方语言（如法语、英语、西班牙语等）创作了骑士歌曲，这是中世纪世俗音乐的主要形式。约翰认为音乐是七艺之一，"（音乐）的巨大力量，它的形式，表现出和谐，包容天地万物；这恰好说明它能调和不和谐的存在……灵魂包含音乐的和谐"⑥。他认为基督教父对音乐的运用是

---

① *P.*，Book I，Chap. 5，p. 27.
② *P.*，Book I，Chap. 5，p. 28.
③ *P.*，Book I，Chap. 5，p. 28.
④ *P.*，Book I，Chap. 5，p. 27.
⑤ *P.*，Book I，Chap. 5，pp. 27 - 28.
⑥ *P.*，Book I，Chap. 6，p. 30.

"为了提升道德，并通过感受愉悦让人们热爱上帝"①。在约翰看来，音乐是为了赞美上帝，这种音乐必须保持"适当限度"，这样才能"释放心灵的关怀，驱逐对事物的担忧，通过传授愉悦与安宁，和对上帝深沉的爱使得灵魂与天使联合"②。这样很难判定音乐是否为"廷臣的轻浮事表现"，"人们不能认为音乐是廷臣的轻浮表现而中伤它，尽管很多轻浮的个人通过音乐帮助达成个人利益"③。所以需要通过动机和是否适度来判断。如果因为正当理由听音乐或者使用乐器，约翰是完全赞成的，否则就是"轻浮表现"，是一种恶习。他担心音乐的诱惑力会导致听众的堕落，这样就会失去原本作为艺术和科学的意义，"如果表达虚荣，变成自己欲望的声音，音乐变成迎合的媒介，忽视了上帝的歌……"④。约翰举例说奥古斯都（Augustus，屋大维，前63—14，前27—14在位）在宴会上沉迷于铃鼓，尼禄（Nero，37—68，54—68在位）对音乐有超乎寻常的热情，将其置于君主职责之上。⑤ 这两位君主对音乐的态度是不适度的，忽视了自己的君主职责，随之而来的是统治的毁灭。由此可见对音乐的不恰当态度同样会给整个社会带来不利影响。

约翰在著作中引用了很多剧作家的作品，其中引用泰伦提乌斯的最多。他对罗马戏剧的了解既包括剧本又包括表演。戏剧艺术的表演包括演员、模仿者和杂技表演者。约翰描述演员通过语音语调和肢体语言表现不同性格，但是为不受尊重的职业⑥，"在我们的时代，堕落到虚构或类似的愚蠢事，不仅使耳朵和心灵变得空虚，还使人因为感官的愉悦变得懒散。它促使自己放纵，到处寻找恶习"⑦。约翰不仅批判了观看戏剧的娱乐动机，而且进一步批判了对此的过度沉迷。

与廷臣的其他轻浮事相比，约翰对魔法问题和占卜的论述最多，可看出这在当时十分流行，正如萨瑟恩所分析的：12世纪人们普遍对未来预测

---

① *P.*，Book I，Chap. 6，p. 31.

② *P.*，Book I，Chap. 6，p. 32.

③ *P.*，Book I，Chap. 6，p. 30.

④ *P.*，Book I，Chap. 6，p. 33.

⑤ *P.*，Book I，Chap. 7，p. 35.

⑥ *P.*，Book I，Chap. 8，p. 36.

⑦ *P.*，Book I，Chap. 8，p. 37.

感兴趣①。国王在一些重要军事抉择时同样会咨询魔法师。② 约翰挑战了 12 世纪认为魔法非常重要的观念，认为占星术是"轻浮事"，对自然的看法是非理性的。切努（M. D. Chenu）认为 12 世纪文艺复兴使人们对自然的看法发生了转变，"我们关注 12 世纪的实际是那个时代的人面对外部的，可理解的和积极的现实，如同他们面对可能会提供住宿或者引发冲突的合伙人———一个打击他们的现实，他们被自然困住，也准备好掌握部分自然世界"③。人们认为自己是自然界的一部分，通过力所能及地了解自己和他人，能够改造自然。这种思想也促使人们对法律看法的转变，依据现实中的证据逐步取代了神判。④ 9 世纪到 12 世纪决定人们是否有罪主要通过神判，即由教士根据上帝的旨意判定。12 世纪这一论题变成重要的政治问题，意大利博洛尼亚法学教育兴盛，罗马法和教会法发展，因此司法审判越来越理性。13 世纪有进一步的发展，1212 年，神判异端为不合法，1215 年第四次拉特兰会议禁止教士参与神判。⑤ 约翰写作《论政府原理》的目的是给贝克特等统治阶层的人建议，尽管当时神判还存在，但统治阶级需要有人类能掌握自然的理论依据。约翰没有讲神判，而是引用了很多法律知识阐述理性的证据。

约翰批判魔法对自然不理性的看法，是从对魔法的解释入手。通过引用中世纪早期颇负盛名的西班牙的圣伊西多尔（Saint Isidore of Seville，约 560—636）的论述，约翰讲到有四种类型的魔法：火焰占卜（pyromantia），天气占卜（aeromantia），水占卜（hydromantia）和泥土占卜（geomantia），其余的魔法形式如占星术（astrology）和预言（soothsaying）都来源于这四种类型，

---

① R. W. Southern, "Aspects of the European Tradition of Historical Writing 3: History as Prophecy", in Robert Bartlett, ed. , *History and Historians: Selected Papers of R. W. Southern*, Malden, MA: Blackwell, 2004, pp. 57 – 58.

② *P.*, Book II, Chap. 27, p. 128.

③ M. D. Chenu, *Nature, Man, and Society in the Twelfth Century: Essays on New Theological Perspectives in the Latin West*, Selected, edited, and translated by Jerome Taylor and Lester K. Little, Chicago: University of Chicago Press, 1968, p. 5.

④ 关于中世纪的神判的探讨参见：[英] 罗伯特·巴特莱特：《中世纪神判》，徐昕、喻中胜、徐昀译，浙江：浙江人民出版社 2007 年版。原著见：Robert Bartlett, *Trial by Fire and Water: the Medieval Judicial Ordeal*, Oxford: Clarendon, 1986.

⑤ Peter Brown, "Society and the Supernatural: A Medieval Change", *Daedalus*, Vol. 104, No. 2, Wisdom, Revelation, and Doubt: Perspectives on the First Millennium B. C. (1975), p. 136.

并列举了很多参与魔法实践的人，如魔法师（enchanters），巫师（wizards），手相家（palmists），水晶预言者（crystal - seers）等。① 约翰对魔法本身的看法是，"*praestigium*（英语为 illusion，sleight - of - hand）一词由墨丘利发明，因为他蒙蔽了（blind，*praetringit*）双眼"②。魔法中的欺骗因素对真正的知识不利，魔法家"毁坏了事物的本质，经常预测未来而迷惑了人们的心智"③。

约翰重点分析了预言家对常见和非常见自然的预测，首先从古典哲学家的例子入手，"蜜蜂将蜂蜜喂到还是婴儿的柏拉图嘴里，因此预示着他修辞的风格十分甜蜜"④。然后他又列举了很多类似的例子，用幽默的口吻描写不同的预兆（omens），"你可以从野兽那里探知旅程的结果……如果遇见狼令人感激，确实是一个好消息，但是狼先看见你是有害的……如果遇见绵羊也会感激，要记住避免遇到山羊……遇到蟾蜍意味着成功即将到来……他们说遇到牧师或者教士是一种预兆。我相信不仅仅遇到牧师是危险的，还有哲学家"⑤。当然，约翰并不信任此种预兆，他对理性判断更为看重。然而他没有完全对这种现象不屑，因为遇到某些动物可能会是一件令人恐惧的事。约翰阐述了罗马皇帝对征兆的恐惧，当有暴风雨时，提比略（Tiberius Caesar，前 42—37，14—37 在位）（罗马帝国的第二任皇帝）会戴上桂冠避免雷电，尽管没有人听到声音或者看到闪电，约翰建议有这种恐惧的人"坚定内心的基督信仰，相信正义，用纯洁的手指在额头上标注信仰的救赎标志"⑥。他总结道："恐惧不是上天的指示，因为上帝与你在一起"⑦。

约翰继而讲述了一些超自然现象，预兆变得无意义，"所有的所说所做都是为了践行德性"⑧。自然征兆有重要作用，"尽管我认为所有的预兆都无意义，不值得争论，但我不否认这些迹象的真实性和有用性，是上帝对人的指引。的确，在很多方面上帝指导他的创造物；现在通过这些元素，他创造的

---

① *P.*，Book I，Chap. 11，12，p. 40.

② *P.*，Book I，Chap. 9，p. 39.

③ *P.*，Book I，Chap. 10，p. 40.

④ *P.*，Book I，Chap. 12，p. 44.

⑤ *P.*，Book I，Chap. 13，pp. 49 - 50.

⑥ *P.*，Book I，Chap. 13，p. 52.

⑦ *P.*，Book I，Chap. 13，p. 52.

⑧ *P.*，Book II，Introduction，p. 55.

有生命和无生命的自然迹象（的预兆）是权宜之计。一些迹象预测了将要发生的下雪或者晴天，工作的人根据这种迹象调节自己的活动"①。约翰认为一些迹象还是对人们需要改变生活方式的警告。他发现最悲剧的例子是耶路撒冷的沦陷，"这种迹象导致没人怀疑《福音书》中所说的'太阳、月亮和星星会有些预兆'等"②。这些迹象约翰认为是人们没有遵循自然法，"在这种情况下出现的迹象，不带任何偏见的理论是违背了自然法"③。约翰不像奥古斯丁那样，认为世上一切现象都是上帝意志的体现，他认为上帝没有直接干预人类社会，自然遵循上帝的律法，除了一些特定境况上帝会干涉，大部分情况下人们可通过努力了解到自然的本质。

科学与迷信的区别，可以从约翰对天文学和占星术的论述中看出。占星术是基于数学领域的抽象建立，源于自然，然而因观察不够和没有充分运用理性，容易受想象力误导，"如果我们转向抽象，必须依靠理性和理解力，因为没有智慧的帮助是无法理解的，没有理性也不会有真正的理解"④。理解要在理性的范围内，是建立在观察的基础上，仅靠观察而不运用理性理解就会犯错，"因此直接观察任何特定的事物，理解会直接产生……当理解抽象和现实的真实时……会产生错误"⑤。这种情况经常出现在占星术中，但是基于理性和观察的天文学则没有这种情况，"其敏锐眼光观察事物"⑥。这样天文学的错误就会减少。人类理性判断优于基于自然现象的预测，如同掷骰子一样，对未来的预测是对知识的误用，"真理本身知道要遵循什么"⑦。魔法预测更是对上帝的不敬，"将上帝的力量限制在人有限的理解力中……"⑧ 约翰认为所有这些和懒散有关，"懒散是灵魂的敌人"⑨。由此可见，约翰认为要依靠理性判断事务，而不能相信魔法。

---

① *P*., Book Ⅱ, Chap. 2, pp. 57 – 58.
② *P*., Book Ⅱ, Chap. 11, p. 71.
③ *P*., Book Ⅱ, Chap. 11, p. 71.
④ *P*., Book Ⅱ, Chap. 18, p. 89.
⑤ *P*., Book Ⅱ, Chap. 18, pp. 89 – 90.
⑥ *P*., Book Ⅱ, Chap. 18, p. 91.
⑦ *P*., Book Ⅱ, Chap. 22, p. 114.
⑧ *P*., Book Ⅱ, Chap. 22, p. 108.
⑨ *P*., Book Ⅰ, Chap. 8, p. 37.

三、贪 婪

约翰·赫伊津哈（Johan Huizinga）指出，考察 12 世纪的文学作品可看出其"对贪财和贪婪激烈的谩骂"①。约翰的作品也不例外。约翰批判廷臣贪婪没有节制，希望他们能够节俭。贪婪是因为没有做到适度，"疯狂的贪婪基于两个考虑因素：觊觎他人财产或者坚持守卫自己的；他追逐自己所缺少的，所做的决定超出法律范围"②。节俭是对贪婪的纠正，"是一种常见的德性，与正确使用或错误使用无关"③。"一些人的节俭必须审查，因为他们天性有贪婪的倾向。一些人必须强力禁止，他们本质挥霍，蔑视预算，十分浪费，不能正确区分使用和滥用。"④ 约翰关于节俭的看法主要受启发于塞涅卡："他对（节俭）评价很高，试图增加任何事物都是浪费时间，而不是自身提高。"⑤ 正如利贝许茨所说："塞涅卡是约翰关于节俭是正确生活关键论点的最重要的权威。"⑥ 约翰和塞涅卡都认为节俭是一种哲学式生活。塞涅卡评价道："哲学需要朴素的生活，但不是苦修。这里有一种适度。"⑦ 约翰赞同道："哲学从不命令我们远离财富，但是禁止我们过度渴求财富的欲望。它需要一个指导思想，只要其充分性来源于上帝，财富本身已足够。"⑧ 约翰还引用了西塞罗节俭是个人减少恶习的观点，"通过支出方面的节俭，甚至可弥补个人的不足和改掉恶习。用西塞罗的话说最好的收入就是节俭"⑨。约翰特别提到这种过度支出的恶性循环："财富支出是为了追求权力；一个人越想得到权

---

① Johan Huizinga, *The Waning of the Middle Ages*, Mineola, N. Y.：Dover Publications, 1999, p. 19.

② *P.*, Book VII, Chap. 16, p. 277.

③ *P.*, Book VIII, Chap. 13, p. 375.

④ *P.*, Book VIII, Chap. 13, p. 375.

⑤ *P.*, Book VIII, Chap. 13, pp. 375 – 376.

⑥ Hans Liebeschütz, *Mediaeval Humanism in the Life and Writings of John of Salisbury*, Nendeln：Kraus Reprint, 1968, p. 82.

⑦ Lucius Annaeus Seneca, *Ad Lucilium Epistulae Morales Books I – LXI*, Vol. 1, with an English translation by Richard M. Gummere, London：Heinemann；Cambridge, Mass：Harvard University Press；New York：Putnam, 1917 – 1925, p. 23.

⑧ *S.*, Book V, Chap. 17, p. 164.

⑨ *P.*, Book III, Chap. 12, p. 190.

力，越会为其花费更多。"① 正如货币经济威胁了传统的社会阶层，也会威胁上帝的地位："只要他们在自己的领域繁荣，认识到自己的野心和贪婪，他们就不会关心耶稣基督的损失。"②

约翰用同样的笔触批判了教会中的贪婪现象。他在第六卷24章着力批判了贪婪和买卖圣职的不法现象："因此，如果你是父亲，为什么从子女那强占礼物和金钱？如果你是领主（lord），为什么不威吓罗马人，镇压他们的傲慢，使其重回忠诚之路？但你会回答你希望通过从教会得来的恩赐保护城市……正义是美德的女王，会因物物交换而羞愧。如果她高尚必是免费的。为了钱而堕落是不可能的；它是纯洁的而从未堕落。当你欺压他人，你自己将会更痛苦地被欺压。"③ 这里，约翰强调了中世纪教会固有的矛盾：使徒宣扬的精神贫困与教会等级的物质需求间的矛盾。④

在《论政府原理》的最后一章，约翰批判了教皇的野心，其野心导致教会的分裂。约翰看到了阿德里安四世的困境："如果他满足自己的贪婪，结果必是死亡；如果不是这样，他不会逃脱罗马人的手和舌头……如果他讨厌恩赐，这将迫使他反对自己的意愿？如果他不接受，怎么能满足罗马人?"⑤ 约翰承认当时的罗马教皇无法扭转当时的政治局势。

在《教皇史》中，约翰用布雷西亚的阿诺德（Arnold of Brescia，约1090—1155）的例子对节俭表示赞扬。阿诺德曾"公开谴责红衣主教，认为他的教会因为他的傲慢、贪婪、虚伪和各方面羞愧的事，成为不是为上帝服务的教会，而是一种营业场所和贼窝"⑥。阿诺德批判教皇道："教皇通过火与剑维持自己的权威，是教会的折磨者和无辜人的压迫者，无所不为以满足自己的欲望，用别人的金钱填补自己……（教皇）希望强加给罗马奴役的枷锁，这一帝国的宝座，自由的源泉和世界的情人。"⑦ 与教皇的贪婪相比，约

---

① S. , Book VII, Chap. 17, p. 282.
② S. , Book VIII, Chap. 17, p. 342.
③ S. , Book VI, Chap. 24, p. 255.
④ Irene A. O' Daly, "An Assessment of the Political Symbolism of the City of Rome in the Writings of John of Salisbury", *Medieval Encounters*, Vol. 17 (2011), p. 528.
⑤ S. , Book VIII, Chap. 23, p. 408.
⑥ H. P. , pp. 64 – 65.
⑦ H. P. , p. 65.

翰赞扬了阿诺德的节俭，"这个人是一名教士，专业的教会法学者，也会因禁食与粗糙衣物而使肉体窘迫，敏捷聪慧，坚持研究《圣经》，讲演有说服力，对世界的虚荣激烈批判"①。"他（阿诺德）说事情完全符合基督徒的律法，但与生活无关。主教对他们的贪婪和不义之财没有怜悯之情；最重要的是个人生活的污点，努力建造神的教会。他谴责大主持（圣伯纳德），这位因有很多美德而著名，却是虚荣的探求者，嫉妒那些不是他的门徒而在学习或宗教方面赢得荣誉的人。"② 约翰认为阿诺德的追随者同样节俭："他的门徒效仿他的苦行，通过外在的礼貌和节俭的生活赢得民众的好感……"③ 阿诺德的例子正是与约翰反对贪婪提倡节俭的观点相符合。但阿诺德事实上鼓吹世俗财产和精神权力不相容，于 1139 年受到第二次拉特兰大公会议的谴责。后来他加入了建立"罗马公社"的民众斗争并成为其领袖之一，于 1148 年受到绝罚，于 1155 年被处死。④ 正如彼得·帕特纳（Peter Partner）所说："冷静博学的作者如索尔兹伯里的约翰……十分小心避免误用但又不加辨别地误用了阿诺德。"⑤

约翰对罗马的负面看法正是基于当时的政治形势和著述中罗马的隐喻作用。实际上他并不关心元老院复兴的重要作用。他批判罗马人的贪婪本性，并提出节俭的建议，借用古典资源而不是基督教向读者呈现，罗马成为腐败的象征。这种隐喻不仅是对当时罗马政治形势的评价，更是约翰对本国的担忧，他在《恩特替卡斯》中写道："这座城市因自己的恶习而腐化，同时也使整个世界腐化，生病的头脑使四肢瘫痪。"⑥ 历史为约翰提供经验教训，通过对阿德里安四世贿赂罗马人购买权力行为的探讨，对罗马古典的学习，可以看出 12 世纪古典观点和现实的关系。

---

① *H. P.*，p. 63.

② *H. P.*，p. 64.

③ *H. P.*，p. 64.

④ ［英］沃尔特·厄尔曼：《中世纪政治思想史》，夏洞奇译，南京：凤凰出版传媒集团·译林出版社 2011 年版，第 213 页。

⑤ Peter Partner, *The Lands of St Peter: the Papal State in the Middle Ages and the Early Renaissance*, London: Eyre Methuen Ltd, 1972, pp. 182 – 183.

⑥ *Ent.*，1，p. 180.

四、奉 承

约翰依据自己的经验展示了廷臣的命运，廷臣只有掌握德性知识才能安全，"思想，精神给予的力量，因为知识的获得受到启发，对德性的追求受到鼓舞"①。知识是获得德性的先决条件，通过理性和理解力及上帝的恩典可获得，"知识的宝藏通过两种方式向我们展示：第一，通过运用理性得知什么可被认识；第二，恩典将隐瞒的知识展现在我们眼前。通过本性或者恩典，每个人都能获得那些不可或缺的真理知识。更为重要的是每个人内心的知识都因理性的运用而打开"②。履行职责使我们获得德性，不仅能保护脆弱的个体，而且还能保证整个社会的安全，"因此，认清真理和培养德性是个体、国家和理性本性的普遍保障；与之相反，忽视，憎恨和敌意的产物是恶习"③。获得自我知识的第一步是对自我的认识，"人们获得智慧的第一个任务就是自身的考虑；他有什么，没有什么，什么低于他，什么高于他，什么反对他，什么在他之前，什么又在他之后"④。第二步是学习哲学，特别是对亚里士多德十范畴的学习："本体、数量、关系、性质、地点、时间、状态、具有、主动、被动……"⑤ 这两步结合起来才能获得自我知识，这种知识和其他类型的知识不可分割，对个人和整个社会都有积极影响，"这种沉思结出四种果实：自身受惠，邻里互爱，嘲笑世界和敬爱上帝"⑥。自我知识是对自己的真实评价，也就是谦卑这种美德。谦卑的对立面是自负，这一所有恶习的根源，是适度原则的缺失，"每一种美德都有自己的界限，本质是适度"⑦。

约翰认为每个人都要赢得他人尊重才能获得友情，"所有人的美好意志都应该被培养，这是友情的来源和喜爱的第一步，但是应不损害荣誉的培养，而是通过热忱服务，德性途径，服务的果实和诚挚的演讲。在语言，行为和

---

① *P*., Book III, Chap. 1, p. 154.
② *P*., Book III, Chap. 1, pp. 154 – 155.
③ *P*., Book III, Chap. 1, p. 155.
④ *P*., Book III, Chap. 2, p. 155.
⑤ *P*., Book III, Chap. 2, p. 156.
⑥ *P*., Book III, Chap. 2, p. 157.
⑦ *P*., Book III, Chap. 3, p. 157.

真理方面坚定的一致性，是所有责任和善的基础"①。约翰赞同西塞罗《论友谊》中的说法：真正的朋友"非常少"，只有"三四个朋友"在"各式各样的人中"②。友谊只能存在有德性的人中。③ 德性是友谊的最主要的特征，因为德性的目标是为他人实现善，只有德性才能保证友谊的双方会实现善，而不是仅顾自己的利益。德性与真理有紧密和不可改变的联系。德性需要善的知识，又需要探求真理，而奉承对知识不利进而损害德性。

奉承是友情和社会团结的对立面，因为奉承仅仅是为了个人利益而不顾他人利益，"奉承常常与欺骗、诡计和谎言的形式联系在一起"④。"奉承者是所有德性的敌人，在对话中蒙蔽了双眼。他应该避免，因为他在友情的伪装下从未停止过伤害……他停止听从他人意见所以不能得到真相。"⑤ "所有的奉承都是可耻的，更有害的是利用品格，本性和姿态的权威会引起恶习。"⑥ "朋友的惩罚比欺骗性的讨好奉承者要好。"⑦ 所以，"那些真正有朋友的人不会容忍粗俗和奉承者"⑧。奉承者只考虑个人利益而不为他人着想，"这些人只爱自己不爱别人，就会抓住借口取悦别人"⑨。

约翰认为："伦理上严格意义的友情会成为有良好秩序的宫廷的指导原则。在这种宫廷里没有奉承者，他们的成员关注自己的责任，促进共同利益和正义。"⑩ 但事实上宫廷里充斥着奉承者："尽管出于上帝的愤怒，对奉承者的痛斥增加到一定程度，可能会有间歇，我担心他们有权力驱逐那些值得尊敬和有功绩的人，而不是他们被流放；他们像癌的疾病犹如泛滥的洪水般传播，几乎没有人能幸免。"⑪ 约翰再次引用西塞罗的《论友谊》："人们在敌

---

① P. , Book III, Chap. 5, p. 163.
② P. , Book III, Chap. 7, p. 171.
③ P. , Book III, Chap. 12, p. 192.
④ P. , Book III, Chap. 5, p. 165
⑤ P. , Book III, Chap. 4, p. 159.
⑥ P. , Book III, Chap. 5, p. 164.
⑦ P. , Book III, Chap. 6, p. 167.
⑧ P. , Book III, Chap. 5, p. 162.
⑨ P. , Book III, Chap. 7, p. 170.
⑩ Cary J. Nederman, "Friendship in Public Life during the Twelfth Century: Theory and Practice in the Writings of John of Salisbury", *Viator* 38, No. 2 (2007), p. 389.
⑪ P. , Book III, Chap. 6, p. 166.

人之中生活犹如在朋友中生活，反之亦然。"① 这说明那些生活在宫廷中不值得信任的廷臣善于伪装和掩饰自己真实的想法。友情与率直坦白相联系，约翰认为人们可以听从友好的建议进而得到提高，"如果朋友做错了事就要引导他，他需要引导的时候就要听从（别人的意见）"②。奉承则远离这种率直坦白，因为"这种人经常讲好听的话，从不讲真相。他们满嘴邪恶的诡计，即使朋友犯错，他们也会喝彩"③。因而奉承不仅是个人的恶习还是影响整个社会的问题。整个宫廷需要这种友谊而不是奉承，廷臣应该互相关心，互相信任，各司其职，为了共同利益和正义努力。

宫廷里充斥着奉承者，那么统治者必然会是暴君④。奉承使得君主对自己的权力、财富和领地一直不满，于是也会使整个国家有机体腐化。⑤ 约翰对暴君的探讨包括对奉承的政治危险的探讨，他阐述了罗马人的生活，他们奉承的倾向导致暴君滥用权力，人民因为对暴君的恐惧而被迫做好了流放或牺牲的准备，"对我来说，那一时期所有的人在最高统治者的管制下，尽管这些人的灵魂反抗，他们已做好被流放或者牺牲的准备。"⑥ 人们无法有自由意志，对流放和死亡恐惧，在这种情况下，"教士曲解神法，长者没有智慧，法官忽视法律，行政人员毫无纪律，自由民嘲笑自由甚至人民整体的安宁"⑦。这样，奉承对整个社会都不利，"当奉承和虚弱当道，没有真正的自由，更没有真理和美德"⑧。约翰论述了廷臣会奉承的原因：廷臣生活的脆弱性和没安全感。⑨ 约翰还讲到哲学家对奉承问题的看法："哲学家宁愿对那些犯错或奉承的人批判也不愿他们赞扬，因为对真理热爱而对批判不恐惧。"⑩ 接着约翰用《圣经》中以色列人的理想国王大卫（Daivid）的例子将国王与哲学家联系起来，"国王对上帝虔诚，因自己品行良好而被选举，如果国王和王子足够聪慧地

---

① *P*., Book III, Chap. 12, p. 196.
② *P*., Book III, Chap. 7, p. 170.
③ *P*., Book III, Chap. 14, p. 210.
④ 关于暴君的详细论述见第四章。
⑤ Michael Wilks, "John of Salisbury and the Tyranny of Nonsense", in *WJS*, p. 276.
⑥ *P*., Book III, Chap. 10, p. 184.
⑦ *P*., Book III, Chap. 10, p. 184.
⑧ *P*., Book III, Chap. 10, p. 184.
⑨ *P*., Book III, Chap. 11–13, pp. 186–202.
⑩ *P*., Book III, Chap. 14, p. 210.

使用它（哲学），正义，谦卑和勇气，'正义的人会仁慈地纠正我的错误和谴责我；但不会让罪进入我的头脑'"①。这样约翰就将私人生活的德性与对政治生活的影响，或者说个人对整个社会的影响联系起来，阐明奉承对社会的危害。

　　约翰对过度追求狩猎、赌博、音乐、戏剧和魔法，以及贪婪和奉承的批判不仅局限于宫廷，他认为整个社会都有腐败的现象。在作为《论政府原理》序言的《恩特替卡斯》中，约翰讲道："所有的地方都充斥着轻浮，整个团体对你是敌对的：在教会，在宫廷，在修道院和教皇法庭轻浮统治；这些轻浮者包括教士，士兵，年轻人和年长者；乡村人，男人女人，奴隶自由人，富人和贫穷人都充斥着轻浮。"② 他的批判是包括宫廷和教会在内的整个社会。在约翰看来，轻浮不仅仅是一种道德上的问题，实际上对整个社会具有破坏力，是对他的理想国的阻碍。在批判当时社会后，约翰提出了自己的理想国观点。

第二节　国家有机体论

　　约翰在《论政府原理》第四卷的前言中指出："哲学中的第一步，针对那些适合讨论的，是对真正的个体谨慎的理解；第二步是对所有事情的综合理解，这也影响个体。"③ 个体和整体互相影响，有合适的劳动分工（个体职责）才能有稳定的政治实体（整体稳定）。古代哲学家对政治组织中的社会分工，是根据各自不同的责任做出的，"非基督徒的哲学家，通过理论和实践，认为所谓的人类政府存在和繁荣的这种政治实体，是与个人的行动和利益一致的。他们自己特定的位置和利益限定了居住在城市的人和农村人"④。如果有人反对社会分工，约翰就批判他们，如前所述，约翰批判廷臣忽略了他们的行政责任，因为他们花费了太多时间在轻浮之事上。有鉴于此，约翰提出

---

① *P.* , Book Ⅲ, Chap. 14, p. 211.

② *Ent.* , 1, p. 238.

③ *Webb*, 1, p. 234. " *est ergo primus philosophandi gradus, genera rerum propretatesque discutere, ut quid in singulis uerum sit, prudenter agnoscat; secundus, ut quisque id ueritatis, quod ei illuxerit, fideliter assequatur.* "

④ *P.* , Book Ⅰ, Chap. 3, p. 13

自己的社会分工论即国家有机体论（Body Politic/Organic Metaphor/Animate Organism, *Corpus Politicum*），这是约翰重要的政治理论之一，内容十分丰富，他在汲取古典经典的基础上形成了自己独特的理论，对国家各阶层的职责进行分配，以期望建立自己理想中的有序国家。

约翰的《论政府原理》英文译本中，第五卷和第六卷有 215 页的篇幅阐释有机体论。在第五卷 2 章中，约翰借希腊哲学家普鲁塔克（Plutarch，46—125）的文集《图拉真的教导》（Instruction of Trajan, *Institutio Traiani*）指出 res publica 的定义："*Est autem res publica, sicut Plutarco placet, corpus quoddam quod diuini muneris beneficio animatur et summae aequitatis agitur nutu et regitur quodam moderamine rationis.*"① 可翻译为："据普鲁塔克所说，国家是被赋予了神圣利益的具有生命的特定的身体，这一身体的行为是为了促成最高的平等的权利，并且是受适度的理性力量支配的。"这里将 res publica 暂时译为国家。从约翰的这段论述中，我们需要弄清两点：一是 res publica 的翻译问题，二是《图拉真的教导》文集的真伪问题。

Res publica 是拉丁词语，*Res* 是名词的主格单数形式，简译为"事件"，*publica* 是形容词，简译为"有关国家或公众的"，因此 res publica 从字面上简单理解为"公共事务"（public affairs）。② 要想进一步准确地理解 res publica 的内涵，有必要参考西塞罗对 res publica 的经典定义。西塞罗是约翰引用次数最多的古典人物之一，约翰认为："拉丁世界没有人比西塞罗更伟大。"③ 约翰并没有搜集到西塞罗所有的著作，但他比同时代的任何人使用西塞罗的哲学资料的数量都多。④ 西塞罗对于这位哲学政治家的作品深刻影响了约翰的著作。西塞罗对于 res publica 的定义约翰则是通过圣奥古斯丁的著作了解到的⑤：

① *Webb*, 2, p. 282.

② *Oxford Latin Dictionary*, Oxford：The Clarendon Press, 1968. *Res* 见 pp. 1625 – 1626；*Publica* 见 p. 1512 – 1513；*Res publica* 见 pp. 1635 – 1636.

③ *Ent.*, 1, pp. 184 – 185. "*Orbis nil habuit maius Cicerone Latinus.*"

④ R. R. Bolgar edited, *Classical Influences on European Culture*, A. D. 500 – 1500：*Proceedings of an International Conference held at King's College*, *Cambridge*, *April 1969*, London：Cambridge University Press, 1971, p. 51.

⑤ Cary J. Nederman, "The Physiological Significance of the Organic Metaphor in John of Salisbury's *Policraticus*", in *History of Political Thought*, Vol. 8 (1987), p. 217.

"*res publica res populi*; *populus autem non omnis hominum coetus quoquo modo con-gregatus*, *sed coetus multitudinis iuris consensu et utilitatis communione sociatus.* "①
王焕生将其译为："国家乃人民之事业，但人民不是人们某种随意聚合的集合体，而是许多人基于法权的一致和利益的共同性而结合起来的集合体。"② 这里也将 *res publica* 译为国家③。英语国家经常用的翻译是 commonwealth。common-wealth 可以算是一个比较好的译法，既从其字面上较好地诠释了 *res publica* 的"公共利益"的内涵，本身又指的是一种政治共同体。虽然 *res publica* 是英语 re-public 的词源，但是 republic 是共和、共和国或共和政体的意思，与 *res publica* 不同，将其译为 republic 是不妥当的；如果译为 state④，近乎于现代的国家，也缺失了公众的含义；如果从字面上理解译为"公共事务"（public affairs），那么又很难体现其政治共同体的特征，所以英文一般将 *res publica* 译为"commonwealth"。

约翰经常引用圣伊西多尔的著作，圣伊西多尔在《词源》（Etymologies or Origines, *Etymologiae*）中对城镇（*oppidum*）进行了界定："'城镇'是城墙的反对形式；还有一些人认为是为了积聚财富加强防御工事；最后一些人认为是为了反抗共同的敌人而建立的互相支持的共同体。所有人最初都是赤裸和未武装无防御的，无法躲避严寒酷暑，受到野兽和其他人的攻击。最后由于狡诈的天性，人们有了洞穴和树林的庇护，树枝茅草建的小屋，生活变得

---

① Marcus Tullius Cicero, *De re publica*, *De legibus*, *Cato maior de senectute*, *Laelius de amicitia*, Edited by J. G. F. Powell, Oxford: Oxford University Press, 2006, p. 28.

② ［古罗马］西塞罗：《论共和国》，王焕生译，上海：上海人民出版社 2006 年版，第 75 页。

③ 关于西塞罗 res publica 的定义问题学界强调无法完全准确地翻译该词，除王焕生外还有其他中国学者的研究，比如徐国栋在《宪法一词的西文起源及其演进考》（载于《法学家》2011 年第 4 期）中考察了西塞罗将希腊宪法用语 πολιτεία 转写成拉丁字母 politeia 的问题，他认为西塞罗将politeia 义项中的"国家"义项相当于 res publica；徐国栋在另一篇文章《论西塞罗的 De Re publica 的汉译书名——是《论宪法》还是《论国家》或《论共和国》（载于《甘肃社会科学》2004 年第 2 期）认为将 de re publica 译为《论宪法》更恰当；夏洞奇在《何谓'共和国'——两种罗马的回答》（载于《华东师范大学学报》2008 年第 1 期）一文中解读了西塞罗的 res publica 的定义，考察了在定义中西塞罗所强调的"法之共识"（iuris consensu）和"利之共享"（utilitatis commmunione）两个方面，由于拉丁文中的 ius 兼有"法""正义"等多重含义，西塞罗在谈论"法之共识"的时候，就自然而然地将"正义"（iustitia）这层意思包含在内；等等。

④ Tilman Struve 将其译为 State，见 "The Importance of the Organism in the political theory of John of Salisbury", in *WJS*, pp. 303 – 317.

更安全，敌人无法进入，这是最初的城镇，因可提供帮助而命名。"① 他定义城市（civitas）："城市是很多人联合形成的共同体。"② 城镇和城市的含义可引申为国家的含义。他对人民（populus）也进行了定义："因为统一的法律和和睦相处而聚集在一起。"③ 可见圣伊西多尔与圣奥古斯丁及西塞罗一样，认为正义和法律是国家的重要部分。

约翰在《论政府原理》中不可能使用现代意义上的国家（state）这个词，同时也没有用封建王国（kingdom，regnum）一词，而是用了 res publica。尽管西塞罗对 res publica 的看法是站在一个罗马贵族的角度，意指那种混合政体形式的城邦国家，与约翰的看法不尽相同（仍然包含混合成分），但经过上述分析，在汉语中很难找到与其相对应的词，为了避免译为"共和国"可能造成的误解，只能暂时译为"国家"。

约翰阐释国家的含义及国家有机体论的内容都是引用的《图拉真的教导》。这一文集是否真实存在尚有争议，很多学者认为是不存在的：在约翰之前没有人引用过《图拉真的教导》。这一文集也不像是普鲁塔克的文章，比如利贝许茨认为"约翰清楚地意识到作为学者的优势：一个教会政治家强劲的观点会引发敌意，这是应该避免的，约翰坚称他只是做了传播工作……约翰的时代对普鲁塔克的作品知之甚少……虚构古典著作也是为了增强国家有机体论的权威性"④。珍妮特·马丁（Janet Martin）支持汉斯·利贝许茨的观

① Jacques – Paul Migne, *Patrologiae Cursus Completus, Seu Bibliotheca Universalis, Integra, Uniformis, Commoda, Oeconomica, Omnium SS. Patrum, Doctorum Scriptorumque Ecclesiasticorum, Qui ab Aevo Apostolico ad Usque Innocentii III Tempora floruerunt*, Series Latina（*PL*）, Vol. 82, Paris：Migne, 1850, p. 537. "*Oppidum quidam ab oppositione murorum dixerunt; alii ab opibus recondendis, eo quod sit munitum; alii quod sibi in eo conventus habitantium opem det mutuam contra hostem. Nam primum homines tamquam nudi et inermes nec contra beluas praesidia habebant, nec receptacula frigoris et caloris, nec ipsi inter se homines ab hominibus satis erant tuti. Tandem naturali sollertia speluncis silvestribusque tegumentis tuguria sibi et casas virgultis arundinibusque contexerunt, quo esset vita tutior, ne his, qui nocere possent, aditus esset. Haec est origo oppidorum, quae quod opem darent, idcirco oppida nominata dixerunt.* "

② *PL*, Vol. 82, p. 536. "*Civitas est hominum multitudo societatis vinculo adunata.* "

③ *PL*, Vol. 82, p. 349. "*Populus est humanae multitudinis, iuris consensu et concordi communione sociatus.* "

④ Hans Liebeschütz, "John of Salisbury and Pseudo – Plutarch", *Journal of the Warburg and Courtauld Institutes*, Vol. 6（1943）, pp. 33 – 39.

点，认为这一文集是约翰自己的创造，他从格利乌斯的作品中了解到普鲁塔克，与图拉真的关系是老师与学生的关系，意在提供哲学家指导君主的例子。① 还有一些学者持相反意见，比如斯莫利认为："不是所有（约翰）的引用都能找到古代来源；《图拉真的教导》是他从阅读中发现并认为是真实的。"② 斯特鲁维认为这一文集确实存在。③ 从以上学者的争论中可以了解到，不管该文集是否为约翰编造，古代罗马帝国皇帝图拉真（53—117，98—117年在位）这位非基督徒的君主，成了约翰隐喻的权威，中世纪后期的但丁（Dante）又将其作为公平正义的化身。④ 这说明约翰对君主的指引是关于世俗领域而不是宗教领域，"普鲁塔克和图拉真架起了世俗与神圣在治国之道教导方面的桥梁"⑤。

"隐喻（metaphor）的含义是一种在给定的语境中表达方式阐释的产物。因此它的意义本质上是不稳定的，因为会考虑各种不同的语境。"⑥ 于是政治理论家需要如国家有机体这种概念，这样能够表达复杂的社会关系。运用身体隐喻可以追溯到《圣经·罗马书》中使徒圣保罗的隐喻，将教会比喻成基督的身体："正如我们一个身子上有好些肢体，肢体也不都是一样的用处。我们这许多人，在基督里成为一身，互相联络作肢体，也是如此。"⑦ 枢机主教莫扬穆捷的亨伯特（Humbert of Silva Candida/Humbert of Moyenmoutier，1000/

---

① David Luscome，"John of Salisbury in Recent Scholarship"，in *WJS*，pp. 32 – 33.

② Beryl Smalley，*The Becket Conflict and the Schools：a Study of Intellectuals in Politics*，Oxford：Basil Blackwell，1973，p. 92.

③ Tilman Struve，"The Importance of the Organism in the political theory of John of Salisbury"，in *WJS*，pp. 305 – 306.

④ Kate Langdon Forhan，"Polycracy，Obligation，and Revolt：The Body Politic in John of Salisbury and Christine de Pizan"，in Margaret Brabant，ed.，*Politics，Gender，and Genre：the Political Thought of Christine de Pizan*，Boulder：Westview Press，1992，p. 37.

⑤ Beryl Smalley，*The Becket Conflict and the Schools：a Study of Intellectuals in Politics*，Oxford：Basil Blackwell，1973，p. 92.

⑥ Jeremy Rayner，"Between Meaning and Event：An Historical Approach to Political Metaphors"，*Political Studies*，Vol. 32，Issue 4（1984），p. 537.

⑦ 《圣经·罗马书》，12：4 – 5，p. 283.《圣经》中其他地方也有涉及基督身体，比如：《圣经·以弗所书》："既在十字架上灭了冤仇，便借这十字架，使两下归为一体（body），与神和好了。"（2：16，p. 340）"身体只有一个，圣灵只有一个，正如你们蒙召，同有一个指望。"（4：4，p. 341）《圣经·歌罗西书》："又要叫基督的平安在你们心里作主，你们也为此蒙召，归为一体；且要存感谢的心。"（3：15，p. 355）

1015—1061）讲道："任何人……想要用一种有用无可非议的方式比较教会与皇室权威，或许会说……神职人员是灵魂，君主是身体，他们彼此相合相互需要，故而要互相服务。如同灵魂胜过身体并且对其进行指令，是教会权威胜过皇室，或者说神圣胜过现世。"① 不过约翰是中世纪第一个将有机体比喻阐述得如此详细的作者，使国家有机体论有了巨大突破。②

约翰借《图拉真的教导》，运用隐喻的方式形象地说明了他理想中的 *res publica*："那些在教区从事工作的人，把上帝的崇敬传达给民众，他们是有机体的灵魂……君主是头部，只服从于上帝和那些在世俗中实践上帝权力和代表上帝的人，即使是头部也要受灵魂的支配。议会是心脏部分，行使最初的好的或者坏的工作。法官和地方行政长官是眼、耳和舌头。官员和军队是双手……财政管理者是肠胃……农夫和手工业者是双足。"③

一、灵魂和头部

杰西·艾伦·查普（Jesse Allen Chupp）认为"柏拉图和亚里士多德最先探讨了灵魂作为人类生命最基础和最重要的概念。亚里士多德认为理性的人类灵魂在人类层级中占据最顶端位置，柏拉图认为人类灵魂的不朽使其成为国家有机体（body politic）的自然物：城邦（polis）是人类的完美居所，灵魂是人类完美的核心。因此有机体的灵魂代表了善的超然存在和永恒。基督教发展了这一概念：……灵魂是人类不朽的一部分；所以我们要承认人类个体的增加是自然的主要关注点，人类灵魂的唯一创造者是上帝"④。灵魂的概念到约翰处发展成为教会的象征。

宗教在 12 世纪的政治生活中起了重要作用，约翰对教会及其神职人员的

---

① *Adversus simoniacos*，ed. cit.，p. 225. 转引自 R. W. Dyson，*Normative Theories of Society and Government in five Medieval Thinkers：St. Augustine，John of Salisbury，Giles of Rome，St. Thomas Aquinas，and Marsilius of Padua*，Lampeter；Lewiston，N. Y.：Edwin Mellen Press，2003，p. 118.

② Tilman Struve，"The Importance of the Organism in the political theory of John of Salisbury"，in *WJS*，p. 303.

③ *S.*，Book V，Chap. 2，pp. 64 – 65.

④ Jesse Allen Chupp，*The Lost Soul of the Body Politic*，Ph. D. Dissertation，Texas A & M University，2012，pp. 36 – 38.

论述贯穿了整部《论政府原理》，约翰指出："如果我们假定一件事是确定的，实际上不是所有方面都确定，我们会突出信仰的主导位置，这是亚里士多德认为的极其强烈的观点。信仰在人类事务和宗教中都是必要的。没有信仰，订约无法完成，其他事情也无法处理。没有信仰，哪里会有上帝给予人类价值的奖励？"① 因此信仰是上帝与人类间契约性质的关系，通过宗教及神职人员这一中介得以实现。但本书中仅有两章详细阐述"灵魂"问题，"他们根植于宗教的实践，通过对上帝的祷告传播"②。大部分教区的教士是有文化的，并且过着与非教徒不同的生活。实际上12世纪，"灵魂"并不总是有德性，与约翰的理想状态有时会相差甚远。教士约占人口的六分之一，很多教士几乎没有文化，生活方式与非教士几乎没有区别。很多人选择为教会服务是为了满足自己的追求，主要是为了得到受教育的机会，并没有真正在为教会工作，而是非教士为了学习读写而进入教会，国王就是很好的例子。很多教士仅有教会的微薄收入，没有其他收入来源，教士的身份可能会给他们带来特权和其他收入，出现很多滥用职权的现象。③ 因而教士要从非教士中区分出来，免于受世俗腐败的同化。

约翰用"灵魂"一词是为了阐释神职人员的重要性和他们的高等级的地位，"君主统治这个有机体，灵魂高于整个有机体"④。君主要服从上帝和上帝在世间的代表，"即使在人身体中，头部也是由灵魂支配的"⑤。"上帝的代理是由上帝的管理而来，他们要完成自我救赎，并且通过增加美德的方法帮助非教士们发现和改正错误。但是那些在人法统治下的代理是低于神法之下的，因为人类低于神。"⑥ 这种叙述是为了提示读者教士的至高地位，人们要寻求的至高至善就是上帝。约翰在教职生涯中一直参与神圣生活：最初只是接受指令；后来成为索尔兹伯里和坎特伯雷的助祭；最后成为管理这些圣事

---

① *Met.*, Book IV, Chap. 13, p. 223.
② *S.*, Book V, Chap. 2, p. 64.
③ Kate Langdon Forhan, *The Twelfth Century "Bureaucrat" and the Life of the Mind：John of Salisbury's "Policratius"*, Ph. D. Dissertation, The Johns Hopkins University, 1987, pp. 198 – 199.
④ *S.*, Book V, Chap. 2, p. 64.
⑤ *S.*, Book V, Chap. 2, p. 65.
⑥ *S.*, Book V, Chap. 4, p. 79.

的人员——沙特尔主教，这样可猜测他对圣事的积极参与，对有机体中灵魂作用的构建起到重要作用。①

约翰对君主（*princeps*）的定义是在与暴君（*tyrannus*）对比中提出来的，约翰指出："暴君与君主简单而主要的区别在于后者遵守法律，并将自身置于人民的奴仆位置。法律的美德使其承诺担负整个国家的责任。"② 在此先对 *princeps* 的含义做简要介绍，拉丁语 *princeps* 的基本含义是："最早在时间顺序上发生；最出色的，杰出的人或者贵族；领导人；军事用语中的第二行士兵的分界。"③ 显然，约翰使用 *princeps* 一词，是用了"领导人"这层含义。据彼德曼研究："早在十二世纪末，'君主'（*princeps*）……已成了'统称'，大部分情况下用于称呼各种形式的统治，指代'政府发挥权力的所有地方'。……如果"君主"是统称，它必然在道德上是中性的，因为它包含了两种具有不同道德含义的统治形式'帝'和'僭主'（暴君）。另一方面，如果"君主"是个特定称号，它就具有相应的道德含义。"④ 不过约翰运用该词指的是与暴君相对的合法君主，这种国家的领导者为公共利益服务，保持正义，保障国家体制正常运转，让各阶层和谐幸福和国家稳定。正如伯尔曼所说："他不是把拉丁文的 *princeps* 一词用来指某个特定的统治者或某个特定的职位，而是用来指任何统治者，即一般意义上的统治者。"⑤ 迪金森版的《论政府原理》将 *princeps* 翻译成 prince，prince 也有国君的意思，但容易造成有"王子"这一意思的误解。

约翰认为君主的地位来源于他的责任，"根据法律，他（君主）在整个国家中占据最主要和最重要的管理事务的位置，承担所有责任；其他人只负责自己的私人事务，而君主要负责整个国家的责任，所以他的地位高"⑥。君主

---

① Jesse Allen Chupp, *The Lost Soul of the Body Politic*, Ph. D. Dissertation, Texas A & M University, 2012, p. 46.

② *S.*, Book IV, Chap. 1, p. 3.

③ Charlton T. Lewis, Charles Short, *A Latin Dictionary*, http：//www. perseus. tufts. edu/hopper/text? doc = Perseus：text：1999. 04. 0059：entry = prprince1，2014 – 10 – 21.

④ 彼得曼：《称号的变化——马基雅维利和其他人的"君主"用法》，李春长译，见刘小枫，陈少明主编：《马基雅维里的喜剧》，北京：华夏出版社 2006 年版，第 69 页。

⑤ [美] 哈罗德·J. 伯尔曼：《法律与革命——西方法律传统的形成》，贺卫方等译，北京：中国大百科全书出版社 1993 年版，第 346 页。

⑥ *S.*, Book IV, Chap. 1, p. 3.

的权力不仅仅是他自己的而且是属于人民的，他对权力的运用既是个人的又是集体的，"所以（权力）理所当然地聚集在他手中，所有人民的权力，最终他会寻求并带给每个人和整体的利益；并且整个国家会以最有序的形式存在"①。君主必须谨记他的职责，对所有人民的福祉负责，"当他（君主）注意自己的地位，他虔诚地履行职责，铭记对所有人民负责；充分意识到自己的生命不是属于自己个人，而是属于他人的……"②。

君主作为有机体的头部，和现代人认识的头部有所不同，约翰所说的头部并不包括智慧，智慧反而在灵魂中。在这种隐喻下，君主作为有机体的掌控者不是因为智慧而是位置，为人民提供视野，代表人民发声，并不是唯一的权威，因此需要遵守法律。那么什么是法律？法律是公平正义的阐释，公平公正法等同于神法（上帝法，law of god/ divine law），约翰对其的定义是："……对所有事物理性对待的合理存在，从所有情况中寻求正确和错误地运用，公正地对待所有人，公平分配每个人应有的。"③ 神法适用于世界万物，在任何时间任何地点适用于任何人，不管他的社会阶层或地位如何，"是在所有国家中都有权力的法律，绝对不能免受责罚而被打破……将所有的人联系起来……"④，"法律是上帝给予的恩赐（the gift of God/divine gift, *donum Dei*），平等的模范，正义的标准，类似于神的旨意，幸福的指引，使人们团结一起，界定义务的准则，反对恶习的壁垒，暴力和所有错误行为的惩罚"⑤。"上帝非常仁慈地给予我们法律，使有用之物变得明显，揭示我们对上帝知道多少，并且预测我们会有多了解上帝。这种法律揭示了神在创造性中的力量，在有序的计划中的智慧，在保护世界中的善。后者在人的救赎中特别显现出来。法律进一步揭示了上帝的意志，故而所有人能确定他们要做什么。因为不仅是人的意识，甚至人的理性都会错误，所以神法确保信仰在理解真理中的基础位置。"⑥

---

① S. , Book IV, Chap. 1, p. 3.
② S. , Book IV, Chap. 3, p. 10.
③ S. , Book IV, Chap. 2, p. 6.
④ S. , Book IV, Chap. 7, p. 33.
⑤ S. , Book VIII, Chap. 17, p. 335.
⑥ *Met.* , Book IV, Chap. 41, p. 273.

约翰进一步阐述了神法与人法的区别，神法等同于公平法，人法是神法在世间的阐释，"这种公平的阐述是法律，知道公平和正义的意志和意图"①。神法属于高级法（Higher law，包括神法 divine law 和自然法 natural law）②，神圣的法律来自启示或圣经，圣经的律法对人类的救赎是必要的。在约翰看来，攻击神法，就等于攻击上帝，这是政治性的犯罪，是对上帝的不忠并且犯了亵渎上帝罪。③ 这种区分在中世纪十分常见，神法包含公平正义④（justice，*aequitas*）的概念。关于 *aequitas* 最著名的概念来自亚里士多德的《政治学》："平等地对待那些平等的人，不平等地对待那些不平等的人。"⑤ 如前所述，《政治学》还未被翻译成拉丁语，约翰没有机会接触到这本书，据韦伯分析，他通过西塞罗和博洛尼亚的阿佐（Azo of Bologna，约 1150—约 1230）了解到这一概念："公平正义的价值所有情况下都需要类似的法律"，"公平正义是平等权利的协议，平等对待平等人"。⑥ 总之，约翰认为："君主不能放弃上帝公平正义的理念，上帝的公平正义是永久的，法律公正平等，要将其置于自己身份之前。"⑦ 同时，他没有忽视习惯法、教会法和罗马法的作用，这些法律与神法一同发挥作用，"法律的权力包括神法和人法，遍布所有事务中，因此管理所有的好事和坏事，是物质事物和人类的主宰和指引"⑧。遵循法律就会有好的结果，传递"富裕到富裕，高兴到高兴，荣耀到荣耀，暂时到永恒"⑨。

---

① *S.*, Book IV, Chap. 2, p. 6.

② 约翰对神法的看法与 13 世纪的托马斯·阿奎那（Thomas Aquinas，约 1225—1274）类似，阿奎那将法律分为永恒法（神的自然法）、自然法（人的自然法）、人法（人的成文法）和神法（神的成文法，主要是《圣经》）四种类型。

③ Kate Langdon Forhan, "Salisbury's Stakes: The Uses of 'Tyranny' in John of Salisbury's *Policraticus*", *History of Political Thought*, Imprint Academic, Vol. 6, Issue 3 (1990), p. 403.

④ 关于 *aequitas* 的翻译问题学术界存在争议，*aequitas* 英文可翻译为 equity 或者 justice，中文可翻译为公平，公正，正义。参见米健：《关于"公平"归责原则的思考》，载于《中外法学》1997 年第 1 期，第 4 – 10 页。

⑤ Ronald L. Cohen, *Justice: Views from the Social Sciences*, New York: Plenum Press, 1986, p. 17. "Treating equals equally, and unequals unequally."

⑥ *Webb*, 1, p. 237. "*Valeat aequitas quae paribus in causis paria iura desiderat.*" "*Aequitas autem est rerum conuenientia quae in paribus causia paria iura coaequiparat.*"

⑦ *S.*, Book IV, Chap. 2, p. 6.

⑧ *S.*, Book IV, Chap. 2, p. 6.

⑨ *S.*, Book IV, Chap. 10, p. 47.

包括精神领域和世俗领域在内所有的法律都是上帝戒律的反映，所以法律是正义社会的基础。① 12 世纪，成文法成为保护一定阶层自由的保障，《圣经》、罗马法和教会法保护自由免于遭受武断的习俗的侵犯。② 人类法律必须与神法一致，是需要阐释的，约翰引用了《查士丁尼法典》表达这一观点："当问题涉及法律文本和精神时，君主自身就称为其解释者。当法律提及一件事和公平正义时，关注公众财富，这需要君主的阐释，这是公正和不可或缺的。"③ 教会法的阐释者是教皇，他毫不怀疑教皇在精神领域有权威，而对世俗君主在法律阐释方面的作用，约翰的表述有些模糊，他指出："君主没有束缚于法律的义务；但也不是说他有不正义的行为是合法的，只有在某种意义上他的品格能使他践行公平，不是出于会受法律惩罚的恐惧而是出于对公平正义的爱。"④ "在公共事务方面，谁可以代表'君主的意志'，因为在这些事务中，除了法律或者正义要求的外没有自己的意志，或者公共利益的需要？……因而君主是公共利益的仆臣，公平正义的奴仆，承担公共责任，用公平公正惩罚所有的错误和犯罪。"⑤ "君主权力的剑是如同一只鸽子的剑，没有胆汁，攻击没有愤怒，当它战斗时没有一丝苦涩。法律找寻犯罪而不憎恨个人，于是君主惩罚罪犯时不会愤怒，与冷酷的法律一致。"⑥

关于君主的统治之术，约翰认为应该依据《圣经·申命记》17 章 14—20 节的引导，这种律法是所有君主都要遵循的。⑦ "从到了耶和华你神所赐你的地，得了那地居住的时候，若说：'我要立王治理我，像四围的国一样。'你总要立耶和华你神所拣选的人为王，必从你弟兄中立一人，不可立你弟兄以外的人为王。只是王不可为自己加添马匹，也不可使百姓回埃及去，为要加添他的马匹，因耶和华曾吩咐你们说：'不可再回那条路去。'他也不可为自己多立妃嫔，恐怕他的心偏邪；也不可为自己多积金银。他登了国位，就要

---

① S. , Book IV, Chap. 2, p. 6.
② Kate Langdon Forhan, *The Twelfth Century "Bureaucrat" and the Life of the Mind: John of Salisbury's "Policraticus"*, Ph. D. Dissertation, The Johns Hopkins University, 1987, p. 175.
③ P. , Book II, Chap. 26, p. 124.
④ S. , Book IV, Chap. 2, p. 7.
⑤ S. , Book IV, Chap. 2, p. 7.
⑥ S. , Book IV, Chap. 2, p. 8.
⑦ S. , Book IV, Chap. 4, p. 15.

将祭司利未人面前的这律法书，为自己抄录一本，存在他那里；要平生诵读，好学习敬畏耶和华他的神；谨守遵行这律法书上的一切言语和这些律例，免得他向弟兄心高气傲，偏左偏右，离了这诫命。这样，他和他的子孙，便可在以色列中，在国位上年长日久。"① 中世纪有解释《圣经》寓意的传统，约翰在《论政府原理》第四卷4章到6章通过对《申命记》的解读，描述了他心目中的理想君主，适度原则再一次被强调，比如对"不可多立妃嫔"，约翰认为君主不能淫荡，只能有一个妻子；对"不可为自己多积金银"，约翰认为君主不能贪婪；关于"谨守遵行这律法书"，约翰强调君主要遵守法律，在执行法律方面也要适度，既不能过分仁慈又不能过分严苛。对"平生诵读"这一点，约翰强调君主必须是有文化有知识的，只有这样，才能阅读并运用法律。② 中世纪时期，很多国王与贵族没有文化，不会读写，知识分子一般为神职人员。直到亨利二世才有了读写能力，他是继征服者威廉后第一位有文化的君主。③ 这点达到了约翰的期望，君主能够阅读才能更好地运用法律执行政务。

《申命记》中君主的行为并不仅属于个人，因为君主行为会影响到其他人和整个国家的发展，君主要对他权限内的所有事务负责，"君主对所有事情负责，看起来是所有事情的行为者，有纠正所有事务的权力，他理所当然地忽视或拒绝改正一些事情"④。君主这样做是因为"公共权力"（public power, *potestas publica*）受社会中其他成员的制约，"因此为了维护每个机构整体权力不受损和声誉的纯洁，君主要维护所有成员的健康和声誉"⑤。"很多机构的职责是君主政府的实施，这些成员属于君主的身体。"⑥ 君主的恶习会影响整个有机体，反过来，君主本身也会受到影响，"当君主疏忽或者隐藏成员时，权力和好的声誉会丢失，疾病和缺陷会降临到成员身上。成员有疾病时，头

---

① 《圣经·申命记》，17：14 – 20，pp. 318 – 319.

② *S.* , Book IV, Chap. 4 – 6, pp. 15 – 31. Kate Langdon Forhan, *The Twelfth Century "Bureaucrat" and the Life of the Mind：John of Salisbury's "Policratius"*, Ph. D. Dissertation, The Johns Hopkins University, 1987, pp. 186 – 187.

③ Kate Langdon Forhan, *The Twelfth Century "Bureaucrat" and the Life of the Mind：John of Salisbury's "Policratius"*, Ph. D. Dissertation, The Johns Hopkins University, 1987, p. 233.

④ *S.* , Book IV, Chap. 12, p. 59.

⑤ *S.* , Book IV, Chap. 12, p. 60.

⑥ *S.* , Book IV, Chap. 12, p. 60.

部的完好不可能持续"①。

　　关于君主的任命，约翰认为，如果没有违法行为或者道德瑕疵，继承可以作为一种方法，君主如果成功将王位传给有血缘关系的继承人，是因为会带来有美德的行为，"君主的血缘由上帝承诺，他们家族有权力由自己的子女继承王位是由上帝神判的"②。同时他还指出："君主设立机构不是因为血缘而是功绩；不是因功绩而成为国王的人统治不会有优势。"③ 此外，约翰在作品中探讨了在何种情况下君主会失去统治权。君主要维持统治就有勇气、审慎、节制和公平正义的德性，"哲学家讲有四种基本德性，他们要遵循最初的有荣耀和正确生活方式的溪流，及所有其他由此而来的美好事物"④。如果他们有这些德性的对立面即恶习就会失去统治权，"国王的荣耀将会消失，如果他们犯了不正义，伤害，傲慢和欺骗的罪；这是上帝所说"⑤。约翰借普鲁塔克之名描述了君主应有的四种品性："对上帝的敬畏；自我训练；作为行政人员和统治者来说学习的必要；赢得下属的爱戴并给以他们保护。"⑥ 敬畏上帝是第一步，第二步是通过学习知识形成德性。和《论政府原理》的前三卷论述的对廷臣的要求一样，君主也需要掌握适度原则，要维护整个社会的平衡和适度。⑦

　　约翰还列举了《圣经》中好的君主的例子，如摩西的继承人、以色列人的首领约书亚（Joshua）和以色列王国第三任国王所罗门（Solomon）。这种举例是为显示君主应该具备美德，并且要咨询有智慧的人，"困难的事需要关注，慎重的人理应咨询他人，最后他的所说和所做，或许可以作为顾问的眼睛追求智慧……言语精炼智慧的是伟大的君主"⑧。

二、心　脏

　　议会作为心脏部位，起源于元老院，"根据古人的观点，议会（Senate）

---

① S. , Book IV, Chap. 12, p. 60.
② S. , Book V, Chap. 6, p. 84.
③ S. , Book IV, Chap. 11, p. 55.
④ S. , Book IV, Chap. 12, p. 59.
⑤ S. , Book IV, Chap. 12, p. 59.
⑥ S. , Book V, Chap. 3, p. 67.
⑦ Michael Wilks, "John of Salisbury and the Tyranny of Nonsense", in *WJS*, p. 280.
⑧ S. , Book V, Chap. 6, p. 90.

是一种机构的名字，最明显的特征是由年老的人组成；Senate 来源于 *senectus*，意思即为老年人"①。约翰使用罗马术语描述作为心脏部位的议会，但其在有机体中的作用是基于基督教理论——真正的上帝的知识只有通过智慧获得，智慧在心脏部位，换言之，议会是君主汲取智慧的地方。

亨利二世的议会（Curia Regis，御前会议/王堂）② 在当时发挥了重要作用，它和古罗马的元老院有很大区别。议会成员不是选举产生，而是主要的封建领主的聚集。在重大的节庆日，这些人会召开会议讨论王国的重大事务，如战争、条约和法律习俗的改变。君主或许会寻求建议或者支持，正如沃伦（W. L. Warren）所描述的亨利二世的统治，"国王（君主）的宫廷（court）一直都有工作：城堡需要有管理人，教区需要主教，继承人需要结婚，请愿者寻求支持，外交政策需要制定，宪章需要制定或者确认以及一系列小问题需要解决。这些问题国王都会咨询廷臣：被其信任的近其身的顾问、官员、仆臣和贵族，他们都在宫廷处理事务或者获取乐趣。给出建议和做出决定在原则上没有差别，不管是咨询很多人还是少数人，正式或者非正式。御前会议是一个不确定的有机体并且没有确切的定义。"③ 约翰希望这种状况能够调整，能够有一个更加正式的机构，由追求智慧和哲学的人给君主建议，"尽管我们看到这个名字（Senate）是从旧时代而来，我却认为这不仅意味着有机体的年龄而且更意味着智力。"④ 智慧的定义与德性相关，"智力时代是智慧包括恰当地分配职责并践行整个生命的艺术……但是正如古代哲学家所认识到

---

① *S.*，Book V，Chap. 9，p. 108.

② "1066 年威廉征服英国后，以御前会议取代智人会议，但是其组成和职权仍在一定程度上承袭了智人会议。会议由国王主持，参加的有宫廷大臣、高级僧侣、封建贵族以及郡官和邑官。其职权是开征赋税，调解和裁决领主之间的争端，就重大事件听取大贵族的意见和建议，管理各郡事务并用国王名义发布令状，组成或指派专门委员会或专员处理地方行政事务。这样的会议每年仅开 3 次，参加人数较多，故称大会议。国王为处理朝政随时召集亲近官员商议国是，称小会议。它与大会议在人员和职权上没有严格的区分。一般说，大会议人数多，有固定的开会次数和地点，主要商讨重大司法和财政问题以及国家的公共政策；而小会议通常由国王随时召集少数贴身官员商讨行政日常事务问题。随着国王权力的加强，大会议逐步向全国性会议发展，小会议则逐步演变为英国枢密院和英国内阁。"（中国大百科全书总编辑委员会编：《中国大百科全书 政治学》，北京：中国大百科全书出版社 2002 年版，第 455 页。）

③ W. L. Warren，*Henry II*，London：Eyre Methuen，1973，p. 253.

④ *S.*，Book V，Chap. 9，p. 109.

的，神圣事务和人类事务的最高指导原则是智慧，是决定什么可做什么不做的科学。使自我达到这一点就要像哲学家般思考，因为哲学是对智慧的研究。所以古代人的思想使哲学敲开了智慧的大门，当大门打开，灵魂被温柔的光照亮，哲学这一名称消失；或者说清晰地表明意志的要求得到满足，学习之花结出了果实；哲学寻求到它的完整和结局是智慧。……知道结局的人不能忽视开始，引文开始是通往德性的各种道路的根源，因其坚固和旺盛精力到最后并获得香甜果实"①。对上帝的敬畏是德性的起源，会带来智慧和仁慈这种至善，"敬畏是开始，敬畏也增加；所有美德的顶端，不管是仁慈或者智慧，都离敬畏不远"②。那什么是敬畏？"敬畏上帝，如教皇格里高利所说，无异于不要忽视履行自己的职责。"君主的顾问应"敬畏上帝，从不遗漏上帝的嘱托，工作做得好"③。做不正义工作的人是被排除在外的。④ 法律对君主顾问来说同样非常重要，约翰认为神法写在"心脏"中："于是他（君主）要写《申命记》中的律法，即第二法律，在他的心脏中；也就是第一法律是体现在《圣经》书信中；神秘洞察力的第二法律从第一法律中学习。第一法律镌刻在石头上；第二法律只有从智力上理解。"⑤ 这个观点是说顾问有向君主阐释法律的责任，"如果君主不听取智者的建议，就不能健康地行使权力"⑥。显然，议会在整个国家中发挥了重要作用。

约翰没有将已经复兴的罗马机构与他理想中的议会进行直接比较，但他多次提到罗马与罗马人民。比如 1168 年约翰在信中描述了议员（senators）与教皇的和解："今年的议员，为了解放他们在皇帝监狱的俘虏，在圣彼得台伯河对面迎接克丽玛的盖伊（Guy of Crema，伪教皇帕斯卡尔三世 the antipope Paschal III），并且通过誓约为其提供安全保证。罗马本身永远不可能对他服从；我同样不相信他们想这样做。新的议员将对教皇亚历山大效忠，通过上帝的帮助，分裂将要结束……这是通过长时间的协商和很多誓约得

---

① S. , Book V, Chap. 9, p. 109.
② S. , Book V, Chap. 9, p. 110.
③ S. , Book V, Chap. 9, p. 111.
④ S. , Book V, Chap. 9, p. 112.
⑤ S. , Book IV, Chap. 6, p. 24.
⑥ S. , Book V, Chap. 6, p. 85.

以确定。"① 比这封信更早，约翰曾给贝克特写过一封信，信中通过引用尤维纳利斯的话语批判罗马人民的贪婪，对协商的情况没有持积极态度："如果罗马人欺骗自己的朋友今天没有人惊讶，因为这是众所周知的臭名昭著的事实，其中'相信他人的程度与其在保险箱中的钱相称'。法律和教规经常被曲解，那些捐献多的人在正义面前更为有利。"② 在《论政府原理》中，约翰同样引用尤维纳利斯的话语证明宫廷的腐败，指出廷臣间所有事物都能出售："即使事物名义上没有遗漏和不活动，也是一种受贿问题。没有行动、语言，没有支付，他们甚至不会保持沉默，除非向他们支付；沉默本身就是出售。"③ 贪婪的宫廷与罗马人的结合表达了约翰对元老院复兴的看法，他经常将受贿、贪婪与罗马人联系在一起。然而，约翰在描述罗马和罗马人方面再一次出现悖论，一方面他描述了古典罗马资源中的仁慈、礼仪和节俭，赞赏了罗马军队的力量，指出"纪律使整个罗马获益，并且影响了全世界"④。另一方面，他贬低罗马充斥着贪婪、腐败和奉承，罗马城的建立是基于邪恶，"罗穆卢斯（罗马神话中创建罗马城的人物）致力于城市创建自己的神性，杀害父母的悖理逆天行为以及获取兄弟的鲜血"⑤。奉承的实践行为来源于罗马皇帝，"罗马人发明了这种形式，通过它可对上帝撒谎，对个人表示尊重时使用复数形式，通过名字的权威传递给家族后代"⑥。约翰对一些罗马皇帝持批判态度，谴责尼禄："因为他的贪婪吞噬了一切，凭自己的欲望诽谤他人，通过自己的贪婪耗尽他人，懦弱破坏他人，因为自己的奢华和傲慢榨干了他人（罗马人）

---

① *Letters*, 2, No. 280, pp. 610 – 611. "*Nam praesentis anni senator, ut captious suos de carcere imperatoris eriperent, Guidonem Cremensem receperunt apud sanctum Petrum in regione trans Tyberim, ei iuratoria cautione securitatem praestantes; Romam uero ei nunquam subicere potuerunt et, ut opinor, nec uoluerunt. Noui uero senatores domino papae Alexandro facient fidelitatem et, ut creditur, auctore Deo scismati finem dabunt, hoc enim diutius tractatum est et multis firmatum iuramentis.*"

② *Letters*, 2, No. 278, pp. 598 – 599. "*Romanos amicis uerba dare iam nemo miratur, quia percelebre est et innotuit uniuersis quod apud eos 'quantum quis que sua nummorum fundit ab archa, tantum habet et fidei.' Et plerumque, obliquata mente legume et canonum, qui munere potior est, potentior est et iure.*"

③ *S.*, Book V, Chap. 10, p. 116.

④ *S.*, Book VI, Chap. 14, p. 220.

⑤ *P.*, Book III, Chap. 10, p. 183.

⑥ *P.*, Book III, Chap. 10. pp. 183 – 184.

的生活。"① 卡利古拉（Caligula，37—41 在位）被认为是"过去犯罪的大师"②。虽然约翰认为凯撒（Gaius Julius Caesar，前 49—前 45 在位）是暴君，却有赞赏他的一面："不知道因繁荣而被尊崇，也没有因不幸被打败，斗志昂扬而不残忍，功绩宏伟没有一点鲁莽……他的欲望从没超过自己的权力。"③约翰还论述了罗马的贪婪。④ 由此可见，约翰阐述的理想议会与充斥着贪婪、腐败和奉承的罗马机构是不同的。

三、肠胃、眼睛、耳朵和舌头

财政管理者是肠胃。对约翰来说，主要的困境是道德方面而不是行政方面，贪婪成为一个问题，"一个人的品质越贪婪腐败，越习惯于贿赂别人"⑤。财政人员存在的必要性在于遏制他们的贪婪和恶意⑥，因为他们控制了君主通往正义的路径⑦，"如果你（财政管理者）没有成功地使他（君主）喜欢你，他将会曲解字句和信件，并使用看似友好的工具使你跌入语言陷阱，让你处于战争状态而非和平生活，陷入诉讼状态而不是安全状态"⑧。

作为眼、耳和舌头的法官和地方行政长官，掌握了正义的行政部门，他们必须有区分正义和非正义的知识，要有实践正义的方法和决心。⑨ 法官因誓约而与法律紧密联系，他们依靠真相与法律执行裁判。⑩ 约翰认为法官不仅需要懂得法律并且认真执行，同时应该有权威，"更为确定的是法官应该做到以下各方面：他应该法律知识渊博，有达到美好目标的意志，有足够的权力实施自己的决定，遵循保证法律实施的誓约"⑪。如果他没有足够的权力去保证

---

① S. , Book VI, Chap. 14, p. 223.

② S. , Book VIII, Chap. 18, p. 355.

③ S. , Book VIII, Chap. 19, p. 358.

④ 关于贪婪问题，见第三章第一节所述。

⑤ S. , Book V, Chap. 10, p. 114。

⑥ Kate Langdon Forhan, *The Twelfth Century "Bureaucrat" and the Life of the Mind：John of Salisbury's "Policratius"*, Ph. D. Dissertation, The Johns Hopkins University, 1987, p. 203.

⑦ Ibid, p. 206.

⑧ S. , Book V, Chap. 10, p. 115.

⑨ S. , Book V, Chap. 11, p. 123.

⑩ S. , Book V, Chap. 12, p. 129.

⑪ S. , Book V, Chap. 11, pp. 123 – 124.

法律的实施，那么这一责任就转到了君主身上："如果法律长官知道并且愿意寻求公正，但是没有足够的权力，这与其说是他个人的错误不如说是君主的错误。"①

约翰以罗马帝国为原型阐述地方司法体系的形成。但是亨利二世统治期间，英格兰的司法体系十分复杂，与约翰的理想司法机构完全不同。如沃伦所描述的亨利二世依靠地方机构有效地保障国家运转，"地方大众机构在王室机构代表指导下取得令人满意的成绩（如盎格鲁撒克逊郡长官［sheriff]），并且从属于某些协调性的权威，能够修正传统做法（如盎格鲁撒克逊国王和贤人会议［witan］所做)"②。这种体系的不足是容易受地方社会和政治压力的干扰，不能有效地保证正义。西奥博尔德教廷中罗马法的介绍很快就有了影响力，特别是对有知识的行政人员的需求增加。"尽管《查士丁尼法典》是学习法律的巨大宝库，但布局惊人的不好。类似的资料主要出现在三部分中，《法学阶梯》《学说汇纂》和《法典》，每一部的布局都不同，没有连贯性。不仅是布局令人困惑，风格也模糊，因为原始的资料已经为了简洁被编撰者篡改；它包括多余和过时的资料；……包括矛盾的地方。"③ 约1140年，格拉提安编辑和整理了教会大量教规，汇编为《对彼此冲突的教会法令的协调》（Concordia Discordantium Canonum），人们往往把它称为《教会法汇要》（Decretum）。约翰创作《论政府原理》的时期正是人们将《教会法汇要》称为"准查士丁尼式的权威"的时期，不过仅限于法学学者和学生圈子内。④另一方面，亨利二世与西奥博尔德在习俗与罗马法方面陷入争论。亨利二世的法律改革使皇家司法下的自治法律体系最终形成了习惯法（common law）。这种状况造成了英格兰很多自相矛盾的法律规范，这就需要对法律条款进行阐释，因此产生了很多注释法学家、律师和法官。而这恰恰为滋生腐败提供了环境，贿赂现象增多，腐败的现象真实存在，"出卖公平正义是不正当的"⑤。

---

① S. , Book V, Chap. 11, p. 123.

② W. L. Warren, *Henry II*, London: Eyre Methuen, 1973, p. 246.

③ Peter Stein, "Vacarius and the Civil Law", in Brooke Luscombe, ed. , *Church and Government in the Middle Ages: Essays Presented to C. R. Cheney on his 70th Birthday*, Cambridge: Cambridge University Press, 1976, p. 124.

④ Ibid, p. 16.

⑤ S. , Book V, Chap. 11, p. 125.

在这种背景下，约翰希望《查士丁尼法典》能够帮助法律规范和司法行政，"法官都要通过誓约遵循法律"①。最重要的是行政人员和法官要掌握好权力，不能欺压穷人和地位低的人，"地方行政长官的神圣责任，是要注意不能让有权力的人错误地欺压地位低的人，他们应当为无罪者辩护，而不是捏造指控迫害这些人"②。

四、双手和双足

手包括武装的和非武装的，武装的手即为士兵，而非武装的手则是实施正义的公职人员，他们为法律服务，免除了军事义务。③ 非武装的手还包括收税员。约翰对这些公职人员进行了严厉的批判，他借用过一位主教的言论首先对收税员进行了谴责："什么是收税员？他难道不是致力于掠夺和暴力执法的人吗？什么是收税员？如同没有羞耻心的掠夺者，毁坏一切的医师。难道收税员不比小偷更可怕吗？小偷偷东西时是胆怯的，而收税员则是大胆地掠夺。小偷恐惧法律，而收税员则认为不管他做什么都是法律。法律制止小偷的违法行为，但收税员将法律变成为达到自己邪恶目的的不正义工具。"④ 约翰同时指出他们的做法会影响君主："除了君主没有人能够合法地反对他们（收税员）的决定。如果君主不限制他们，尽管看起来所有人都好像和睦，但事实不是真实的和睦，或者说仅存在于最剧烈的痛苦中。"⑤

约翰对士兵这一武装的手在《论政府原理》的第六卷中用了 19 章论述，士兵是"保卫教会，攻击不忠诚的人，尊敬神职人员，保护弱小免于受伤，保卫疆土和平，为兄弟洒热血，如果必要献出生命"⑥。"这种职业值得赞扬，并且十分必要，它保留了对给其规定的上帝的敬畏。"⑦ 约翰的军事知识主要来源于雷纳特斯（Publius Flavius Vegetius Renatus，活动于 4 世纪）这位在中

---

① S. , Book V, Chap. 12, p. 129.
② S. , Book V, Chap. 15, p. 143.
③ S. , Book VI, Chap. 1, p. 173.
④ S. , Book VI, Chap. 1, p. 174.
⑤ S. , Book VI, Chap. 1, p. 174.
⑥ S. , Book VI, Chap. 8, p. 199.
⑦ S. , Book VI, Chap. 5, p. 190.

世纪后期被认为是战争思想权威的作家①，尽管雷纳特斯所描述的战争发生在4世纪，与约翰的时代十分不同，但约翰评价道："我借鉴了他很多，因为他对待战争艺术十分典雅和完整。"② 约翰本人还建议阅读老加图（Marcus Porcius Cato，前234—前149），凯尔苏斯（Aulus Cornelius Celsus，约前25—约50）和希吉努斯（Gaius Julius Hyginus，即约翰所说的 Julius Iginus，约前64—17）的著作并注意理论学习的陷阱，"正如西塞罗所说，对每件事制订规则十分容易，但是最困难的事是将其运用到实践中的具体事情"③。

约翰指出必须经过选拔和誓约之后才能成为士兵。这一点适用于教会士兵和世俗士兵。前者被认为是教皇的喉舌，为圣坛和教会服务，后者是由领袖选出的保卫国家的人④，选拔士兵不仅包括士兵的任用还要包括训练，"武装的手部，不经由选举、科学和训练是永远不会合适与有力的。如果缺少任何一项，军队就会变得无用。对军队来说，科学可以帮助制定大胆的策略。是什么因素使得罗马人战胜了其他所有国家？主要就是科学与训练，以及士兵们宣誓对国家效忠和奉献"⑤。具体来说，选拔"那些身体反应敏捷、警惕高的人……想到军事服务，可以选择铁匠，木匠和猎人"⑥。"那些被信任的保卫国家的人在品格和体力方面都应该优秀。良好的教养和谦逊都是好士兵应该具备的，这样才能防止逃跑取得胜利。"⑦ 选拔后的士兵要经过严格训练，"教会他们军队法律；通过日常训练实施教学；通过实践预见战争可能发生的事情；对偷懒的人实行严厉的惩罚"⑧。训练不仅包括体能和技巧方面，还要培养纪律性和自立，"这些忠诚持续的训练，会使他们在战争的迷惑性中保持平静，自立，胆大和有用"⑨。"（士兵）在经过选择招募后，进行日常训练，教授他们武装的科学，那么不管是轻型还是重型盔甲兵，陆军还是海军，

---

① S. , Book VI, Chap. 2, p. 180.
② S. , Book VI, Chap. 19, p. 241.
③ S. , Book VI, Chap. 19, p. 241.
④ S. , Book VI, Chap. 5, p. 190.
⑤ S. , Book VI, Chap. 2, pp. 180 – 181.
⑥ S. , Book VI, Chap. 2, p. 181.
⑦ S. , Book VI, Chap. 5, p. 191.
⑧ S. , Book VI, Chap. 2, p. 183.
⑨ S. , Book VI, Chap. 4, p. 188.

步兵还是骑兵，都会是完整有力的军队。"①

　　1159 年约翰完成《论政府原理》时，持续 20 多年的英国内战已经结束了 5 年。约翰虽很少在该书中提及当代发生的事件，却特别强调了那次内战的暴力和对誓约的违背，"属于（斯蒂芬的）国家——这人轻视善与公平正义，议会开始就充满了荒唐事，统治基础是不公正和没有信仰，忽视了所有的纪律，似乎不是统治，而是去掠夺破坏教士和民众，所有人被所有事所激怒，仅存的权利就是暴力……他做的大部分事情是邪恶的，很少是适当的"②。这场战争的发生是因为上帝，"希望惩罚虚伪之人的邪恶心，允许打破这种协约，协约曾因贵族和正义之狮的女儿之间的誓约而确定"③。约翰强调的誓约不仅是忠诚的承诺，而且是一种职业化的军事服务，"士兵对上帝，他的基督徒，圣灵和君主的权威宣誓，也就是根据上帝的戒律，由人们爱与尊敬的人……他们宣誓会尽自己所有的努力做君主所让做的所有事；他们永远不会从军事服务中离开，他们参军后更不会拒绝为国家牺牲"④。约翰对士兵忠诚的强调也是自己意志的表达。1159 年贝克特卷进了反对图卢兹（Toulous）的军事行动中，"任何合法获得了君主权力的人，被赐予忠诚的奉献和服务，是上帝的给予和在肉身中的显现。普通民众和士兵都要为上帝服务，也要忠诚地的爱因上帝权威赐予统治的他（君主）。"⑤

　　士兵的罪包括利用职权谋取私利和不忠诚。其中，不服从是士兵最大的罪，特别是对上帝的违背。当然，如果对整个国家构成威胁，服从就是错误的，"对那些遵循宗教生活的人不应讨论，而是运用他们的高等级地位，前提是他们没有与永恒法冲突；所以在军事服务中不应该有对指挥官命令的质疑，除非发现这种命令威胁到整个国家的安全"⑥。对冒犯上帝的也不能服从，为阐明这一点约翰反对卢坎《内战论》中的表述，"如果你让我将剑刺入兄弟或者父亲的喉咙，或者怀有孩子的妻子的腹部，我会去做，尽管不情愿……"⑦，

---

①　S. , Book Ⅵ, Chap. 5, p. 192.
②　S. , Book Ⅵ, Chap. 18, p. 234.
③　S. , Book Ⅵ, Chap. 18, p. 234.
④　S. , Book Ⅵ, Chap. 7, p. 196.
⑤　S. , Book Ⅵ, Chap. 18, p. 234.
⑥　S. , Book Ⅵ, Chap. 12, pp. 211 – 212.
⑦　S. , Book Ⅵ, Chap. 12, p. 212.

而在一般情况下，服从是必须的，"这些人判断何为好事、何为坏事和不合法的，而是要显示对权威的完全尊重，对指令忠诚地服从"①。

有机体的双足同样承担了重大的责任，国家的所有成员都要依靠它在土地上行走，这些农夫与土地密切相连，在田地、葡萄园、牧场或花园辛勤耕作。②因为职业种类繁多，没有作者能够详细列出他们的职责。约翰认为他们主要的责任是提供服务，他们与被服务的人是互惠的，"低一级的人为高级别的提供服务，高级别的人同样也为低级别的人提供他们所需求的保护和援助"③。约翰对从事农业和手工艺等的论述篇幅较其他少，而对商人阶层几乎没有提及。

第三节　国家有机体论的分析

一、教会与国家关系（*sacerdotium* and *regnum*）

通过约翰对灵魂和头部的描述，我们可以探究他对教会与国家关系的看法。④ 教会与国家的建立基础，可以从《马太福音》找到源头："我还告诉你：你是彼得，我要把我的教会建造在这磐石上，阴间的权柄（'权柄'原文作'门'），不能胜过他。我要把天国的钥匙给你，凡你在地上所捆绑的，在天上也要捆绑；凡你在地上所释放的，在天上也要释放。"⑤ 古希腊罗马时期的哲学家柏拉图、亚里士多德、西塞罗等都对国家进行过著名的论述，但那时还未出现教会，故他们的理论不涉及教会与国家关系。教会与国家关系到中世纪才成为政治思想的重要问题。该问题涉及了许多实际利益，理论错综复杂，争论十分显著，正如布莱恩·蒂尔尼（Brian Tierney）评论的："这种争论在中世纪从未停止过，为了支持或者反对教皇政令，为了维护世俗权力的自主或强

---

① *S.*, Book VI, Chap. 12, p. 213.
② *S.*, Book VI, Chap. 20, p. 243.
③ *S.*, Book VI, Chap. 20, pp. 243–244.
④ 关于中世纪时期国家与教会关系参见：［英］J. H. 伯恩斯主编：《剑桥中世纪思想史（下）》，郭正东等译，北京：生活·读书·新知三联书店2009年版，第510–578页。
⑤ 《圣经·马太福音》，16：18–19, pp. 31–32.

调教会的至高权威。关于这一问题的不同解释在当代学者中仍旧存在。"①

5世纪初，奥古斯丁提出了"双城论"，即对"上帝之城"和"地上之城"进行了区分，这里的"城"可以引申为现代的"国"或"社会"。他并不认为"城"可以等同于人间任何一种社会组织，现实生活中，两个城市混合在一起的，上帝之城可以由教会来代表，世人之城可以由异教国家来代表。② 奥古斯丁赋予教会很高的地位，在上帝的事业上国家要为教会服务，他描述的两座城尽管不能等同于教会和国家，两座城的关系也不能等同于教会国家关系，但对后世神学家理解教会国家关系产生了巨大影响。5世纪末，教皇吉拉西乌斯一世（Pope Gelasius I，又译为格拉秀斯，? —496，492—496年在位）在著名的《第十二篇书信》（*Epistolae* 12）中提出："世界由教皇和世俗君主两种力量来统治。神职人员要负责完善君王的精神和品格以便后者的灵魂能得到拯救，所以地位要更重要一些。君王凌驾于万民之上，其权威来源于神，在世俗事务上教会应服从国家法令。在与圣礼和信仰有关的问题上，君王应听从教会，尤其是统领全教会的教皇所做的决定。"③ "教会是基督的肉体，基督是整个身体的头部，在这个身体中有两个权威，一个是教士一个是国王。"④ 简言之，国家在教会之中，并不独立于外。吉拉西乌斯一世将教会定义为无所不包，包括了精神与世俗权力，这一新的概念降低了国家的地位和作用。然而教会与国家权力的界定是一个一直存在争议的问题，实际操作起来非常有难度。吉拉西乌斯一世尽管没有明确提出双剑的含义，但被一些学者认为是双剑论的创始人。⑤ 关于剑有象征意义可以追溯到《圣经·路

---

① Brian Tierney, *The Crisis of Church and State*, 1050 – 1300: *with Selected Documents*, Englewood Cliffs, N. J.: Prentice – Hall, 1964, p. 10.

② 徐大同、丛日云：《西方政治思想史 中世纪》（第二卷），天津：天津人民出版社2005年版，第86页。

③ Gelasius I, *Epistolae* 12, 2, A. Hamman, ed., *Patrologiae latinae supplementum*, Paris: Garnier, 1958, Vol. 3, p. 20. 转引自彭小瑜：《教会法研究：历史与理论》，北京：商务印书馆2011年版，第198页。

④ R. W. Carlyle and A. J. Carlyle, *A History of Mediaeval Political Theory in the West*, Vol. 1, *The Roman Lawyers of the Second century to the Political Writings of the Ninth*, Edinburgh and London: William Blackwood and Sons, 1903, p. 255.

⑤ David Vandrunen, *Natural Law and the Two Kingdoms*: *a Study in the Development of Reformed Social Thought*, Grand Rapids, Mich.; Cambridge: Eerdmans, 2010, p. 34.

加福音》，耶稣与他的门徒共进晚餐，他警告他们危险已经来临，他们需要卖掉应该卖掉的东西去买剑，这说明已经有了两把剑，耶稣说"这已经足够"。当晚彼得用剑保卫耶稣，耶稣却让他拿回武器。① 中世纪学者赋予《圣经》中的"剑"新的阐释："'足够'的双剑可被理解为和作为精神和世俗权力的象征：两种类型的权力，能"足够"管理人类生活的各个方面。更重要的是，可理解为基督似乎原本打算将其作为精神和世俗权力的象征。"② 彼得"将收剑入鞘"，并不丢掉，意味着世俗之剑在教会权威下，而肉体的惩罚仅仅属于世俗统治者，尽管他用此来保护教会的安全与繁荣。③ 卡莱尔认为 11 世纪前教会与国家的关系是吉拉西乌斯一世所设想的："对西方教会来说，显然世界上有两个权威，精神世界权力有自己的统治范围，独立于世俗权力外，同时世俗权力也是独立的在其统治范围内是至高无上的。在这种二元论下，理论

---

① 《圣经·路加福音》，22：36 – 38，p. 153. "耶稣说：'但如今有钱囊的可以带着，有口袋的也可以带着，没有刀的要卖衣服买刀（sword）。我告诉你们，经上写着说，『他被列在罪犯之中。』这话必应验在我身上，因为那关系我的事必然成就。'他们说：'主啊，请看！这里有两把刀（sword）。'耶稣说：'够了。'"运用"剑（刀）"的政治寓言在中世纪是一种有效的阐释和将教会权威和世俗权威合法化的工具。《圣经·新约》四部福音书不同的版本论述，耶稣在客西马尼（基督被犹大出卖被捕之地），蒙难地被捕的故事，可以理解为是基督政治权力的来源。《马太福音》（26：51 – 56，p. 54）："有跟随耶稣的一个人，伸手拔出刀来，将大祭司的仆人砍了一刀，削掉了他一个耳朵。耶稣对他说：'收刀入鞘吧，凡动刀的，必死在刀下。你想我不能求我父现在为我差遣十二营多天使来吗？若是这样，经上所说事情必须如此的话，怎么应验呢？'当时，耶稣对众人说：'你们带着刀棒出来拿我，如同拿强盗吗？我天天坐在殿里教训人，你们并没有拿我。但这一切的事成就了，为要应验先知书上的话。'当下，门徒都离开他逃走了。"《马可福音》（14：47，p. 92）："旁边站着的人，有一个拔出刀来，将大祭司的仆人砍了一刀，削掉了他一个耳朵。"《路加福音》（22：49 – 52，p. 153）："左右的人见光景不好，就说：'主阿！我们拿刀砍可以不可以？'内中有一个人，把大祭司的仆人砍了一刀，削掉了他的右耳。耶稣说：'到了这个地步，由他们吧！'就摸那人的耳朵，把他治好了。耶稣对那些来拿他的祭司长和守殿官并长老说：'你们带着刀棒出来拿我，如同拿强盗吗？'"《约翰福音》（18：10 – 12，p. 198）："西门彼得带着一把刀，就拔出来，将大祭司的仆人砍了一刀，削掉他的右耳。那仆人名叫马勒古。耶稣就对彼得说：'收刀入鞘吧！我父所给我的那杯，我岂可不喝呢？'那队兵和千夫长并犹太人的差役，就拿住耶稣，把他捆绑了。"

② R. W. Dyson, *Normative Theories of Society and Government in five Medieval Thinkers*: *St. Augustine*, *John of Salisbury*, *Giles of Rome*, *St. Thomas Aquinas*, *and Marsilius of Padua*, Lampeter; Lewiston, N. Y.: Edwin Mellen Press, 2003, p. 125.

③ Beryl Smalley, *The Becket Conflict and the Schools*: *a Study of Intellectuals in Politics*, Oxford: Basil Blackwell, 1973, p. 26.

上国王在世俗事物中有绝对权威而教皇对其没有影响，教皇在精神领域不受异教的干扰。"①

　　11 世纪之后，教会与国王的主教续任权之争愈演愈烈，例如 1076 年教皇格里高利七世将神圣罗马帝国皇帝亨利四世（Emperor Henry IV, 1050—1106, 1056—1105 在位）驱逐出教会，这一事件是主教续任权之争（Investiture Controversy）的典型事件。② 这之后二者的关系较之前有所变化："从教皇格里高利七世到教皇英诺森三世（Innocent III, 1160 /1161—1216, 1198—1216 任职）一百多年的时间里，教皇认为国王在教会的作用越来越小……他们只是人民的领导和土地的持有人。"③ 支撑这一关系变化的理论是教皇格里高利七世及其继承人修改后的"双剑论"："教皇统治下的教会（按现在的理解是全体神职人员）对基督教世界的属灵生活拥有管辖权，即立法权。此为'属灵的剑'。当然，它会受'属世的剑'限制，'属世的剑'由国王、封建领主和城市当局掌管。但最终，教会属灵的剑应当指引世俗当局通往真理和公义。是由教皇治下的有形教会来制定规则，引领罪人过上能使他得救的良善生活。"④ 就是说格里高利七世强调两种权力分离，认可"宗教秩序中的等级优势"⑤。尽管教皇权力有所增长，世俗政府仍然保持独立自治："在一个尚不清楚的框架内，尽管有普遍性的深刻，君主权力的确定似乎与这两种权力的独立分不开，即精神和世俗权力，这是一种历史必然性。"⑥ 而教皇开始

---

① R. W. Carlyle and A. J. Carlyle, *A History of Medieval Political Theory in the West*, Vol. 5, *The Political Theory of the Thirteenth Century*, Edinburgh and London: William Blackwood and Sons, 1928, p. 454.

② 关于主教续任权之争的具体内容参见: Uta – Renate Blumenthal, *The Investiture Controversy: Church and Monarchy from the Ninth to the Twelfth Century*, Philadelphia: University of Pennsylvania Press, 1988.

③ Gerhart B. Ladner, "Aspects of Mediaeval Thought on Church and State", *The Review of Politics*, Vol. 9, No. 4 (1947), p. 409.

④ ［美］伯尔曼：《信仰与秩序：法律与宗教的复合》，姚建波译，北京：中央编译出版社 2010 年版，第 81 页。

⑤ Joseph Canning, *A History of Medieval Political Thought*, 300 – 1450, London; New York: Routledge, 1996, p. 87.

⑥ Paolo Prodi, *The Papal Prince, One Body and Two Souls: the Papal Monarchy in Early Modern Europe*, translated by Susan Haskins, Cambridge: Cambridge University Press, 1987, p. 15.

致力于官僚集权，教皇意识到教会的权力有可能无法实现，故调整机构非常迫切："首先用制定法和统一程序介绍西方法庭的等级；它第一次将征收税收体系化，并且通过机构的销售预计收入；有第一个外交使臣和外交使团，以及第一个雇佣军队等。"① 格里高利之后，关于二者关系的争论始终没有停息，继续成为政治思想中的永恒话题。教会与国家关系问题浸透了约翰生活的 12 世纪的每一个方面，包括学校里的知识辩论、主教的任命、不同赋税的征收，及司法行政等。

具体来看，术语精神的剑（spiritual sword）与世俗的剑（temporal sword）在 12 世纪获得了更确切的含义并且在两种权力的争论中发挥了越来越重要的作用。剑有明确的象征意义，最早由枢机主教狄乌迪弟（Deusdedit,？—1129/1130）提出：君主掌握物质的剑，其他（权力）都不得干涉。② 法国修道院院长克莱尔沃的伯纳德是第一个明确赋予"双剑"政治意义，而且成为后人常引用的作者。③ 伯纳德于 1145 到 1153 年间完成《论思考》（*De consideratione*, On Consideration），这是对教皇尤金三世的建议书，在该书中他先提出剑源于上帝："拿起你的剑，剑的精神是上帝的话语。赞美你的手和右臂，给予国家复仇和人民惩罚；用链子锁住他们的国王和用铁束缚住他们的贵族。这样做你会给你的国家和本人带来荣耀。这不是普通的主权：你必须驱逐疆域内邪恶的野兽，只有这样，才能让你的畜群安全进入牧区。"④ 此后伯纳德进一步明晰双剑的含义："'你指引我喂养龙和蝎子，而不喂羊群'，你回答道。于是我说更激烈地攻击他们，但要用语言而不是剑。为什么你要试图再次篡夺你曾经吩咐入鞘的剑？然而，拒绝承认剑为你的人在我看来没有听上

---

① Paolo Prodi, *The Papal Prince, One Body and Two Souls: the Papal Monarchy in Early Modern Europe*, translated by Susan Haskins, Cambridge: Cambridge University Press, 1987, pp. 2 – 3.

② R. W. Carlyle and A. J. Carlyle, *A History of Mediaeval Political Theory in the West*, Vol. 4, *The Theories of the Relation of the Empire and the Papacy from the Tenth Century to the Twelfth*, Edinburgh and London: William Blackwood and Sons, 1922, p. 258. 参见：狄乌迪弟约 1097 年完成的代表作 *Libellus contra invasores et simoniacos*.

③ Brett Edward Whale, *The Medieval Papacy*, Hampshire & New York: Palgrave Macmillan, 2014, p. 124.

④ Saint Bernard of Clairvaux, *Five Books on Consideration: Advice to a Pope*, translated by John D. Anderson & Elizabeth T. Kennan, Kalamazoo, Mich.: Cistercian Publications, 1976, p. 62.

帝的话，'将收剑入鞘'。因此剑是你的而且要在你的命令下才能出鞘，尽管不是通过你的手。否则，剑决不属于你，上帝不会这样回答，'已经足够了'，而是，'太多了'，当使徒这样说，'看，这里有两把剑'。这两把剑，即精神的和物质的，都属于教会；但是后者从教会拿到，前者直属于教会。精神的剑需要从教士手中拿到；物质的剑通过骑士之手，更明确地说是通过君主的吩咐，但以教士的意愿为前提。"① 从伯纳德的观点可以看出，上帝授予教会精神和物质之剑，在教会应允前提下世俗社会取得物质之剑。大约同一时期，教会法学家在注释《教会法汇要》时，阐述的"双剑论"与伯纳德的不尽相同。比如《君主至高权威》（*Summa Inperatoriae Maiestate*）的作者讨论了"双剑"的象征意义，教皇拥有两把剑，他在给皇帝涂油时象征着把物质之剑赐予君主；《至高与认识》（*Summa Et Est Sciendum*）的作者则反对同时代的教皇权威高于君主可将其废黜的理论，君主权力来源于上帝和人民的选举。② 比圣伯纳德的著作出现稍早，1123 年左右，奥格斯堡的霍诺里厄斯（Honorius of Augsburg，1080—1154）撰写了《至上的荣耀》（*Summa Gloria*）一书，萨拜因认为该书中世俗的权力源自宗教的（或精神的）权力的观点，很有可能是第一次明确提出的。③

在《圣经》、圣伯纳德理论以及教会法学家的影响下，约翰由此形成自己的"双剑论"——身体和灵魂。在《论政府原理》的第四卷 3 章中，约翰赞同君主的权力权威是通过教会从上帝那里得到，"这把剑君主从教会手中拿到，尽管教会手中本没有剑。教会获得的这把剑，通过君主的手使用，给其权力，教皇保持精神事务中的最高权威。君主曾是现在也是教会权力的代表，神圣机构的运转看起来不值得在神职人员手中"④。紧接着，约翰讲道："君士坦丁（Constantine，约 272—337，306—337 在位）这位最虔诚的罗马皇帝，

---

① Saint Bernard of Clairvaux, *Five Books on Consideration: Advice to a Pope*, translated by John D. Anderson & Elizabeth T. Kennan, Kalamazoo, Mich.: Cistercian Publications, 1976, p. 118.

② Brian Tierney, *The Crisis of Church and State*, 1050 – 1300: *with Selected Documents*, Englewood Cliffs, N. J.: Prentice – Hall, 1964, p. 118.

③ ［美］乔治·萨拜因：《政治学说史（上卷）》（第四版），邓正来译，上海：上海人民出版社 2008 年版，第 287 页。

④ *S.*, Book IV, Chap. 3, p. 9.

召集了尼西亚会议，自己既没有占据最重要的位置，也没坐在牧师中间，而是选择了最后面的位置。此外，赞同的决策受人尊敬，如同他看到这是源自神圣威严的法庭。"① 约翰通过对"双剑论"的直接描述和用君士坦丁的例子证明两种权力都属于教会，君主的权力不是由上帝直接授予，教会权力至高无上，精神领域的权力属于教会不独属于教皇。圣保罗认为君主是"上帝的使臣"（minister Dei）②，约翰则认为是"教会的使臣"（minister sacerdotii）③。约翰还用《圣经》中摩西（Moses）的例子讲道："摩西遵循法律，根据法律的权威决定由谁统治人民；（法律的权威）由教士阐述。"④ 麦基文（Charles Howard McIlwain）认为约翰是第一个明确地指出教皇手里有世俗的权力的人。⑤ 约翰运用罗马帝国皇帝狄奥多西一世（Theodosius I，约 347—395，379—395 在位）和米兰主教圣安布罗斯（St. Ambrose/Aurelius Ambrosius，约 340—397）的例子再次强调宗教在世俗权力中的领导力，但这一例子没有像阐述君士坦丁那样清晰，他讲道："我将怎么说狄奥多西，这位被认为是美德典范的君主，不仅因为是皇帝而且因为是大祭司受到教会尊敬，由于古老的宗教信仰，众所周知的正义，超乎寻常的耐心以及对牧师的顺从谦卑？他如此耐心地从米兰教师的判决中制定了法律。以免你会错误地想象判决是由软弱的人发起以使君主满意，君主的皇家权利停止，被排除在教会之外，被迫做出郑重的忏悔。然而是什么使他要满足这种需求？只有服从上帝的正义和法律。"⑥

　　欧洲中世纪的学者普遍认可基督教在精神领域的至高地位，没有人认为异教权力在精神世界有重要作用，问题的关键是精神权力在哪些领域高于世俗权力。约翰亦没能明确阐述这一问题，他看到教会势力的下降⑦，在实际生活中会对世俗权力妥协，他对教会与国家关系的看法同样是"适度"的。

---

① S. , Book IV, Chap. 3, p. 9.

② 《圣经·罗马书》，13：4，p. 284. "因为他是神的用人（minister），是与你有益的。你若作恶，却当惧怕。因为他不是空空的佩剑，他是神的用人，是伸冤的，刑罚那作恶的。"拉丁词 minister，可译为仆从，陪从，侍者，代理，使臣等，即"低等级的官员"。

③ S. , Book IV, Chap. 3, p. 9.

④ S. , Book VIII, Chap. 18, p. 350.

⑤ Charles Howard McIlwain, *The Growth of Political Thought in the West from the Greeks to the end of the Middle Ages*, New York：The Macmillan Company, 1932, p. 229.

⑥ S. , Book IV, Chap. 6, p. 27.

⑦ S. , Book VI, Chap. 24, pp. 251–263.

　　约翰指出通过上帝授权君主的三种方法："上帝直接任命；通过上帝的教士；通过所有人民选举（*totius populi vota concurrent*）。"① 显而易见，约翰没有忽略现实，通过选举或继承得到王位，这是事实上获得君主位置的方式。权力与人民有密切关系，君主的施政不可能没有人民的支持或者不与人民合作。君主的权力不仅仅是他自己的而且属于人民，他对权力的运用既是个人的又是集体的，"所以（权力）理所当然地聚集在他手中，所有人民的权力，最终他会寻求并带给每个人和整体的利益；并且整个国家会以最有序的形式存在"②。但约翰并没有认为君主权力来自人民，而是通过教会得到来自上帝的授予，"所有的权力都来自上帝，并且永远伴随着他。所以君主的权力是来自上帝，上帝的权力永远不会消失，也不会断裂。他通过从属于他的手，使所有的事务懂得仁慈或公平正义。'因此任何阻挡这种权力的人都是抗拒上帝的法令'，从属于上帝的手授予这种权力，他能消除或者减小这种权力"③。正如斯特鲁维所说："国家作为整体的一个机构，反映了宇宙中神的秩序，君主同样可被看作是神在现世中的映象。"④ 君主的权力并不是由上帝授予后就一成不变，"根据法律的理性，有权力授予也可以拒绝，可以合法授予也可以合法拿走"⑤。约翰又用罗马帝国的君主狄奥多西一世的例子，强调"（他）由于错误，尽管不是非常严重，被米兰的神职人员停止帝王权力……"⑥ 约翰认为君权神授，不过必须通过教会授予，神职人员也有权废黜君主权力。

　　君主要确保国家有良好环境，教会在不干扰君主的前提下，为其提供精神上的指引，由此君主的行为会是合法的。约翰认为："根据古代哲学家（奥

---

①　Arthur P. Monahan, *Consent, Coercion, and Limit: the Medieval Origins of Parliamentary Democracy*, Kingston [Ont.]: McGill – Queen's University Press, 1987, pp. 65 – 66. 本书作者认为约翰·迪金森的英文翻译版本有误，见 S. , Book V, Chap. 6, p. 83. 拉丁原文见：*Webb*, 2, p. 298. "*disposition diuina in arce rei publicae collocauit et eum nunc archano prouidentiae suae misterio ceteris praefert, nunc quasi suorum iudicio sacerdotum, nunc ad eum praeficiendum totius populi uota concurrent.*"

②　S. , Book IV, Chap. 1, p. 3.

③　S. , Book IV, Chap. 1, p. 4.

④　Tilman Struve, "The Importance of the Organism in the Political Theory of John of Salisbury", in *WJS*, p. 313.

⑤　S. , Book IV, Chap. 3, p. 10.

⑥　S. , Book IV, Chap. 3, p. 10.

古斯丁），人类由理性的灵魂和易腐坏的肉体组成。但是肉体来源于灵魂，因为没有其他来源使其活着，除非有精神元素的帮助，肉体会处于不活动状态。"① 约翰在这里的陈述不是从属主义和至高性的，他强调的是灵魂的指引作用。如果双方互相独立，并且相互帮助，那么就不会有冲突。这一同样的想法在约翰以大主教西奥博尔德的名义写给国王亨利二世的信中可以看出："当教会成员是因忠诚和爱联合在一起，君主对教士尊重，教士给君主提供真诚的服务时，整个国家就会享有真正的和平和宁静，这也是我们的目标。但当他们产生冲突时，互相对抗，教会权力和世俗权力都会削弱……"② 这封信是约翰以西奥博尔德的名义所写，但布鲁克认为这位大主教或许已经和他的秘书的观点不一致了③，所以从这封信中可以看到约翰对国家教会关系的认识。约翰在信中的观点与《论政府原理》中的一致，教会与国家的关系是互惠的。"君主对教士尊重，教士给君主提供真诚的服务"，这句话可以看出约翰不是完全的等级从属论者。

值得注意的是，约翰从未认为灵魂是有机体（身体）的一部分，而是认为灵魂和身体是两个不同的但有内在联系的有机体的部分，教会和国家也是如此。正如内德曼所说："有机体中作为灵魂的教士，严格来说不是'国家的成员'，正如人们永恒的灵魂不是与终有一死的肉体共同存在的。"④ 由此可看出，约翰是将宗教机构远离世俗领域。不过约翰作为神职人员，不会质疑在精神领域教会的至高权威。他强调教会的自主独立："根据教规，教会领域的权力不会属于非教徒，即便他们已经进行了宗教誓约。真正的宗教的标志是他们克制自己，不要做那些上帝禁止的不合法事。"⑤

等级制度（Hierarchy）是中世纪政治文化里的重要概念。约翰关于身体和

---

① *P.*, Book III, Chap. I, p. 153.

② *Letters*, 1, No. 116, p. 190. "*Illa est regnorum uera pax et simper optanda tranquillitas, cum in fide et dilectione sibi cohaerent membra ecclesiae, et sacerdotibus debitam reuerentiam principes et principibus plenae fidelitatis obsequium exhibent sacerdotes, Si uero suis in se facultatibus collidantur, tam saecularis quam ecclesiasticae potestatis eneruabitur uigor....*"

③ *Letters*, 1, p. xxxviii.

④ Cary J. Nederman, "A Duty to Kill: John of Salisbury's Theory of Tyrannicide", *The Review of Politics*, Vol. 50, No. 3 (1988), p. 370.

⑤ *S.*, Book VII, Chap. 21, p. 319.

灵魂的比喻不是将国家和教会置于等级关系中。约翰强调的是各自在自己领域的自主性和独立性,尽管教会和国家为了共同的目标而会相互合作,但更重要的是他们有各自不同的运作体系。国家中的各成员是有等级的,亦是互相合作的。灵魂则有完全不同的体系。"身体的本质是有活力的,通过理性服从于灵魂,与其和谐相处,因此灵魂也是根据自己领域而产生。"① 与身体不同的是,灵魂是作为整体而没有部分:"只要身体所有的部分都有生命,就会是从属于灵魂的,灵魂不是作为部分而是作为整体存在,会作用于各个部分。"② 约翰既没有阐述在精神领域的等级秩序,又没将其分成不同的机构。他认为精神领域是作为整体的存在,并影响世俗领域的各个部分。这种指引作用保证了各个部分的和谐相处,他们都有同样的上帝授任。约翰对教会的看法是:"上帝占据整个灵魂,生活完美,整体上统治并使其有生气,没有例外的角落。为什么使用'角落'或者'部分'形容灵魂?它没有部分,在本质上是一体的绝对没有分成部分。然而部分是所有善的分配者。那部分是什么?可以肯定的是美德通过此而增长,神圣的功能得以实现和自我检测。"③ 约翰用这种方式描述了灵魂的本质,和上帝是等同的。灵魂是没有部分的。如果说有部分,指的就是美德,因为美德使得每个人"爱好美好摒弃邪恶"④。当有机体由灵魂指引,就会包括各种美德,各成员都要对"至善"追求,整个有机体都会是健康的。

二、有机体各部位关系

约翰的《论政府原理》第五卷论述了灵魂和身体关系,如前所述,灵魂高于头部处于至高地位。约翰在书信中表达了同样的观点:"不是所有的成员都是平等的,下级服从上级。双足在泥沼里行动,不能与头部的高贵相比;然而从另一方面来说,因为天堂建立,头部也不能轻视在泥里行走的脚部。"⑤

---

① *P.* , Book Ⅲ, Chap. 1, p. 153.

② *P.* , Book Ⅲ, Chap. 1, p. 153.

③ *P.* , Book Ⅲ, Chap. 1, p. 153.

④ *P.* , Book Ⅲ, Chap. 1, p. 153.

⑤ *Letters* , 1, No. 111, pp. 181 – 182. "*Non tamen omnia coaequantur, sed superioribus inferio-ta deseruiunt. Pes enim qui uersatur in coeno nequaquam aspirat ad capitis dignitatem; sed et caput quod in caelum erigitur non aspernatur pedem qui inuersatur in coeno.*"

"低等级的应与高等级的一致……宗教才能保持未受侵犯。"① 加之约翰的
"双剑论"强调教会高于国家的地位，使一些学者认为约翰是等级论者。比如
斯特鲁维认为："约翰的理想国，从头部到脚部，显示了一种等级秩序。"②
坎宁也认为约翰是等级观持有者，"他没有清晰地区分教会和国家。毕竟教士
是国家有机体的灵魂"③。

内德曼和坎贝尔则不用等级观来评价约翰，而是用有机体相互联系的观
点，他们从以下两方面反对等级观。首先，他们认为"皇室的服从没有强加
于国王。出于精神或者身体惩罚的恐惧，教会也没有让其服从"。这能够说明
世俗权力乐意接受教会的指引。其次，他们认为约翰指出教士和国王都要摒
弃个人利益，寻求共同的公共事业。这种共同的公共事业有一定的规则和法
律将二者联合。如果国王和教士都是合法的，那么体系就会良好地运作。由
此，两位作者认为："约翰所认为的教会和世俗政府是相互独立的结构，各有
各的目标。他们的目标和方法是互相联系的，因此也会互相影响双方领
域。"④ 也就是说约翰遵循了教皇吉拉西乌斯一世理论，提倡二者的分离和相
互独立，而与之不同的是，约翰强调的是二者之间的相互依赖和相互合作。

著者赞同内德曼和坎贝尔的观点，约翰从未陈述高级别的人压迫低级别
的人这种等级观。相反，约翰的等级观是基于低级别人的意愿和高级别人的
容忍，正如内德曼所说，"君主和高级别的人将等级中的义务履行好，有机体
各部分都有共同目标，这一目标比任何个人目标都重要，相当于是整个社会
的美好"⑤。厄尔曼认为约翰详细阐述了"一致关联"（*coherentia*）原则，所有
的机构都与社会的最终目标相关联，只有各机构完成自己的任务时，才能成为

---

① *S.*, Book VI, Chap. 6, p. 258.

② Tilman Struve, "The Importance of the Organism in the Political Theory of John of Salisbury", in *WJS*, p. 309.

③ Joseph Canning, *A History of Medieval Political Thought*, *300 - 1450*, London; New York: Routledge, 1996, p. 113.

④ Cary J. Nederman and and Catherine Campbell, "Priests, Kings, and Tyrants: Spiritual and Temporal Power in John of Salisbury's Policraticus", *Speculum*, Vol. 66, No. 3 (1991), pp. 572 - 590.

⑤ Cary J. Nederman, "The Physiological Significance of the Organic Metaphor in John of Salisbury's Policraticus", in *History of Political Thought*, Vol. 8 (1987), p. 215.

持续发展的整体。① 如果君主和政府各机构的管理者能够遵守规则，"任何成员不会成为头部负担，头部不会因为其他成员的虚弱胆小而变得没有活力"②。

约翰在给策勒的彼得的私人信件中讲道："所有事物的力量都源于互相帮助，沉重事物混合着光亮；仅仅因为这种因素，所有的事物都有自己的轨迹，有同一种同意精神，使得持不同意见的人一致和一致的事情有多种阐释，安置好宇宙本体中作为它的成员的不同部分，这是为了他们能够协调地在一起互惠互利的帮助。所以在有机体中，各成员互相服务，各机构的设置都是为了整体利益。根据有机体的规格，有些成员多，有些成员少，但是所有的成员联合在一起确保整个有机体的健康。他们作用不同，然而如果考虑到整个有机体的健康，他们都有着共同的目标。"③ 由此可见约翰之所以将互惠性作为一切事物最重要的特征，是因为所有的一切力量都来自上帝的授予。"创造性的三位一体这一真正的上帝，安排好了宇宙中的每一部分，各部分需要彼此帮助，相互弥补各自的不足，所有的事务可以说是彼此的成员。"④ 这说明不仅仅是教会和国家要发展互惠关系，他们各自成员间也要和谐相处和互相合作，"头部和国家的其他成员间有凝聚力并且相互依存"⑤。正如珍妮特·马丁（Janet Martin）所说，"如果有机体想保持健康，那么每个成员都要恰当地履行自己的义务，并且不要侵占其他成员的利益"⑥。

---

① Walter Ullmann, *Principles of Government and Politics in the Middle Ages*, London：Methuen, 1961, p. 67. 厄尔曼认为这一原则由《圣经》中的 Pauline（I Cor. xii 4；Eph. i. 23；iv. 10；v. 22 – 24；Rome. xii. 4）和罗马教会的第一个权威声明 Prima Clementis 发展而来。

② S. , Book VI, Chap. 29, p. 276.

③ *Letters*, 1, No. 111, p. 181. "*Mutuis auxiliis constant omnia, et grauia uicissim leuibus temperantur, et profecto ea sic uniuersa procedunt, quod tantam dissidentium concordiam et concordium dissidentiam idem unanimitatis ' spiritus intus alit' et, ut sibi inuicem uicario quodam ministerio consonant, mundane corporis partes uelut membra disponit Sic cic in humano corpora sibi inuicem membra deseruiunt et singulorum official publicis usibus deputantur. Absunt quidem haec magis illa minus pro mole corporis, sed in effectu salutis eius omnia uniuntur; uarios, sed in effectu salutis eius omnia uniuntur; uarios habent effectus, sed si ususm salutis penses, in idem uniuersa concurrunt.*"

④ *Met.* , Book I, Chap. 1, p. 10.

⑤ S. , Book VI, Chap. 6, p. 258.

⑥ Janet Martin, "Uses of Tradition：Gellius, Petronius, and John of Salisbury", *Viator*, 10 (1979), p. 62.

约翰强调各部位即各阶层之间相互依赖，相互协作多于等级和主从关系。① 约翰考虑的是作为整体的有机体，他认为："如果没有意愿的一致就不会有忠诚而牢固的凝聚力，可以说是凝合的精神。如果缺少这一点，那么人们和谐的工作是不可能存在的，虚伪的假装就会带来公开伤害，除非有真正的助人精神。"② 换言之，有机体的所有部位必须有真正的为公共福祉而不是个人利益献身的精神，君主和地方行政人员"参与公共事业"③，其他成员也要"一直参照公共利益做事"④，在约翰看来，"每个成员都要服务于共同利益"⑤。约翰将古迦太基（ancient Carthage）作为政治合作的典范，他们的居民"共同劳作，没有人无所事事"⑥。如前所述，低级别的人为高级别的人提供服务，高级别的人同样也为低级别的人提供他们所需求的保护和援助，"国家的健康繁荣只有建立在高级别的成员为低级别的人员提供庇护，低级别的人为高级别的人效忠，并回应他们正义的要求，只有这样，所有成员间才能形成互惠的关系，每个个体都履行自己的职责，这种职责才能对他人有利"⑦。有机体是"仁慈互爱的机构统治所有地方"⑧。由此可见，国家有机体成员的不同分工是为了达到整体的健康状态，约翰强调的是整个国家的和谐有序而不是个人的利益，有机体里的成员相互独立，对有机体的影响是整体性的。

为了有机体能够有序健康，所有的成员都要遵循公平正义的原则。只有正义掌管整个国家，这个国家才是健康和谐的，更进一步说，国家有机体在神的秩序下，服从法律，"国家成员们有不同的任务，只要他们履行了作为整体的国家分配给他们的应有的责任，正义就会得以实现，甜蜜的果实就会分配给所有人"⑨。约翰的有机体论是为了"塑造君主及其他成员实践公平正义"⑩。

---

① Margaret Brabant, *Politics，Gender，and Genre：the Political Thought of Christine de Pizan*，Boulder：Westview Press，1992，p. 38.

② *S.*，Book V，Chap. 7，p. 95.

③ *S.*，Book VI，Chap. 24，p. 257. "*omnium utilitatem attende.*"

④ *S.*，Book VI，Chap. 20，p. 243. "*ad publicam utilitatem omnia referantur.*"

⑤ *S.*，Book VI，Chap. 24，p. 256. "*omina denique membra publicis invigilant commodis.*"

⑥ *S.*，Book VI，Chap. 22，p. 246.

⑦ *S.*，Book VI，Chap. 20，p. 244.

⑧ *S.*，Book VI，Chap. 29，p. 276.

⑨ *S.*，Book VI，Chap. 22，p. 247.

⑩ *S.*，Book V，Chap. 2，p. 66.

君主要想知道合适的"统治方式"，必须找到"公平正义的人的例子"①；当身体"受制于管理而能达到愉悦，并且获得丰富的果实和鲜花，如同置身于天堂获得的喜悦"②，作为头部的君主就能实践公平正义。其他成员也要践行正义，"每位行政官员都是公平正义的奴隶"③。作为心脏部位的君主顾问要排除那些不正义之人，他们贪婪只顾个人私利，君主要咨询那些将整个国家的安全置于个人利益之上的人。④ 如前所述，作为眼、耳和舌头的为法官和地方行政长官，掌握了公平正义的行政部门，更要实践正义，"因为自己的职业或者誓约而与正义紧密联系在一起"⑤。非武装的手同样是实施正义的公职人员，包括收税员等。武装的手"致力于执行判决……与公正和公共事业一致"⑥。低等级的双足"回应高等级的正义要求"。有机体从头部到脚部都要进行合作及协调各自的职责实践正义，只顾个人利益而不实践正义的官员都要被"剔除"。⑦

斯特鲁维认为约翰的有机体论依赖于微观和宏观的联合（古希腊时期就已经存在），人类作为宇宙中最小的个体代表微观层面，整个宇宙则代表宏观层面；上帝的秩序在实际中成为现实，模仿自然可以作为人类社会秩序的榜样。⑧ 约翰分析国家的自然属性（naturalness），成为 13 世纪后期亚里士多德 - 基督自然主义（Aristotelian - Christian naturalism）的预兆。⑨ 约翰认为国家作为自然有机体（natural organism）要服从于自然法，又要服从于最后的自然救赎和教会。自然本身是上帝思想中所有事物的秩序。人类社会的理性是自然法将国家变为有机体。约翰的国家服从于自然，是模仿自然的技艺，除了人之外，只有蜜蜂可以在它们的社会生活中和服从家长中模仿自然，通过

---

① S. , Book V, Chap. 6, p. 86.

② S. , Book V, Chap. 6, p. 91.

③ S. , Book V, Chap. 11, p. 126. "*Omnis etenim magistratus iustitiae famulus est.*"

④ S. , Book V, Chap. 9, p. 112.

⑤ S. , Book V, Chap. 17, p. 166.

⑥ S. , Book VI, Chap. 8, pp. 199 - 200.

⑦ S. , Book VI, Chap. 26, p. 265.

⑧ Tilman Struve, "The Importance of the Organism in the Political Theory of John of Salisbury", in *WJS*, 1984, pp. 304 - 305.

⑨ Gaines Post, *Studies in Medieval Legal Thought: Public Law and the State*, 1100 - 1322, Princeton, New Jersey: Princeton University Press, 1964, p. 514.

引用维吉尔《农事诗》中关于蜜蜂的篇章，类比国家与蜂群的生存方式：
"（西塞罗和柏拉图）对已存在的或积极出现国家有机体制订了相同的形式，
它的生活需要模仿自然……普鲁塔克通过介绍图拉真借鉴了从蜜蜂那得出的
民众生活形式……"①，"国家成员们有不同的任务，只要他们履行了作为整
体的国家分配给他们的应有的责任，公平正义就会得以实现，甜蜜的果实就
会分配给所有人"②。

从以上论述看，约翰的理想国不是奥古斯丁式的上帝之城；而是在精神
指引下以理性的法律为基础的现世理想国。约翰建立了两个身体：国家（reg-
num）和教会（sacerdotium）。约翰将二者置于同一个有机体中，却各自有不
同的领域，他们的共同目标都是整个国家的实用性。宫廷生活和哲学部分同
样对理解他的政治理论有重要意义。在他的理想国中，廷臣的狩猎、赌博、
音乐、戏剧和魔法等方面的活动都要遵循适度原则，不应有贪婪和奉承谄媚
现象，要遵循哲学家的足迹，寻求至善、德性和幸福。其他各阶层成员须互
助互利，为整个国家有机体的有序健康履行各自的职责。约翰指出这种有机
体在实际生活中或许不可能实现，当君主是暴君时，就打破了和谐的教会和
国家关系，从而影响整个有机体的运作。

约翰作为一名教会政治思想家，他的国家有机体论是政治思想领域中一
个重要的理论，并且对后世产生了重要影响，正如恩斯特·坎特罗威茨
（Ernst Kantorowcz）所说，约翰的有机体论使得"有机体比喻社会的学说重新
遍及西方各国政治理论界"③。甚至有学者认为，约翰所描述的理想有机体社
会，各部位之间是有序合作的，作为有机体的成员，在不同的机构下存在，
并且能够保证免受君主的暴政的威胁，这是之后"共同同意"原则、有限政
府、平衡原则的基础。④ 探讨约翰的国家有机体论，有助于了解近现代西方政
治思想的中世纪基础。

---

① *S.*, Book VI, Chap. 21, p. 245.
② *S.*, Book VI, Chap. 22, p. 247.
③ Ernst H. Kantorowicz, *The King's two Bodies: a Study in Mediaeval Political Theology*, Prince-
ton and Chichester: Princeton University Press, 1997, p. 199.
④ Margaret Brabant, *Politics, Gender, and Genre: the Political Thought of Christine de Pizan*,
Boulder: Westview Press, 1992, p. 38.

第四章　诛杀暴君论

约翰的国家有机体论要求各部位之间互惠合作，只有这样，才能使有机体达到有序健康的理想国家状态，但暴君出现时，就打破了这一和谐状态。应当如何对待暴君，约翰提出了"诛杀暴君"的理论，不过他清楚宫廷政治生活的复杂，对暴君问题并不能仅简单使用"诛杀"的解决方法。

第一节　暴君概念的起源与内涵

一、中世纪早期的暴君概念

奥古斯丁在《上帝之城》中有一个著名的段落介绍好的君主品质："如果皇帝们以正义治国，如果那些赞美和谄媚的唇舌，那些过度的谦卑和礼敬不会让他们过于自大，如果他们不忘自己是凡人，我就说他们是幸福的。如果他们能够让自己的权力成为威严的上帝的侍婢，如果能在最大可能的范围内让人们崇拜上帝，如果他们敬畏、热爱、崇拜上帝，如果他们爱上帝的国，（那个不必担心与人共享的国）胜过爱自己的国，如果他们缓于刑罚、敏于恕道；如果他们是为了王道的必要和保卫共和而用刑，而不是因为怀恨泄愤；如果他们网开一面不是因为徇情枉法，而是为了让人们改恶从善；如果对于他们不得不颁布的严厉政策，他们还能用悲悯仁义、宽宏大量来补充；如果他们在可以纵情声色时克己复礼；如果他们比所有人都更憎恶荒唐的欲望；

如果他们做这些都不是出于对空洞的光荣的热望，而是因为对永恒幸福的挚爱；如果他们为了赎罪，不忘记以谦卑、忏悔、祈祷向真正的上帝献祭，那他们就是幸福的。我们说，这样的基督徒皇帝现在拥有幸福的希望，以后会有幸福的现实，我们期待幸福将会降临他们。"① 帕森斯称该段为第一个"君主的写照（Mirror of Princes）"②。可见奥古斯丁心目中的模范君主为圣徒。

与君主相对的概念为暴君，中世纪暴君的概念来自伊西多尔，正如卡莱尔所说："君主与暴君的区别是中世纪最重要的政治观念之一，与亚里士多德原则一致，但不是继承于他，至少不是直接。而是直接来源于伊西多尔和9世纪的作者，他们可能从西塞罗作品中得知。最完整的概念来自约翰。"③ 圣伊西多尔对君主和暴君进行了区分，他认为："国王（君主）是管理者，如同教士（sacerdos）源于祭祀（sacrificare），所以国王（rex）来源于管理（regere）。……国王之名是因行为端正，而犯错则会毁坏他的名声。故古人有这样的谚语：'如果你行为正确才是国王；反之则不是。' 王室的德性通常包括这两方面：正义（iustitia）与虔敬（pietas），国王通常赞赏虔敬，因为正义本身严酷。"④ 与国王品格完全相反的为暴君，"希腊的暴君一词与拉丁的国王相同，那时古人没有区分国王和暴君：'和平的条件对我来说是触及了暴君的右手。' 强势的国王被称为暴君，强有力的年轻人。对这种人上帝认为：'对我来说国王统治，暴君通过我掌控土地。' 在以后的时代，形容坏的邪恶的国王

---

① ［古罗马］奥古斯丁：《上帝之城：驳异教徒（上册）》，吴飞译，上海：上海三联书店2007年版，第210－211页。

② Wilfrid Parsons, "The Mediaeval Theory of the Tyrant", *The Review of Politics*, Vol. 4, No. 2 (1942), p. 129.

③ R. W. Carlyle and A. J. Carlyle, *A History of Mediaeval Political Theory in the West*, Vol. 3, *Political Theory from the Tenth Century to the Thirteenth*, Edinburgh and London: William Blackwood and Sons, 1915, p. 126.

④ Jacques – Paul Migne, *Patrologiae Cursus Completus, Seu Bibliotheca Universalis, Integra, Uniformis, Commoda, Oeconomica, Omnium SS. Patrum, Doctorum Scriptorumque Ecclesiasticorum, Qui ab Aevo Apostolico ad Usque Innocentii III Tempora floruerunt*, Series Latina (*PL*), Vol. 82, Paris: Migne, 1850, p. 342. "*Reges a regendo vocati. Sicut enim sacerdos a sacrificando, ita et rex a regendo. Non autem regit, qui non corrigit. Recte igitur faciendo regis nomen tenetur, peccando amittitur. Unde et apud veteres tale erat proverbium: 'Rex eris, si recte facias; si non facias, non eris.' Regiae virtutes praecipuae duae: iustitia et pietas. Plus autem in regibus laudatur pietas; nam iustitia per se severa est.*"

的词语增多，他们对人民实行残暴统治以满足自己的奢欲"①。在《箴言三部论》（*Sententiae libri tres*）中，圣伊西多尔强调国王犯错就会丧失其名②，君主的责任是在真理和实际中实现正义③，如果君主任用不正义的法官，则是犯罪④；根据格拉里先所说，君主应该遵守法律⑤。作为基督徒，圣伊西多尔理所当然地认为"君权神授"："正如使徒所说'所有的权力来自上帝'。这是先知上帝所拥有的权力，他们统治而不是直接经由上帝，如果不是上帝所喜欢的并且触怒了上帝，同样的预言为：'我会因我的愤怒给他们一个国王。'显然可见（国王）权威来自上帝，好的是出于喜欢，坏的是因为愤怒。好的君主为上帝服务，邪恶的君主则因为人民的罪恶。"⑥ 君权神授和君主权威是为了维护公平正义。⑦ 帕森斯认为发展到 9 世纪，西欧大众已接受了以下三种

---

① *PL*，Vol. 82，p. 344. "*Tyranni Graece dicuntur. Idem Latine et reges. Nam apud veteres inter regem et tyrannum nulla discretio erat，ut*（Virg. Aen. 7，266）：*Pars mihi pacis erit dextram tetigisse tyranni. Fortes enim reges tyranni vocabantur. Nam tiro fortis. De qualibus Dominus loquitur dicens*（Proverb. 8，15）：'*Per me reges regnant et tyranni per me tenent terram.*' *Iam postea in usum accidit tyrannos vocari pessimos atque inprobos reges，luxuriosae dominationis cupiditatem et crudelissimam dominationem in populis exercentes*."

② *PL*，Vol. 83，p. 722. "*Nam rex qui ruit in vitiis cito viam ostendit erroris，sicut legitur de Ieroboam⋯.*"

③ *PL*，Vol. 83，pp. 720 – 721. "*Qui recte utitur regni potestate formam iustitiae factis magis quam verbis instituit⋯. Bonus rex facilius ad iustitiam a delicto regreditur quam de iustitia ad delictum transfertur，ut noveris hic esse casum，illic propositum. In proposito eius esse debet nunquam egredi a veritate.*"

④ *PL*，Vol. 83，p. 724. "*Ad delictum pertinet principum，qui pravos iudices contra voluntatem Dei populis fidelibus praeferunt. Nam sicut populi delictum est quando principes mali sunt，sic principis est peccatum quando iudices iniqui existunt.*"

⑤ *PL*，Vol. 83，p. 725. "*Justum est principem legibus obtemperare suis. Tunc enim iura sua ab omnibus custodienda existimet，quando et ipse illis reverentiam praebet. Principes legibus teneri suis，neque in se posse damnare iura quae in subiectis constituunt. Iusta est enim vocis eorum auctoritas，si，quod populis prohibent，sibi licere non patiantur.*"

⑥ *PL*，Vol. 83，p. 720. "*Dum Apostolus dicat：Non est potestas nisi a Deo，quomodo Dominus per prophetam de quibusdam potestatibus dicit：Ipsi regnaverunt，sed non exme? Quasi diceret，non me propitio，sed etiam summe irato. Unde et inferius per eumdem prophetam addidit：Dabo，inquit，tibi regem in furore meo. Quo manifestius elucet bonam malamque potestatem a Deo ordinari；sed bonam propitio，malam irato. Reges quando boni sunt，muneris est Dei，quando vero mali，sceleris est populi.*"

⑦ R. W. Carlyle and A. J. Carlyle，*A History of Mediaeval Political Theory in the West*，Vol. 3，*Political Theory from the Tenth Century to the Thirteenth*，Edinburgh and London：William Blackwood and Sons，1915，p. 126.

观念："第一，基督徒是自由的，君主为他们服务，而不是反之亦然；第二，君主定义是为民众利益服务和统治，服务比统治更为重要；第三，君主服从民众如同他们为善的和上帝的使臣，君主与民众间有一种契约，只要民众遵守，这种契约就是有效的。"① 可见君主不同于暴君的概念在 11、12 世纪之前就很明晰。在相对沉寂的 10 世纪之后，11、12 世纪涌现了一批与政治相关的著作。比如神圣罗马帝国的教士和作家勃艮第的维波（Wipo/Wippo of Burgundy，约 995—约 1048）在《格言》（*Proverbia*）中指出："君主必须学习和思考法律，因为维护法律才能维持统治。"②

卡莱尔认为："中世纪的政治思想是系统持续的，与欧洲政治文明发展联系在一起。中世纪的很多词语传统都源自古代，但又依据同时代的运动塑造。11 世纪后期德国的叛乱——撒克逊人（Saxons）与图林根人（Thuringians）反抗亨利四世，这一事件引发了活跃的政治思考和争论，1073 年这些共识有了新的阐释，成为快速发展的政治理论的基础。"③ 神圣罗马帝国的年代史编者（chronicler）赫施费尔德的兰伯特（Lambert of Hersfeld，约 1024—约 1088）讲述这一事件时，认为："两种族对亨利四世是效忠的，但是（这种情况）只有他维护而不是破坏上帝的教会时才能成立，如果他（君主）根据祖先习俗用正义和法律管理，维护每个人的阶层、尊严和法律，就能使人们在法律保护下免受痛苦。如果君主拒绝履行上述义务，他们（两种族）就不会受誓约约束，而是将君主看作反对基督的外敌，对其进行正义战争，为了上

---

① 　Wilfrid Parsons, "The Mediaeval Theory of the Tyrant", *The Review of Politics*, Vol. 4, No. 2 (1942), p. 135.

② 　*PL*, Vol. 142, Paris: Migne, 1853, p. 1259. "*Decet regem discere legem, Audiat rex, quod praecipit lex, Legem servare, hoc est regnare.*"

③ 　R. W. Carlyle and A. J. Carlyle, *A History of Mediaeval Political Theory in the West*, Vol. 3, *Political Theory from the Tenth Century to the Thirteenth*, Edinburgh and London: William Blackwood and Sons, 1915, p. 129.

帝的教会、基督信仰和自身自由奋战到最后一口气。"① 兰伯特也曾明确指出过君主和暴君的差别："暴君通过暴力和残酷统治让人民不情愿地服从,君主则是通过法律和古代习俗管理人民,这是二者之间的区别。"②

活跃于法国和德国南部地区的神学家劳腾巴赫的曼尼戈德(Manegold of Lautenbach,约 1030—约 1103)认为:"那些关爱民众的统治者具有荣耀的美德,被授予公正平衡的行政权力。但并不因此将统治者置于拥有任何许可的权力,而是要避免暴政,选择善的人,暴政会摧毁善,这种残暴支配了他们,舍弃了荣耀的美德,剥夺了民众的自由……国王的统治需要拥有信仰和令人敬畏,至少要坚持这一点。实行暴政则失去了民众对其的忠诚。"③ 也就是说施行暴政的暴君维护邪恶压制善,没有资格要求民众服从,这种暴政的罪行坏了他被任命时的德性。

不正义和不遵守法律的君主不是真正的君主的观点是中世纪有关政府理

---

① Lambertus Hersfeldensis, *Lamberti Hersfeldensis Annales*: *Ex Recensione Hessii*, Hannoverae, Impensis Bibliopolii Haniani, 1874, pp. 115 – 116. "*Sacramento se ei fidem dixisse*; *sed si ad aedificationem*, *non ad destructionem ecclesiae Dei*, *rex esse vellet*, *si iuste*, *si legitime*, *si more maiorum rebus moderaretur*, *si suum cuique ordinem*, *suam dignitatem*, *suas leges tutas invio-latasque manere pateretur. Sin ista prior ipse temerasset*, *se iam sacramenti huius religion non te-neri*, *sed quasi cum barbaro hoste et christiani nominis oppressore iustum deinceps bellum gestures et quoad ultima vitalis caloris scintilla superesset*, *pro ecclesia Dei*, *pro fide Christiana*, *pro lib-ertate etiam sua dimicaturos.*"

② Ibid, p. 236. "*Hanc regis ac tiranni esse distantiam*, *quod hic visque crudelitate obedientiam ex-torqueat ab invitis*, *ille legibus ac more maiorum moderetur subiectis praecipiatque facienda.*"

③ Ernst Dümmler, Friedrich Thaner and Lotkar von Heinemann, eds., *Monumenta Germaniae Historica*: *Libelli de lite imperatorum et pontificum saeculis XI. et XII*, Conscripti I, Hanno-ver: Bibliopolius Hahnianus, 1891, p. 365. "*Necesce est ergo*, *qui omnium curam gerere*, *omnes debet gubernare*, *maiore gratis virtutum super ceteros debeat splendere*, *traditam sibi potes-tatem summon equitatis libramine stubeat administrare. Neque enim populous ideo eum super se ex-altat*, *ut liberam concedat*, *sed ut a tyrannide ceterorum et improbitate defendat, Atque*, *cum il-le*, *qui pro coercendis pravis*, *probis defendendis eligitur*, *pravitatem in se fovere*, *bonos cont-erere*, *tyrannidem*, *quam debuit propulsare*, *in subiectos ceperit ipse crudelissime exercere*, *none clarum est*, *merito illum a concessa dignitate cadere*, *populum ad eius dominio et subiectione lib-erum existere*, *cum pactum*, *pro quo constitues est*, *constet illum prius irrupisse? ... Ut enim imperatoribus et regibus ad tuenda regni gubernacula fides et reverential est adhibenda*, *sic certe*, *sic firma ratione*, *si tyrannidem exercere eruperint*, *absque omni fidei lesion vel pretatis iactura nulla fidelitas est vel reverentia impendenda.*"

论的第一原则。① 约翰的暴君概念就运用了这一原则。

二、约翰的暴君定义

《论政府原理》中最早涉及暴君（*tyrannus*）一词，是在第三卷 15 章论述廷臣奉承的问题时，但是未提及何为暴君，直接提出了可以诛杀暴君："奉承暴君是合法的，诛杀也是合法的，不仅仅如此，诛杀是正确和正义的。"② 这里约翰是针对奉承而做的陈述，进而推论出可诛杀暴君，并没有阐释暴君问题，而是证明奉承是一种邪恶。约翰认为奉承暴君是为了保护个人及所在团体免于因诚实的建议激怒暴君而受到惩罚。

在第四卷 1 章中，约翰对暴君的定义在与君主（*princeps*）的对比中提出，约翰论述："暴君与君主简单而主要的区别在于后者遵守法律，并将自身置于人民的奴仆位置。法律的美德使其承诺担负整个国家的责任。"③ 约翰反复强调了暴君是不遵守法律的，在第八卷 17 章约翰指出："暴君与君主的特征相反。正如哲学家所描述的那样，暴君是依靠暴力统治压迫人民的人，而君主则是依法统治。……君主捍卫法律和人民的自由，暴君任意践踏法律，使法律有等于无，使人民沦为奴隶。因此君主与上帝相似，而暴君与上帝的对立面类似，甚至有类似于魔鬼撒旦的邪恶。"④ 第八卷 22 章，约翰再次指出："真正的君主的意志取决于神法，并且不损害自由。但是暴君的意志从属于个人的欲望，侵害了珍视自由的法律，给人民带来奴隶的枷锁。"⑤ 约翰强调："暴君依靠暴力统治压迫人民……当野心扎根，平等被践踏，不正义急剧增长，由此而产生了暴君。"⑥ "权力似乎带来自由和显赫的荣耀，导致人远离真理而有更多伤害。这是致命的灾祸，使得暴政增加，努力破坏和平与宁静

---

① R. W. Carlyle and A. J. Carlyle, *A History of Mediaeval Political Theory in the West*, Vol. 3, *Political Theory from the Tenth Century to the Thirteenth*, Edinburgh and London: William Blackwood and Sons, 1915, p. 128.

② *P.*, Book III, Chap. 15, p. 211.

③ *S.*, Book IV, Chap. 1, p. 1.

④ *S.*, Book VIII, Chap. 17, p. 335.

⑤ *S.*, Book VIII, Chap. 22, p. 394.

⑥ *S.*, Book VII, Chap. 17, pp. 282 – 283.

的结构……"① 单纯的权力不能保证自由，只有在公平正义中真理才能使人们自由，但由空虚引起的很多恶习会产生暴政。② 自由是追求德性生活和遵守法律的结果。掌握世俗权力或者精神权力，而不尊重权利和公平正义即为暴君。③ 对权力渴求的野心是一种恶，因而约翰认为夺权者是暴君，"夺得剑的人理应因剑而身亡。这里夺得剑是指鲁莽篡权，而不是从上帝那里得到。那些从上帝那获取权力的（君主），是法律的仆从，公平正义的奴役；而夺权压制正义的（暴君）使得法律成为自己意志的奴隶"④。合法的君主滥用权力违反法律也可成为暴君。⑤ 由此可见，约翰笔下的暴君是任意践踏法律，破坏自由、平等与正义，依靠暴力统治人民的。

在这里，约翰多次提到正义和自由这两个重要概念，对区分君主和暴君十分重要。遵循西塞罗的《论责任》中的概念，约翰认为："正义的主要因素是不做伤害别人之事，以及预防出于人类责任去做伤害之事。当你做这样的事，就是不正义。"⑥ 正义要求人们要对他人负责任。这种责任不只是单单地不做坏事，而且需要保护他人免受伤害。正义因此是社会合作的产物。因而，约翰认为正义是普遍意义上的德性，正义是符合共同利益的，它决定各成员如何履行自己的职责。每个部分的成员都有带来益处和正义行动的能力。这一原则与道德上的行为决定相关。"从地点、时间、方式、数量和原因中谨慎判断"，将美德从邪恶中"分离出来"。⑦ 个人要考虑相关的所有条件而选择最合适的行动。那么道德理性是决定个人行动的最终因素。约翰的道德自主性意味着所有人都要独自用理性面对关于正义的问题。反过来说，独立进行道德判断依赖于个人思想和表达的自由。《论政府原理》中阐述个人决定的前提条件是自由，正因为如此，约翰将德性与自由紧密联系起来。"自由意味着根据个人的判断力对一切事务自由评判……除了德性没有什么比自由更为灿

---

① *P.* , Book VIII, Chap. 16, p. 398.

② *P.* , Book VIII, Chap. 16, p. 399.

③ *S.* , Book VIII, Chap. 17, p. 338.

④ *P.* , Book III, Chap. 15, p. 211.

⑤ *S.* , Book VIII, Chap. 18, p. 352.

⑥ *S.* , Book V, Chap. 12, p. 58.

⑦ *P.* , Book VIII, Chap. 12, p. 373.

烂。"① "最好和最明智的人会给他人自由，会耐心地接受别人的自由言论，不管这种言论是什么；只要没有丢弃德性，他也不会反对自己的作品。"② 不是说人们自由的选择就是正确的，而是没有自由，人们就不可能从道德上做出正确选择，"没有自由德性不会完美，因此任何人都可以自由决定可以达到何种德性"③。

　　具体来说，自由和德性的关系源自个人根据自身环境决定好的行动。据此，约翰认为自由包括合理理性判断达到德性的途径："自由意味着根据个人的自由意志评判各种事物。"④ 君主在自由方面占据十分重要的位置。如果是好的君主，就会尊重人民意愿，保护他们的自由，"好的君主从未将自由踩在脚下"⑤。如果是暴君，人民的自由就得不到保障。于是自由的实现在很大程度上依赖于君主的道德品质。有德性的君主是自由王国最好的保证，既没有给臣民过多的自由，又没有过为严厉地控制他们，良好的统治原则是适度："君主要怎样关注自己行为才能适度，严格公正，宽厚仁慈，最终才会使他的臣民思想一致，整个国家和谐互爱？"⑥ 这就要求君主要通过践行自由，使人民互相尊重，互相爱戴，不能鼓励道德错误和奖励邪恶，"不能容忍公然的暴行"⑦。约翰反对君主"准备好惩罚那些臣民，因他们的错误而进行报复"⑧。君主和所有人一样要有德性，如果没有德性会造成整个国家的无序。健康的有机体中的君主的首要职责就是保护人民的自由和维护正义，君主保障了"和平和践行了正义，放弃了谎言和背信弃义。人们能够充分享有和平和自由，没有什么可以打破（这种形势）"⑨。"因此为了保护自由，允许人们自由地说出他们的恶习。"⑩ 他敦促智者要耐心听取他人的批评。⑪ 约翰尤其赞赏

---

① S. , Book Ⅶ, Chap. 25, p. 323.
② S. , Book Ⅶ, Chap. 25, p. 324.
③ S. , Book Ⅶ, Chap. 25, p. 323.
④ S. , Book Ⅶ, Chap. 25, p. 323.
⑤ S. , Book Ⅶ, Chap. 25, p. 323.
⑥ S. , Book Ⅳ, Chap. 8, p. 39.
⑦ S. , Book Ⅵ, Chap. 26, p. 265.
⑧ S. , Book Ⅳ, Chap. 9, p. 43.
⑨ S. , Book Ⅳ, Chap. 11, p. 54.
⑩ S. , Book Ⅶ, Chap. 25, p. 331.
⑪ S. , Book Ⅶ, Chap. 25, p. 330.

统治者等上层阶级人士允许低等级的人谴责他们的恶习。① 他甚至重新叙述对教皇阿德里安四世关于教会和教皇教廷恶习的批判。② 总之，约翰将国家的良好秩序同个人自由紧密联系起来，保护个人自由有利于防止暴君和损害共同利益的人出现。政治无序和缺乏自由是政府不适度做法的结果。如果统治者有寻求过多统治权的野心，运用权力奴役整个社会，他就是公众暴君。

约翰还将暴君与伊壁鸠鲁派联系在一起③，他指出："只按自己的意志行动的是伊壁鸠鲁派；他们的行动是欲望的奴隶，喜爱变成激情。"④ 如第二章所述，伊壁鸠鲁派从贪欲中获得幸福，认为可以不受惩罚地做事，"渴望一种虚构的自由，徒劳地想象可以没有恐惧的生活，不受惩罚地做一切可以取悦自己的事，有点像上帝；他希望模仿上帝的善，寻求上帝庇护他的邪恶不惩罚他。……他们贪求权力和荣耀"⑤。权力欲望是暴政的基础。这样，约翰担心如伊壁鸠鲁派那样忘记自由是一种自我控制、有限和适度，混淆了欲望追求和上帝允许的道德自由，用"自由的托词"，不履行自己的职责。⑥ 权力是自由的保障，君主保护人们的自由；而暴君只有获得权力的野心，不顾人民的意愿，"野心滋生了暴政"⑦。由此约翰认为："这种人只为获取权力，成为暴君，践踏正义，不考虑上帝而压抑自己本性。"⑧ 这正说明暴君不考虑自由和正义，运用权力满足自己的野心。

在第八卷 18 章，约翰对暴君的看法发生了转变："但我不否认暴君是上帝的使臣，上帝通过公正的判断希望他们凌驾于灵魂与肉体之上。最终通过暴君的手段，邪恶会受到惩罚，善良者受到考验与磨练。……暴君是经由上帝的涂油任命，他虽然推行暴政，却未丧失一个国王的荣耀。因为上帝以恐惧折磨所有人，所以他们应该像崇拜上帝一样崇拜扫罗（Saul，《圣经》中的

---

① S. , Book VII, Chap. 25, pp. 327 – 331.
② S. , Book VI, Chap. 24, pp. 252 – 257.
③ Cary J. Nederman, "John of Salisbury's Political Theory", in Christophe Grellard and Frédérique Lachaud, eds. , A Companion to John of Salisbury, Leiden：Brill, 2014, p. 267.
④ P. , Book VIII, Chap. 16, p. 399.
⑤ S. , Book VII, Chap. 17, p. 282.
⑥ S. , Book VII, Chap. 25, p. 324.
⑦ S. , Book VII, Chap. 25, p. 324.
⑧ S. , Book VII, Chap. 17, p. 282.

暴君），视其与上帝类似。"① 在约翰看来，暴君滥用了上帝授予的权力，但他的邪恶可以有多种用途，某些方面会是好的。这里认为暴君与上帝类似，而在上一章中约翰认为暴君与魔鬼撒旦类似，这样约翰使自己也使读者陷入了矛盾当中。

约翰习惯阐释问题时将其分为针对公众和针对私人两种，比如对君主的看法，法律的角色，知识的本质等，暴君也不例外，除了与君主相对的公众暴君外，约翰还提到了另外两种暴君，私人暴君和教会暴君。约翰指出："暴君不仅存在于君主中，每个滥用权力的人都会成为暴君。如果权力落入智者手中，他们懂得如何恰当地使用权力，对所有人都会有利。但是如果愚笨的人掌握了权力，那么即使对其他人来说不是真正的邪恶，也是十分痛苦的。"② 在教会，很多有野心的人和学艺的人，利用自己的职权而实行暴政。在现实生活中部分教皇和主教将教会变成私有的封地，并且用铁血手段实施统治。③ 约翰谴责教会中的暴君是极为贪婪和有权力欲的，他认为教会暴君是比公众暴君更为严重的威胁，"没有比人们自相残杀更为严重的伤害，在这之中世俗的或者教会暴君是最为严重的。二者相比，教会暴君的伤害超过公众暴君"④。约翰任职期间，教皇在宗教和行政方面的权力达到高峰，保护教会特权反对教皇权的滥用是约翰的主要关注点。

在约翰看来，暴君不可能尊重自由和公平正义，不管是教会的还是世俗的君主，他们只想用自己的权力谋取私利。这三种暴君，约翰侧重论述了公众暴君，他们不遵守法律，滥用权力，并且由此提出了他著名的"诛杀暴君"理论。

---

① *S.* , Book VIII, Chap. 18, pp. 350 – 351.

② *S.* , Book VIII, Chap. 18, p. 352.

③ Hector J. Massey, "John of Salisbury: Some Aspects of His Political Philosophy", *Classica et mediaevalia: revue danoise de philologie et d' histoire* XXVIII, Copenhagen: Museum Tusculanum Press, 1967, p. 367.

④ *S.* , Book VIII, Chap. 23, pp. 399 – 400.

第二节 "诛杀暴君"理论

关于如何对待暴君，约翰认为针对私人暴君、教会暴君和公众暴君这三种暴君要用不同的方法。私人暴君可以由公众法律来制裁。① 教会暴君则是一个特殊的问题，约翰道："如果根据人定法和神法除去世俗的暴君，那么谁又能认为我们有义务热爱和尊敬教会的暴君？……高级教士需要警醒，当他们犯罪的时候，正如毁灭他人一样，同样走向死亡。"② 人们因此没有义务去服从教会暴君。但如何反对教会暴君？约翰讲道："用世俗的剑去反对他是不合法的，是因为对神圣事物的尊敬，除非极个别的被解除僧职后，又血腥地反对上帝的教会。"③ 简言之，教会人士即使施行了暴政，也不能接受世俗的审判，进而也不能被诛杀。那么如何解决教会暴君的问题约翰没有给出明确的处理方法。

关于公众暴君，约翰首先认可的是废除他的王位，"目前为止最好是将其王权从君主这一头部扯下，而不是破坏国家组织主要和重要部分的秩序……"④ "允许所有人起诉那些危害权威的犯罪。"⑤ 约翰是为了讲述所有人都有可能因叛国罪被起诉。⑥ 约翰认为暴君是本质上的叛国罪，侵害所有人的正义（*corpus iustitiae*），"暴君犯了侵害公众的罪，而且如有可能，不仅仅是公众"⑦。换言之，正义是上帝的恩赐，侵犯正义（暴君的罪）等于攻击上帝的意志也是攻击有机体。害怕惩罚不是犹豫的借口，因为暴君没有朋友也不会有人对其忠诚。即任何人都可反对公众暴君。约翰描述了因责任和义务除去暴君："任何不起诉（暴君）的人就是反对他自己，而且是反对整个世俗

---

① *S.*, Book VIII, Chap. 18, p. 356.
② *S.*, Book VIII, Chap. 17, p. 349.
③ *S.*, Book VIII, Chap. 18, pp. 356 – 357.
④ *S.*, Book VII, Chap. 20, p. 310.
⑤ *P.*, Book III, Chap. 15, p. 212.
⑥ *S.*, Book VI, Chap. 25, pp. 260 – 263.
⑦ *P.*, Book III, Chap. 15, p. 212.

社会公众体。"① 因为反对的暴君的行动源自共同体中个人的责任，任何成员都有权力去做。所以约翰不认为诛杀暴君是个体行为；而是整个有机体中的所有成员的职责。每个成员都要维护有机体的共同利益，同样个体危害公共利益的行动是被禁止的。成员不能自由推卸评判自己的责任，约翰认为放弃这种责任，是大众奴化的标志，不能继续有德性的行为，将自己交付给暴君。约翰赞赏自由厌恶暴政，然而又认为政府暴政是因大众不考虑共同利益而容忍这种状况。放弃这种责任不仅仅是没有考虑个人，而且没有考虑共同体的其他成员。②

除此之外，约翰又多次提到暴君是可以诛杀的。在第三卷 15 章论述廷臣奉承的问题时，直接提出可以诛杀暴君。如本书第二章所述，约翰是针对奉承而做的陈述，暴君与奉承相互依存，奉承会产生暴君，君主成为暴君。在这种公平正义缺失的社会，奉承在道德层面被人们接受，进而推论出可以诛杀暴君，但这里仅是针对奉承带来的不好影响进行的讨论，在这之后，约翰又强调政府机构设置和发展公平正义的重要性。正如福朗分析约翰这样论述的原因："（这里）讨论的焦点是奉承的腐败影响，诛杀暴君仅仅是约翰阐述道德发展的修辞学工具，上述引用可理解成'合法奉承的人也合法被诛杀，但不奉承任何人才是合法'。于是在正义社会，个体要自我约束……约翰希望劝服读者约束自己并发展正义社会。"③ "根据人法和神法，当代的暴君是应当被消灭的。"④ "如果暴君被判定为人类的敌人……诛杀已被定罪的敌人是合法的，那么诛杀暴君同样合法。"⑤ "君主保护法律，确保人民的自由，因此与上帝有共通之处。而暴君不遵守法律，反对了上帝。……君主与神类似，是被爱，尊敬和珍爱的；而暴君近乎邪恶的，甚至应当被诛杀。"⑥

---

① *P.*, Book III, Chap. 15, p. 212. *Webb*, 1, p. 233. "*in totum rei publicae mundanae corpus.*"

② Cary J. Nederman, "Freedom, Community and Function: Communitarian Lessons of Medieval Political Theory", *The American Political Science Review*, Vol. 86, No. 4 (1992), p. 980.

③ Kate Langdon Forhan, "Salisbury's Stakes: The Uses of 'Tyranny' in John of Salisbury's *Policraticus*", *History of Political Thought*, Imprint Academic, Vol. 6, Issue 3 (1990), p. 401.

④ *S.*, Book VIII, Chap. 17, p. 349.

⑤ *S.*, Book VIII, Chap. 19, p. 364.

⑥ *S.*, Book VIII, Chap. 17, p. 336.

约翰喜爱的作者西塞罗在《论责任》提道："如果有人杀死一个暴君——尽管这个暴君是他最亲密的朋友——他就问心无愧，难道不是吗？不管怎么说，至少罗马人就抱有这种看法，因为他们认为，在一切荣耀的行为中，这种行为是最高尚的行为。……我们同专制者（暴君）的关系并不是什么伙伴关系，而是水火不相容的死对头。抢这种人的东西（如果你能抢到的话）并不违背自然，甚至将他杀死也是正当的。"① 约翰多次引用《论责任》，诛杀暴君的观点就是直接来源于该著的第一卷45章、第三卷4章和6章。② 约翰还通过引用《圣经·马太福音》中"拥有剑的人也值得死于剑下"③，证明可以诛杀暴君。约翰之前没有人阐述《圣经》有诛杀暴君的理论。

约翰在第八卷19章、20章和21章列举了世俗社会和《圣经》中大量的先例证明诛杀暴君合法合理：罗马时代的帝王和《圣经·旧约》里的暴君都没有好下场。这里列举的所有罗马时代的暴君里，他认为卡里古拉和尼禄是最坏的。约翰认为凯撒大帝有很多优点，但他因滥用权力而被暗杀的下场是应得的。朱利安（Julian，361—363在位）的死亡存在争议，一些人认为是由无形的手诛杀，另一些人认为是由愤怒的人杀死，不过约翰认为无论是人还是天使诛杀了他，显然都是承袭上帝旨意所做。其中一个《圣经》中的例子，约翰引用了朱迪思（Judith）的故事。朱迪思是《圣经·旧约》中的犹太女英雄，以美色诱惑亚述侵略者首领荷罗孚尼（Holofernes），趁其熟睡取其首级。约翰以此来证明诛杀公众暴君是正义的，而人们因服务于上帝是无罪自由的。上帝的教士们认为这是虔诚的行为。尽管这种行为看似是背叛的行为，但是上帝认为是奥秘的圣事。④ 约翰还特别提出了自己撰写的《暴君的下场》一书，是针对《论政府原理》中罗马暴君的阐释。⑤ 第八卷23章约翰再次强

① ［古罗马］西塞罗：《论老年 论友谊 论责任》，徐奕春译，北京：商务印书馆2013年版，第218，223页。

② Beryl Smalley, *The Becket Conflict and the Schools: a Study of Intellectuals in Politics*, Oxford: Basil Blackwell, 1973, p. 97.

③ S. , Book VI, Chap. 8, p. 198. "Omnes enim, qui acceperint gladium, gladio peribunt. "

④ S. , Book VIII, Chap. 19 – 20, pp. 358 – 391.

⑤ S. , Book VIII, Chap. 20, p. 367. 韦伯怀疑约翰并没有写过此书，或者没有留存下来。（C. C. J. Webb, *John of Salisbury*, London: Methuen & Co. Ltd. , 1932, p. 68）

调："显然暴君没有安全和安宁。"①

　　约翰认为不仅从法律上、逻辑上和历史事例中可以找到诛杀暴君的依据，还做出了极端的陈述——诛杀是"正确和正义的"。然而约翰并不是诛杀暴君的狂热支持者，他坚持了适度原则。适度思想贯穿了《论政府原理》，同样在诛杀暴君理论中有所体现。约翰认为："没有什么比用适度调节的权力更杰出和伟大。"② 良好的统治是要适度的，暴政显然滥用了权力，但不是每个人都可以判断谁是暴君并且去诛杀的。约翰没有集中地论述这一思想，而是分散在该著中，并且诛杀暴君有诸多限制，不同章节的论述甚至出现矛盾。"因为誓约或者忠诚而追随暴君的人不能负责暴君的死亡……利用毒药杀死暴君是不合法的……暴君必须从人们中间除掉，但是只有在不失信仰和荣誉的时候才可以。……除掉暴君的最有效和安全的方法，是那些受到压迫最厉害的人，他们谦卑地得到上帝的庇护，向上帝伸出无污染的手，他们虔诚地祈祷可以使所受的磨难远离。"③ 在当时约翰的国家英格兰，理论上所有的自由身份的人都对国王效忠④，那么可以说约翰虽认为暴君可以诛杀，不过没有实际的执行者。忽视实际的可操作性，约翰讲道："如果他们（暴君）逐渐违反法律，也不适宜立刻推翻他们，而是谨慎地责备他们的不公平正义，直到最后明显看出他们狂妄的践行恶习。"⑤

　　所以人们只能等待，即使到最后时刻，亦只有在暴君被限制了而没有任何其他方法的情况下才能除掉他们。⑥ 尽管君主要通过教会人员学习法律⑦，却并不能将自己的意志施加于世俗社会，约翰认为教会是不可以对世俗的暴君采取直接行动的。唯一的例外是暴君公然违背上帝和神法的时候，在这种情况下，教会人员和所有忠诚的基督徒都有同样的义务：将上帝置于世俗社

---

① *S.*，Book VIII，Chap. 23，p. 407.

② *P.*，Book VIII，Chap. 12，p. 367.

③ *S.*，Book VIII，Chap. 20，pp. 372 – 373.

④ Richard H. Rouse and Mary A. Rouse，"John of Salisbury and the Doctrine of Tyrannicide"，*Speculum*，Vol. 42，No. 4（1967），p. 698.

⑤ *S.*，Book V，Chap. 6，p. 85.

⑥ *S.*，Book VIII，Chap. 18，p. 356.

⑦ *S.*，Book IV，Chap. 6，p. 25.

会所有人之上，不服从这样的暴君。①

还有一种惩治暴君的方法：邪恶通常是由上帝惩罚的，有时是经过上帝之手，有时是通过人类，是由上帝派来惩罚那些邪恶有罪的。② 如果上帝要惩罚暴君，为什么要允许暴君的存在？约翰认为："暴君是基于有罪恶的人民而存在的，只有人民忏悔……才被允许挣脱枷锁诛杀暴君。"③ 正如詹姆斯·H.艾博仁茨（James H. Eberenz）在其博士论文中分析暴君的起源所做的论述：人们渴望权力的根源在于自尊心与野心，为过上富足的生活人们会努力得到某些职位。一旦达到这种职位，暴政随之而来：平等被摒弃了。尽管只有很少一部分人有资格获得王权，但没有任何形式的暴政是罕见的，最常见的暴君是通过暴力压迫人民。约翰的思想紧随了奥古斯丁的思想：如果有平等与正义被压制就会出现暴君，所有的国家就不会友好与和平。仅仅依靠尊重平等与正义是不够的，因为不管是教会暴君还是公众暴君都不会遵守正义的原则。在论述君主的章节中，约翰认为暴君的出现是因为神职人员的缺点。早期的族长追随自然这一人生最好的指导。他们追随摩西，摩西遵守法律并依法行事。约翰毫无疑问认为暴政源于罪恶。因为罪恶暴君出现，人们悔改暴君就会消失。④ 约翰煞费苦心证明诛杀暴君是被允许的，甚至在某些时刻是不能回避的责任，不过，是由上帝而不是人类决定是否、何时和如何诛杀暴君。约翰自己也认为暴君的下场是令人困惑的，如果暴君的恶行持续，会导致自我毁灭，但是如果回归正义，就会被原谅。⑤ 由约翰对"诛杀暴君"的论述可见，他是支持诛杀暴君的，与此同时又认为人们是无法直接诛杀暴君的，他没有明确地给出诛杀暴君的方法。

约翰在"诛杀暴君"理论上的矛盾表达，导致了学者们不同的猜测和推断。如绪论所述，一种观点认为约翰明确提出了"诛杀暴君"，以内德曼为代表。相对的观点则认为约翰从来没有对"诛杀暴君"的行为进行理论上的辩

---

① S. , Book VI, Chap. 25, p. 259.

② S. , Book VIII, Chap. 21, p. 375.

③ S. , Book VIII, Chap. 20, pp. 368 – 369.

④ James H. Eberenz, *The Concept of Sovereignty in Four Medieval Political Philosophers*：*John of Salisbury*，*St. Thomas Aquinas*，*Egidius Colonna and Marsilius of Padua*，Ph. D Dissertation，The Catholic University of America，1968，pp. 90 – 92.

⑤ S. , Book VIII, Chap. 21, p. 375.

护，以拉霍温为代表。著者认为，尽管约翰从未有明确、独立和连贯的关于暴君的观点和诛杀暴君的辩护，同时"诛杀暴君"理论论述有矛盾的地方，没有提出实际可行的操作方法，但他确实提出了"诛杀暴君"理论，该理论具有哲学的基础，这一基础源于国家作为一个政治有机体，所有的成员都积极合作以达到公共福祉和公正目的。当一个政体的统治者行为残暴，未能履行他应有的职责，与公众财富的紧密相连的四肢和其他器官以及上帝会纠正他，最终会诛杀暴君。约翰阐释了这种情况，他参考了很多历史的和《圣经》的有关暴君被合法地诛杀的例子。因此，约翰不仅是诛杀暴君理论的倡导者，而且还是拿起剑以公众利益和公正的名义反对暴君统治的实践者。

出现这一矛盾的原因除了约翰本人信奉"王权神授"①，认为只有上帝有权处置暴君外，更要将此问题放到作者所处的时代中去探讨，而不能简单地进行文本分析。亨利二世继位前，国王斯蒂芬统治后期与教会关系恶化，约翰亲身经历了乱政给国家和教会带来的灾难，正如利贝许茨所认为的："英格兰国王斯蒂芬为约翰提供了重要的焦点关注和问题解决。"② 约翰由此希望亨利二世不要重蹈覆辙实行暴政，要保证教会的自由和利益。从约翰对"诛杀暴君"的论述来看，他没有给出关于何人何时如何诛杀暴君的具体论述。出现这种模糊论述的其中一个重要原因是约翰对宫廷生活的复杂性十分警觉，对复杂问题不会给出简单的答案。《论政府原理》成书于1159年，约翰此时仍对国王亨利二世抱有希望，希望他不要像前任国王斯蒂芬一样，而是成为真正的君主。约翰无意暗杀有罪的君主，并不希望读到该书的人对这一理论有激进的解读，毕竟该书是献给当时的大法官和君主的顾问贝克特的，可以推断约翰希望该书能对亨利二世有影响，正如利贝许茨所说："约翰希望大法官在通过阅读此书后能够受到启发，然后努力引导年经的君主走正确的道路。"③ 约翰还希望此书对亨利二世有直接的影响，这一点在他的另一部著作

---

① 孟广林：《试论中古英国神学家约翰的"王权神授"学说》，载于《世界历史》1997年第6期，第74-82页。

② Hans Liebeschütz, "John of Salisbury and Pseudo - Plutarch", *Journal of the Warburg and Courtauld Institutes*, Vol. 6 (1943), p. 34.

③ Hans Liebeschütz, *Mediaeval Humanism in the Life and Writings of John of Salisbury*, London：Warburg Institute, 1950, p. 17.

《恩特替卡斯》中可以看出。《恩特替卡斯》在形式上模仿奥维德的《哀怨集》的介绍部分，奥维德当时被流放到罗马，他写《哀怨集》是希望得到奥古斯都的宽恕。这样对比可以推断约翰希望他的《论政府原理》能够被他的"奥古斯都"亨利二世看到。① 在《恩特替卡斯》中，约翰对在君主统治下如何表现给出了建议："不要做任何有意冒犯君主的事……他所禁止的都是错误的，他所喜欢的都是正确的；法律支持他或者毁灭他。"② 此外，在将该书献给贝克特前，约翰先让自己的密友策勒的彼得过目，"我出版了一本书，内容是关于廷臣的荒唐事和哲学家的足迹"。这是《论政府原理》的副标题，约翰在信中希望彼得将可能会对君主冒犯的地方删除："我不希望我成为任何廷臣的敌人，我请求您即刻开始改进此书，完成修订后寄回给我。"③ 由此看出，约翰并不希望自己的书冒犯当时的君主和宫廷，也不想将诛杀暴君的理论变成实际行动，正如理查德·H. 劳斯和玛丽·A. 劳斯分析："亨利二世与斯蒂芬相比强势暴烈，会做出侵害教会利益的事情。"④

总而言之，"诛杀暴君"论既有理论意义又有实际意义：从理论层面来看，约翰阐述"诛杀暴君"理论，并不希望除掉亨利二世；从实际操作层面来看，是对所有君主的警示，要依法施政，不要实行暴政。"诛杀暴君"理论的矛盾，是他所处时代矛盾的政治现实的反映。作为教会神职人员，约翰理所当然地维护教会的自由与权益，他提出"诛杀暴君"理论是希望世俗君主能够遵守法律，维护公平与正义，这样可以避免教俗冲突，进而保障教会的自由。同时约翰认为君主的权力来源于上帝，人们无法直接诛杀暴君，诛杀暴君缺乏实际的可操作性。约翰去世后不久，《论政府原理》开始逐步显现出其影响力，这部书被认为是关于政府本质问题的权威之作。对于"诛杀暴君"论，尽管约翰不是第一个提出该理论的西方思想家，但他是第一个明确而详

---

① C. C. J. Webb, *John of Salisbury*, London：Methuen & Co. Ltd. , 1932, pp. 22 – 24.

② *P.* , Entheticus, p. 417.

③ *Letters*, 1, No. 111, p. 182. " *Edidi librum de curialium nugis et uestigiis philosophorum. . . Incultus est, et ex edicto meo, a uobis amicis desiderat emendari. Ad illustrem uirum regis Anglorum cancellarium properabat, sed eum, nisi processus expedierit, cohibete.* "

④ Richard H. Rouse and Mary A. Rouse, "John of Salisbury and the Doctrine of Tyrannicide", *Speculum*, Vol. 42, No. 4 (1967), p. 708.

尽地阐释这一理论的人。①

第三节 "诛杀暴君"理论的现实基础

一、促使约翰写作的现实暴君

（一）斯蒂芬（Stephen of Blois，1092/ 1096—1154，1135—1154 在位）

一些学者认为约翰的思想与 12 世纪的形势没有关联，比如哈斯金斯讲道："在整个中世纪，政治理论远远落后于实践，12 世纪也不例外。的确，在教会和国家范畴之外，理论与实践没有什么联系，没有人试图从现行观察到的资料推究出一个理论，人们实践的是封建主义，而研究的是亚里士多德和早期基督教作家……是索尔兹伯里的约翰于 1159 年撰写的《政治学指南》（*Policraticus*），或者叫《统治者之书》（Rulers' book）。'它试图超越现实环境来构筑一个完整体系，旨在获取一种政治哲学的地位'，它'没有提到当时的任何政府形式'。它的作者拥有在教会法庭和亨利二世的国王法庭任职的丰富经历，但他几乎都没有提及……"② 普尔认为约翰引用大量古典著作而没有展示他那个时代的哲学，特别是辩证法。③ 这种观点只关注了约翰引用大量的古典资料和拉丁教父著作，而忽视了他的著作所反映的 12 世纪的政治问题，以及展现的通过前人的智慧提供解决当时问题的方法。更多的学者全面深入地分析了约翰的著作，对其反映的社会现实进行了中肯的评价。比如，利贝许茨认为："1159 年英国政治环境发生改变，新任国王建立了良好的行政集中管理体系。但我们仍然可以在约翰对亨利二世统治的批判中，追寻到大

---

① Charles Howard McIlwain, *The Growth of Political Thought in the West: from the Greeks to the End of the Middle Ages*, New York: Macmillan, 1932, p. 323.

② ［美］查尔斯·霍默·哈斯金斯：《12 世纪文艺复兴》，夏继果译，上海：上海人民出版社 2005 年版，第 288 页。

③ Reginald Lane Poole, *Illustrations of the History of Medieval Thought and Learning*, London: Society for Promoting Christian Knowledge, 1920, p. 192.

主教西奥博尔德对斯蒂芬无序的封建统治的影响。"① 他还指出："斯蒂芬无序统治时期，（约翰）在教会的经验一直在脑海中。"② 约翰在 1147 年进入大主教西奥博尔德的教廷，对斯蒂芬统治后期发生的很多事件都有积极参与，教廷经验丰富。

约翰在《恩特替卡斯》中通过塑造古典假名形象描述暴君。那些邪恶的人"俘获英格兰并认为自己是国王，统治了很长时间，（人民）深受暴君的折磨"③。在这些施行暴政的人中国王贺卡努斯（King Hircanus）尤为突出，"压迫人民，轻视法律和公平，与他相比，豺狼和老虎都更为温和，他比猪肮脏，比公山羊更为冲撞，出卖教会，以背叛著称……有国王的称号实际为人民的敌人……对和平的追求有利于他，但以暴君的形式，所以他会认为一切都臣服在他脚下"④。在他的统治下，没有公平正义，有罪的人没有受到惩罚，不是依靠理性和法律治理国家。⑤ 毫无疑问，贺卡努斯就是暴君的形象。约翰继续从这位暴君身上总结出一般暴君都会有的特征。尽管暴君也会寻求和平，但君主是依靠法律和公平正义统治的，而"人们不应该保护暴君的和平，因为他们不管做什么都不会依靠法律。公平正义不存在，神圣的法律被颠覆，他们宣布政令代替法律"⑥。这充分说明暴君的统治仅靠个人意愿而不会考虑人民的利益，忽视良好政府所有的标准，人们成为暴君的奴隶而失去了自由，"暴君控制了人们的自由，每个人必须选择做他所要求的"⑦。《恩特替卡斯》接着讽刺了那些为了自己的地位和财富支持暴君的人，再一次使用了假名曼德格鲁斯（Mandrogerus）、安提帕特（Antipater）和思博鲁斯（Sporus）。⑧ 大卫·鲁斯卡姆（David Luscome）认为这三个人是国王斯蒂芬的廷臣：莱斯特的罗伯特（Robert of Leicester，1104—1168）、露西的理查德

---

① Hans Liebeschütz，"John of Salisbury and Pseudo – Plutarch"，*Journal of the Warburg and Courtauld Institutes*，Vol. 6（1943），p. 34.

② Hans Liebeschütz，*Mediaeval Humanism in the Life and Writings of John of Salisbury*，Nendeln：Kraus Reprint，1968，p. 48.

③ *Ent.*，1，pp. 188 – 189.

④ *Ent.*，1，pp. 190 – 191.

⑤ *Ent.*，1，pp. 190 – 195.

⑥ *Ent.*，1，pp. 192 – 193.

⑦ *Ent.*，1，pp. 192 – 193.

⑧ *Ent.*，1，pp. 194 – 201.

（Richard of Lucy，约 1089—1179）和理查德·杜荷麦特（Richard du Hommet，1110—1181），而国王贺卡努斯是国王斯蒂芬。① 这些人的共同特征就是对自由、法律和美德的憎恶，如曼德格鲁斯用公共权力谋取个人私利，"将他个人所喜爱的等同于善"②。这样再一次证明了暴君对权力滥用，对人民自由压迫。

利贝许茨认为约翰的《论政府原理》与《恩特替卡斯》相比，对国王斯蒂芬的统治兴趣下降。③ 约翰写作《论政府原理》时用了更多的参考资料，而且在亨利二世宫廷的政治经验更加丰富，这样他对伦理学和政治学的理解更为深入，特别是对暴君的描述更为成熟，从而对斯蒂芬的统治进行了重新评价。④ 尽管可看出约翰对斯蒂芬的统治仍持否定态度，描述其统治为"他的宫廷没有任何地方让人感到安全"⑤，但约翰同样没有明确指出暴君是哪一位英格兰国王。约翰认为在斯蒂芬统治时期很多贵族跟随国王的暴政而不会有好下场，他列举了这些人："在我们自己的土地上，杰弗里（Geoffrey V，1113—1151）、麦洛（Milo，生卒不详）、拉努夫（Ranulf II/ Ranulf de Gerno，1099—1153）、艾伦（Alan，生卒不详）、西蒙（Simon，生卒不详）和吉尔伯特（Gilbert de Clare，约 1100—1148），这些王国的伯爵难道不是公共敌人？还有索尔兹伯里的威廉（William of Salisbury，? —1196）、罗伯特·马米恩（Robert Marmion，? —1143）……他们的恶意的确引人入目，并且声名狼藉，对于他们悲剧的结局，我们这个时代仍没有遗忘。如果有人不熟悉古代历史……如果不回顾过去的暴君的不幸和失败，强制性地让他去看所有暴君的

---

① David Luscome, "John of Salisbury in Recent Scholarship", in *WJS*, p. 29. 此外，拉霍温、利贝许茨和内德曼都有相同的观点，具体见：*Entheticus Maior and Minor*, Edited and Translated by Jan van Laarhoven, Vol. 1, Leiden, Netherlands; New York: E. J. Brill, 1987, p. 55. Hans Liebeschütz, *Mediaeval Humanism in the Life and Writings of John of Salisbury*, Nendeln: Kraus Reprint, 1968, pp. 20 – 22; Cary J. Nederman, "The Changing Face of Tyranny: The Reign of King Stephen in John of Salisbury's Political Thought", *Nottingham Medieval Studies*, Vol. 33（1989），p. 3.

② *Ent*., 1, pp. 194 – 195.

③ Hans Liebeschütz, *Mediaeval Humanism in the Life and Writings of John of Salisbury*, Nendeln: Kraus Reprint, 1968, pp. 21 – 22;

④ Giles Constable, "The Alleged Disgrace of John of Salisbury in 1159", *The English Historical Review*, Vol. 69, No. 270（1954），pp. 74 – 76.

⑤ *S*., Book VI, Chap. 18, p. 235.

结局都是悲惨的。"① 亨利·阿尔弗雷德·克洛内（Henry Alfred Cronne）指出："索尔兹伯里的约翰列举的知名的公共敌人，他们都有一个共同点，不管犯了什么罪，都是教会的违背者。"② 总之，约翰在著作中提及了追随暴君的廷臣不会有好结局，暗示了斯蒂芬的暴政，斯蒂芬是促使约翰写作有关暴君理论的第一位现实生活中的暴君。

（二）西西里的罗杰二世（Roger II of Sicily，1095—1154，1130—1154 在位）

999 年，诺曼人开始出现在南部意大利，大多为来自科唐坦半岛（Cotentin）和西诺曼底的贵族；1016 年，他们已经卷入当地复杂的政治形势，帮助当地人反抗拜占庭的统治权。③ 之后，诺曼人在南意的势力逐步扩大，罗杰一世（Roger I，约 1040—1101）在 1095 年取得西西里郡（County of Sicily）的统治权，还确立了卡拉布里亚和西西里的伯爵爵位，这使他的儿子能够成为欧洲其他王朝的盟友。④ 1105 年罗杰一世的小儿子罗杰二世继任西西里伯爵，又先后取得了卡拉布里亚（Calabria，1122）和阿普利亚（Apulia，1127）的全部领土，并逼迫当时的教皇霍诺留二世（Pope Honorius II，1060—1130，1124—1130 任职）对这一既成事实予以肯定，封他为公爵。这样，罗杰二世首次将诺曼人在南意的三块领地——西西里、卡拉布里亚和阿普利亚——统一了起来。1130 年，教皇霍诺留二世去世，英诺森二世和阿纳克莱图斯二世（Anacletus II，? —1138）争夺教皇位，罗杰二世一开始支持后者，并于同年获得这位伪教皇授予的西西里王国的王位，这样意大利诺曼王朝（1130—

---

① *S.* , Book VIII, Chap. 21, p. 393.

② Henry Alfred Cronne, *The Reign of Stephen*, 1135 – 1154: *Anarchy in England*, London: Weidenfeld and Nicolson, 1970, p. 2.

③ Malcolm Barber, *The Two Cities: Medieval Europe*, 1050 – 1320, London; New York: Routledge, 2004, p. 209.

④ Hubert Houben, *Roger II of Sicily: A Ruler Between East and West*, translated by Graham A. Loud and Diane Milburn, Cambridge: Cambridge University Press, 2002, p. 8.

1194）建立起来。① 最终，教皇英诺森二世承认了这个新王国。1302 年，西西里岛与大陆分裂，各自成为独立的王国，那不勒斯（Naples）的安茹国王是"西西里国王"，西西里岛的阿拉贡国王也一样，这预示了"两个西西里王国"的出现。② 罗杰二世集中行政权力，没有将政府和社会封建化的意图，他不仅重新确立了巴勒莫（Palermo）的西西里行政中心地位，而且恢复了穆斯林王子在他私人和公众生活中的活动。西西里新王朝被一些学者认为是一种暴君政治，是巴勒莫的穆斯林埃米尔（Emir，穆斯林国家的酋长、王公或统帅的称号）的继任者。③ 1130 年的教皇选举，英诺森二世得到教会权威人士克莱尔沃的伯纳德支持，最终获得合法地位，罗杰二世因支持伪教皇阿纳克莱图斯二世，被认为是分裂教会。伯纳德呼吁各地的武装力量起来对抗西西里暴政。④

在《论政府原理》中，约翰提到西西里暴政⑤，却没有明说罗杰二世为暴君；提到罗杰二世时，又与暴君主题无关⑥。约翰不可能直接指出罗杰二世的暴行。因为完成《论政府原理》时，虽然罗杰二世已经去世，但他的儿子威廉一世（William I of Sicily，1131—1166，1154—1166 在位）统治诺曼西西里，并且与英格兰的金雀花王朝关系密切。如果指出罗杰二世是暴君，那么也会冒犯英格兰王室。如果否认西西里国王的统治方法，或许会被认为是对亨利二世君权的诋毁。因此约翰忽略当时的政治情况是明智的选择。但他对暴君的论述不是一成不变的，而是根据本人的经历变化的。约翰在法国流放期间完成《教皇史》，该著论述了教皇尤金三世（Pope Eugene III，约 1080—

---

① Marjorie Chibnall, *The Normans*, Oxford, UK; Malden, Mass. : Blackwell Publishers, 2006, p. 86. 有关诺曼人在南意的征服和统治，参见：沈坚的《诺曼西西里：中古地中海世界的一页》（载于《史林》1997 年第 1 期，第 100 – 108 页），《南意诺曼人的对外政策》（载于《史学集刊》2002 年第 2 期，第 59 – 64 页），《南意大利的诺曼征服》（载于《史学月刊》2006 年第 6 期，第 106 – 110 页，115 页）。

② Helene Wieruszowski, "Roger II of Sicily, Rex – Tyrannus, In Twelfth – Century Political Thought", *Speculum*, Vol. 38, No. 1（1963），p. 49.

③ Ibid, p. 53.

④ Ibid, pp. 53 – 54.

⑤ *S.* , Book VII, Chapter 25, pp. 328 – 329; *P.* , Book VIII, Chap. 6, p. 320; *S.* , Book VIII, Chap. 23, p. 407.

⑥ *S.* , Book VII, Chap. 19, p. 296.

1153，1145—115 任职）和罗杰二世对教会控制权的争斗，他这样评价罗杰二世："这位国王效仿暴君，将他王国内的教会变成奴役，取消自由选举，提前让候选人当选，教会所有的机构由宫廷任命。"① 这种干涉教会自由迫使教会处于奴役状态的国王会得到惩罚："国王将会承受没有教会使节进入他的国家的惩罚。"② 约翰赞赏教皇对西西里国王严厉的惩罚，但教皇担心西西里国王的狡猾，因为这位国王一直试图抓住教会的过错，利用似是而非的理由指控教会。③

由此看来，约翰论述的暴政不是历史事例中阐述政府邪恶的形式，而是一种真实的政治形势，斯蒂芬和罗杰二世是约翰现实中面对的暴君，正如厄尔曼所说："罗杰二世和斯蒂芬两位暴君引发了他（约翰）的论著。"④ 厄尔曼接着分析道："罗杰二世的统治对约翰来说过为血腥，因为罗马法的严厉基于绝对的君主统治。斯蒂芬不遵守法律，因而造成混乱。罗杰不尊重教会，斯蒂芬缺少法律基础。一位太过依赖于罗马法，一个太少。"⑤ 对二人的论述再一次证明了法律和教会自由问题是约翰判定暴君的重要因素。

二、贝克特与亨利二世的争论

《论政府原理》中的政治理论整体上看是以一种积极的态度陈述的，约翰期望亨利二世能够成为他所描述的合法的君主。但是合法的君主也有可能违背法律而变成暴君，这种情况约翰并未清晰地论述。约翰对亨利二世后来对教会的态度感到焦虑。在 1159 年完成该著时，约翰是坎特伯雷大主教贝克的西奥博尔德的秘书，他一直支持大主教和坎特伯雷辖区的权利。⑥ 西奥博尔德在任职之初，利用自己的影响力支持安茹王朝的继承者，亨利二世十分感激。

---

① *H. P.*，p. 65.

② *H. P.*，p. 66.

③ *H. P.*，p. 67.

④ Walter Ullmann，"John of Salisbury's *Policraticus* in the Later Middle Ages"，in Herausgegeben von Karl Hauck und Hubert Mordek，eds.，*Geschichtsschreibung und geistiges Leben im Mittelalter*：*Festschrift für Heinz Löwe zum 65. Geburtstag*，Köln；Wien：Böhlau，1978，p. 535.

⑤ Ibid，p. 535.

⑥ Ibid，pp. xii – xxiv. 约翰有可能最早从 1148 年或最晚从 1154 年开始任秘书一职。

此后西奥博尔德建议亨利二世任用坎特伯雷的领班神父贝克特。这是教会与国家关系好的时期，但是很快教会感到了失望。首先，贝克特的行为让西奥博尔德和约翰失望。贝克特急切地接受了宫廷奢侈的生活，约翰在该著中论及"廷臣的轻薄"，包括狩猎，赌博和宴请及穿衣打扮等，温和地讽刺了贝克特。约翰说："我不是竭力禁止你穿华丽的黄金刺绣衣服；每天奢侈的（地）大摆筵席；担任要职；……迎合时代有悖常理的道德，正直的你卷入了所有的事件……尽管已经有很多，但是你非常伟大的（地）不允许自己掉入此等陷阱。"① 更重要的是，贝克特并没有保证教会的自由，这让西奥博尔德和约翰不满。再者，1156 年后西奥博尔德一直生病，1159 年夏天他知道自己已无多少时日。② 此时，约翰已完成《论政府原理》，他担心西奥博尔德去世后，如果亨利二世违反了平等的法律，没有人能够保护教会。在约翰的信件中，不管是署自己的名还是以西奥博尔德的名义写的③，都显示了对教会未来的焦虑。比如，1160 年约翰以西奥博尔德之名给亨利的信中写道："如果你期望基督是对你有利的，要寻求教会的支持，……如果缺少教会的支持，会使得整个基督教成为敌人，……这个世界的子民建议你减少教会的权威，增加皇家的权力。但是他们这种做法是威胁了你的威严，……或许会带来上帝的愤怒……这是一种罪恶，会带来严重惩罚；或者通过上帝的赐福，可以避免惩罚。"④ 这封信虽是约翰在完成《论政府原理》之后所写，但是这一年内教会和世俗社会的关系没有根本的转变。从信件中可以看出坎特伯雷教区对王室的不信任已经非常深了。这种不信任在《论政府原理》中也已经显示，约翰赞扬了年轻的亨利二世之前的作为："根据上帝赐予他的恩典，他的未来道路是漫长和繁荣的。但是一段时期显示这位年轻的君主的令人疑惑的地方，或

---

① *P.* , Book VIII, Chap. 25, p. 410.

② *Letters*, 1, No. 22, p. 35, footnote 2.

③ *Letters*, 1, p. xxxviii.

④ *Letters*, 1, No. 127, p. 220. "*Si uultis, immo quia uultis Christum habere propitium, sponsam eius. . . Nam cui deest gratia ecclesiae tota creatrix Tinitas aduersatur. Suggerunt uobis filii saeculi huius ut ecclesiae minuatis auctoritatem ut uobis regia dignitas augeatur. Certe uestram inpugnant maiestatem et indignationem Dei procurant quicumque sunt illi. Ipse est qui dilatauit terminos uestros, ipse qui uestram prouexit gloriam, et omnino iniquum est si uos benefactoris uestri et Domini gloriam contrahatis; poene dignum est et proculdubiopoena acerbissima punietur, immo Deo propitio non punietur quia ipso propitiante non fiet.*"

许证明这种担忧不是毫无根据的。"① 在 1156 年秋季到 1157 年复活节期间，亨利二世十分不喜欢约翰，约翰提到亨利因为自己对教会自由的维护而愤怒。② 他认为亨利二世干预了教会选举权的自由、教会法庭及教会的财政权。此后亨利二世越来越粗暴地干涉教会自由，与贝克特的分歧也逐渐增大，在这一过程中，约翰逐渐认识到亨利二世的统治是一种暴政，亨利二世成为"暴君"，对待亨利二世的态度已与写作《论政府原理》时大为不同。贝克特冲突使约翰"深陷政治中"③，教会自由问题是他一直坚守的底线，亨利二世破坏教会自由时，他毫无疑问地全力支持贝克特维护教会。

第四节　暴君对国家有机体的影响

第三章论述的约翰的"双剑论"是约翰理想中的没有出现暴君的国家和教会的关系。然而不管是出现公众暴君还是教会暴君，都会影响二者的关系，进而影响整个有机体的运作。

第一种情况是教会面对公众暴君。公众暴君依靠个人意愿和暴力统治，而不遵守法律④，人民成了他的奴仆⑤，教会也受到了严重的威胁。暴君破坏了整个国家的秩序，人民没有自由，造成"不管是集体还是个人，只要听从一个头部的意志，就失去了自己的自由意志"⑥。约翰强调教会要对公众暴君统治下的自由缺失负责。他谴责道："暴君在不通过教会选举的情况下安插他的人，因为受到威胁而选举一些不知名和不称职的教士，公开出售上帝的教会，强迫主教服务于邪恶，迫使教士流放，压迫教会，侵吞教会财产，残忍地折磨教士，侮辱破坏神职人员，将野兽的法则引入，迫使主教保持沉默，以达到任意实施暴行而不受任何限制，不断反对罗马教会，不根据法律行事，

---

① S. , Book VI, Chap. 18, p. 237.
② Letters, 1, No. 19, pp. 31－32.
③ Beryl Smalley, *The Becket Conflict and the Schools: a Study of Intellectuals in Politics*, Oxford: Basil Blackwell, 1973, p. 102
④ S. , Book VIII, Chap. 17, p. 335.
⑤ S. , Book VIII, Chap. 22, p. 394.
⑥ P. , Book III, Chap. 10, p. 184.

最后倾向于将法律变成自己的意志。"① 这些行为是暴君免除自己对上帝的责任的结果。但约翰从未说过教会可以对公共暴君直接采取行动，教会缺少高于世俗政府的政治权威，受到精神权力的制约，必须承受被掠夺的后果。唯一的例外是暴君直接反对神法，在这种情况下，神职人员和所有虔诚的基督徒都有责任：他们拒绝服从任何自认为先于上帝的人，必须珍爱教会优于自己的生命。② 公众暴君自然无法履行君主的责任，无法保证整个有机体即国家的健康。

第二种情况是君主会遇到为自己谋私利的教会暴君。主教和修道院院长玩忽职守③，而为自己谋求权力，"在宗教的掩护下亵渎神明，对教士的权力不仅渴望而且努力争取"④。约翰发现罗马教廷充满了贪婪与阴谋，甚至教皇本人都不能逃脱暴君的控告，教会暴君的伤害超过公众暴君⑤。人们没有义务去服从教会暴君。如果君主听取教会暴君的建议，不仅会危害自己的道德与精神境况，而且会损害整个有机体的健康。于是拥有良好品德的君主会拒绝服从邪恶的神职人员，他只会追随合法的教士。因为他自身的品德，他永远不会允许自己行邪恶之事，君主享有对教士规定评判的自由。如果教士认为君主应该按神法规范自己的行为，君主需要照此行事。但是这是由君主自身的意志决定的。约翰强调自由决定自己的行为而不受外部干扰是一种美德⑥，这一原则尤其适用于君主面对神职人员时：君主必须自由地决定是否听取神职人员的建议，如果他们的建议是好的可以听取，君主同样有权拒绝他认为对公众秩序有害的建议。因而对于君主与教会暴君的关系，约翰认为君主无须一成不变地服从教会，而是君主对上帝负责，可以拒绝教士。尽管君主可以不服从教会暴君，但他同样没有权力去对抗教会暴君。用世俗的剑去反对他是不合法的，是因为对神圣事物的尊敬，除非极个别的被解除僧职后，又

---

① *S.*, Book VII, Chap. 20, p. 308.

② *S.*, Book VI, Chap. 25, p. 259.

③ *S.*, Book VIII, Chap. 17, p. 339.

④ *S.*, Book VIII, Chap. 23, p. 398.

⑤ *S.*, Book VIII, Chap. 23, pp. 399 – 400.

⑥ Cary J. Nederman, "The Aristotelian Doctrine of the Mean and John of Salisbury's Concept of Liberty", in *Vivarium*, Vol. 2, No. 2 (1986), pp. 128 – 142.

血腥地反对上帝的教会。① 由此约翰认为可将教会暴君交给教会法庭，解除其教籍将是最严重的处罚。只有当他没有了教士的特权，而从属于世俗的法律，他们所犯下的罪行才可按私人暴君处理。约翰反复强调世俗权力不能介入教会，教会暴君的出现使得教会失去灵魂的指导作用，君主可以不听取错误的指引。

　　第三种情况是既有公众暴君又有教会暴君。有机体的头部和灵魂都堕落为暴君，都为恣意做事寻求权力，成为"不虔敬的国家"②。"公众暴君毫无信仰，与盗贼为伍；……教会暴君聚集在一起妄图将耶稣埋葬。……他们（这两种暴君）为满足自己的野心，用自己的职权优势践行暴政。"③ "暴君作为头部是魔鬼的映象；灵魂充斥着异端分裂亵渎神明的教士，用普鲁塔克的话来说即为向神法开展的宗教长官；不公正的顾问占据心脏部位，是不公正的议会；眼、耳、舌头和未武装的手是不公正的法官、法律和行政官员；武装的手包括暴力的士兵，被西塞罗称为土匪；双足谦卑地行走反对上帝及其合法机构。"④ 在这种情况下，教士会成为奉承者和伪善者，会告知公众暴君没有畏惧地寻求权力只满足自己的私欲。这样灵魂和头部间达到一种和谐，但会以痛苦悲惨结局。⑤

　　显而易见，暴君的出现影响了有机体的正常运作，国家有机体只能在合法的君主管理下运行正常。如果"头部"是暴君或者出现教会暴君，都会陷入无人可以除去暴君的绝境，直接的行动都是被禁止的，世俗的和精神的权力都没有资格对另一方评判，这种冲突只能由上帝解决，上帝将选择或者不选人类来处理。

　　综上所述，约翰将暴君分为公众暴君、私人暴君和教会暴君三种。公众暴君即最高统治者滥用权力只为满足自己私利，侵害正义和自由，不遵守法律。约翰由此在《论政府原理》提出了著名的"诛杀暴君"论，明确指出公

① S. , Book VIII, Chap. 18, pp. 356 – 357.
② Cary J. Nederman, "Priests, Kings, and Tyrants: Spiritual and Temporal Power in John of Salisbury's *Policraticus*", *Speculum* 66, No. 3 (1991), p. 586.
③ S. , Book VIII, Chap. 17, p. 339.
④ S. , Book VIII, Chap. 17, p. 339.
⑤ Cary J. Nederman, "Priests, Kings, and Tyrants: Spiritual and Temporal Power in John of Salisbury's *Policraticus*", *Speculum* 66, No. 3 (1991), p. 586.

众暴君可以诛杀，但他没有给出何时何人如何诛杀暴君。在现实生活中，斯蒂芬和罗杰二世是促使约翰写作的暴君原型，但在实际操作层面，他不可能得罪当时的王室，没有指出可以诛杀这两位国王。同时该书又是献给当时的国王亨利二世的大法官贝克特的，希望亨利二世能够成为他期望的理想君主。但随着亨利二世与贝克特的冲突激化，这位国王成为暴君，约翰坚决地反对国王的政策而支持贝克特维护教会自由。在贝克特殉难后，竭力推动其封圣，以维护坎特伯雷教会的自由和地位。此外，暴君的出现也会影响整个国家有机体的健康，只能由上帝解决暴君问题。

卡莱尔指出了中世纪三个重要的观念，每个都保证了对君主的限制。第一，政治组织的目的或功能是伦理的，也就是说要维持正义与公正。第二，法律的至高无上是正义的具体阐释。第三，君主与臣民之间的关系是建立于相互的维护正义与法律的义务中的。① 约翰的"诛杀暴君"理论始终体现了这些原则，对法律与正义十分重视。这种重视法律与正义公正的思想对中世纪之后的近现代西方政治哲学提供了理论准备。

---

① R. W. Carlyle and A. J. Carlyle, *A History of Mediaeval Political Theory in the West*, Vol. 3, *Political Theory from theTenth Century to the Thirteenth*, Edinburgh and London: William Blackwood and Sons, 1915, pp. 181 – 185.

第五章　历史影响和历史地位

约翰的著作，特别是《论政府原理》在中世纪逐步得到广泛传播和重视，他的君主论、反暴君思想、有机体论等影响了很多学者的观念和写作。约翰成为 12 世纪人文主义的最佳代表人物之一。

第一节　约翰著作在中世纪的传播

一、朋友圈的传播

从中外学者掌握的资料及写作的作品来看，尽管约翰作品手稿数量缺乏调研，作品传播受到地域限制，间接的二次引用作品的传播也很难估量，但仍可看出，约翰著作的传播，如《逻辑论》《恩特替卡斯》和《教皇史》等，特别是《论政府原理》对中世纪的思想体系和社会政治现实产生了较为重要的影响。

如前所述，《论政府原理》是献给贝克特的，该著的其他复本仅在他的朋友中小范围传播。韦伯描述了该著存在的手稿和早期印刷版本。① 最早拥有该

---

① *Webb*, 1, p. xlviii.

著的除贝克特外，还有奥多①、布里托②以及约翰请求修改该书的策勒的彼
得③。约翰在沙特尔的遗产包括一部《论政府原理》的复本。④ 这样，该著在
12 世纪时主要在英格兰和法国的约翰朋友圈中传播。比如，布洛瓦的彼得
（Peter of Blois，约 1130—约 1211），很有可能师从过约翰⑤，在他的信件中引
用了约翰作品中的古典知识⑥。彼得在信中讲到，他常引用的历史学家有约瑟
夫斯（Josephus，约 37—约 100）、苏埃托尼乌斯（Suetonius，约 69—约 140）
和塔西佗（Publius / Gaius Cornelius Tacitus，约 56—约 117）等⑦，这些正是
约翰在该著的第八卷 18 章中列举的古典历史学家⑧，他们的著作都是研究暴
君暴政重要的史料。彼得还吹嘘他有能力同时撰写四封信，只有凯撒才能与
其媲美，实际上他有很多引用直接来自约翰。⑨ 西多会修士弗鲁瓦蒙的埃利南
（Hélinand of Froidmont，约 1150—约 1237）编著了《关于统治权的概要》一
书，该著已经遗失，但是多明我会修士博韦的文森特（Vincent of Beauvais，
约 1190—约 1264）在他的著作中多次提及该著，显示了对该著章节的引用，
包括有机体论、罗马法和士兵论等。⑩ 奈杰尔·怀尔克（Nigel Wireker or Ni-
gel de Longchamps，约 1135—约 1198）的著作《反对廷臣与教士官员》

---

① *Webb*，1，p. xi. "*B（de Bello）= Bodl. MS. Lat. misc. c.* 16…*Odonem Ioannis Saresberiensis amicum，qui ex monacho Cantuariensi abbas de Bello a.* 1175 *factus a.* 1200 *mortem obiit…*"

② *Webb*，1，p. 7. "*Si potes，Odoni studeas donare salute：Accipiatque Brito，te ueniente，cruc-eem.*" *Letters*，1，No. 111，p. 182. "*fur ille Cant（uariensis）Brito de cuius manu auelli non potuit，antequam totus depingeretur….*" 约翰用幽默的语气讲到布里托在复制完整本书之前不会将原稿交出。*Ent.*，1，pp. 242 – 243. "*accipiatque Brito，te venient，crucem.*"

③ *Letters*，1，No. 111，p. 182. "*Nollem tamen quod me curialibus faceret inimicum.*"

④ Frédérique Lachaud，"Filiation and Context：The Medieval Afterlife of the *Policraticus*"，in Christophe Grellard and Frédérique Lachaud，eds.，*A Companion to John of Salisbury*，Lei-den：Brill，2014，p. 398.

⑤ R. W. Southern，*Medieval Humanism and Other Studies*，Oxford：Blackwell，1970，p. 109.

⑥ Ethel Cardwell Higonnet，"Spiritual Ideas in the Letters of Peter of Blois"，*Speculum*，Vol. 50，No. 2（1975），p. 240.

⑦ J. A. Giles，ed.，*Petri Blesensis Bathoniensis Archidiaconi Opera Omnia*，Vol. 1 – 4，Oxford，1847 – 1848，EP. 101，1：317. 转引自 Ibid，p. 239.

⑧ *P.*，Book VIII，Chap. 18，p. 356.

⑨ R. W. Southern，*Medieval Humanism and Other Studies*，Oxford：Blackwell，1970，p. 119.

⑩ Walter Ullmann，"John of Salisbury's *Policraticus* in the Later Middle Ages"，in Herausgegeben von Karl Hauck und Hubert Mordek，eds.，*Geschichtsschreibung und geistiges Leben im Mittel-alter：Festschrift für Heinz Löwe zum 65. Geburtstag*，Köln；Wien：Böhlau，1978，p. 522.

（*Tractacus contra curiales et officiales clericos*）同样是献给英格兰的大法官威廉·隆尚（William Longchamp，? —1197，1189—1197 任大法官）的，也用诗作为序言，《恩特替卡斯》影响了奈杰尔的写作，对宫廷持讽刺批判的态度，特别谴责了教士廷臣，他从《论政府原理》中选取了很多章节，特别是罗马法方面的资料全部来自该书。① 英诺森三世（Innocent III/Lotario dei Conti di Segni，1160 /1161—1216）的《人类的痛苦》（*De miseria humanae conditiois*，On the Misery of the Human Condition）一书创作于 1189/1190—1198 年间，采用了《论政府原理》的两章。②

二、教会中的传播

13 世纪初，约翰的手稿复本与 12 世纪的数量差不多，大部分为英格兰修道院的缮写室编写。③ 主要有三位作者引用了约翰的作品：教会作家威尔士的吉拉德（Gerald of Wales，1146—1223），法国诗人纪尧姆·德·洛里斯（Guillaume de Lorris，1200—1240）和法国教会作家何兰德·弗洛蒙德（Hélinand of Froidmont，约 1150—约 1237）④。威尔士的吉拉德在其著作《论君主的教导》（*De Principis Instructione*）中直接引用了约翰《论政府原理》的第四卷第 8 章，对暴君问题也有论述。⑤ 弗洛蒙德的一篇布道中，借鉴约翰的观点，指出选择好的士兵的重要性，以及关于士兵的誓约和士兵精神和世俗的划分；在他的《年鉴》（*Chronicon*）中，阐明对《论政府原理》的不同章节都很熟悉，在君主、正义、法律和有机体论等方面都有借鉴。⑥ 除这三位作

① Amon Linder, "The Knowledge of John of Salisbury in the Late Middle Ages", *Studi medievali*, Spoleto: Centro Italiano di Studi Sull' alto Medioevo di Spoleto, serie 3, 18 FASC. 2 1977, p. 322.

② Ibid, p. 323.

③ Ibid, p. 323.

④ Ibid, p. 324.

⑤ 参见英文译著: *Concerning the Instruction of Princes*, translated from the original Latin by Joseph Stevenson, Felinfach: J. M. F. Books, 1991. 该译著仅包括第二和第三部分，论述君主和暴君的第一部分尚无英文译著。

⑥ Frédérique Lachaud, "Filiation and Context: The Medieval Afterlife of the *Policraticus*", in Christophe Grellard and Frédérique Lachaud, eds., *A Companion to John of Salisbury*, Leiden: Brill, 2014, pp. 398–401.

者外，内德曼认为限制王权的里程碑文献 1215 年的《大宪章》（*Manga Carta*）在一定程度上受到约翰关于反对暴君暴政论述的影响。① 约翰在暴君论中提及的图拉真故事版本，成为当时最流行的版本。

意大利的著名哲学家和神学家托马斯·阿奎纳（Thomas Aquinas，1225—1274），从约翰那里借用了法律至高权威和处死暴君的观点。② 13 世纪后期的多明我会修士约翰·威斯特菲尔德（John Westerfeld，生卒不详）运用了毕达哥拉斯关于灵魂的知识，这一知识来自《论政府原理》。③ 约翰还为修道士提供了大量的圣经经典阐述，比如高兰的尼古拉斯（Nicholas of Gorran，1232—1295）是巴黎第一位评注《圣经》的学者，这些评注直接引用约翰的著作，并且在 1263—1285 年间使用其进行布道。④ 方济会修士图尔纳的吉贝尔（Franciscan Guibert of Tournai，约 1200—1284）1259 年完成《君主的主要指导》（*Eruditio regum et principum*），大量借鉴了《论政府原理》，引用主题包括打猎、廷臣的恶习、机构的设置、正义和君主等。⑤ 英格理查德·德·伯里（Richard de Bury，1287—1345），曾任杜伦（Durham）主教，在其著作《书林》（*Philobiblon*）中参考了《论政府原理》的第四卷，赞扬学习，阐述学习和权力之间的关系，同时他还存有《逻辑论》和《论政府原理》的手稿。⑥ 另一位杜伦主教罗杰·沃尔瑟姆（Roger Waltham，? —1336）在其著作《伦理概要》（*Compendium morale*）中，直接引用了《论政府原理》的第五卷 2 章的国家定义和有机体隐喻，引用第四卷 6 章以证明智慧和君主学习的重要性。⑦ 约翰内斯·冯·诺伊马克特（Johann von Neumarkt，约 1310—1380），曾任立德米修（Leitomis-

---

① Cary J. Nederman, "The Liberty of the Church and the Road to Runnymede: John of Salisbury and the Intellectual Foundations of the Magna Carta", *Political Science and Politics*, Vol. 43, Issue 3（2010）, pp. 456 – 461.

② Urmila Sharma and S. K. Sharma, *Western Political Thought*, *From Plato to Burke*, Vol. 1, New Delhi: Atlantic Publishers & Distributors, 2003, p. 257.

③ Beryl Smalley, *Studies in Medieval Thought and Learning: from Abelard to Wyclif*, London: Hambledon, 1981, p. 199.

④ Ibid, p. 328.

⑤ Frédérique Lachaud, "Filiation and Context: The Medieval Afterlife of the *Policraticus*", in Christophe Grellard and Frédérique Lachaud, eds., *A Companion to John of Salisbury*, Leiden: Brill, 2014, p. 404.

⑥ Ibid, p. 410.

⑦ Ibid, p. 411.

chl)、奥尔米茨（Olmütz）的主教以及神圣罗马帝国皇帝查理四世（Charles
IV，1316—1378，1346—1378 在位）大帝的大法官，拥有该著的手稿。①

　　除《论政府原理》的传播外，约翰的《圣贝克特传》在 12 世纪末之前已
经有很多修道院使用，包括坎特伯雷、罗契斯特（Rochester）、莱森修道院
（Lessnes Abbey）、克莱尔沃（Clairvaux）、蓬蒂尼（Pontigny）、穆瓦萨克
（Moissac）、阿恩斯坦（Arnstein）、圣休伯特（St. Hubert）、圣菲利斯·那科
（San Felice de Narco）。这一趋势延续到 13 世纪，越来越多的人认可贝克特的
封圣，越来越多的人去其墓穴朝圣，人们对约翰的圣徒传兴趣增强。② 约翰的
信件集被认为是信件写作的典范。第一部在西奥博尔德名下写的信，仅保留
了 3 部手稿，是法庭的规范，和讲演的专业范本。③

三、思想界及法学界的传播

　　12、13 世纪《论政府原理》的手稿仅有约 20 种，而 14 世纪出现至少 24
种新的手稿，15 世纪有 38 种。④ 这种现象不能只归因于手稿保存良好，更重
要的是《论政府原理》的传播环境改变。首先，传播中心从英格兰转到欧洲
大陆。12、13 世纪基本为源自英格兰的手稿，而 14、15 世纪主要源自大陆，
特别是法国境内的不同地区。除此之外，还有伊比利亚半岛、意大利、德国、
法国和冰岛。⑤ 其次，手稿拥有者转变，之前主要在修道院，这时多为私人拥
有，包括非基督徒。

　　特别是 13 世纪中期以后，约翰逐步受到重视，《论政府原理》传播加速。
主要原因是知识分子对宪政问题的兴趣增强，大学出现，托钵修会在知识界
影响力增大，约翰对贝克特积极形象的传播，使得对贝克特崇拜的影响范围

---

① Amon Linder, "The Knowledge of John of Salisbury in the Late Middle Ages", *Studi medieva-li*, Spoleto: Centro Italiano di Studi Sull' alto Medioevo di Spoleto, serie 3, 18 FASC. 2 1977, p. 338.

② Ibid, pp. 331 – 332.

③ Ibid, p. 332.

④ Ibid, p. 336.

⑤ Frédérique Lachaud, "Filiation and Context: The Medieval Afterlife of the Policraticus", in Christophe Grellard and Frédérique Lachaud, eds. , *A Companion to John of Salisbury*, Leiden: Brill, 2014, p. 408.

更加广泛。特别是在亨利三世（Henry III，1207—1272，1216—1272 在位）统治下，领主贵族和高级教士联合反对国王，这使得政治意识达到一个高度。国家和社会相互依赖，一种类似于国家性的'英格兰国家'越来越成为政治实践中新的可能。① 政治遗产和国家（Corporate State）概念在《论政府原理》中都得到了大量的阐述，很多学者开始引用该著，其中以著名的英格兰法学家布拉克顿（Henry of Bracton，1210—1268）为代表。布拉克顿所著的《论英格兰的法律与习惯》（*De Legibus et Consuetudinibus Angliae*）一书就有对待暴君的论述。他对暴君的定义直接引自约翰的观点，国王违反了维持正义的义务，就不再是国王，而是暴君，不是上帝的使者而是魔鬼的。布拉克顿明确了暴君是魔鬼的使者，但并没有明确提出诛杀的观点，他认为上帝会惩罚暴君并且终止他们的统治。②

值得一提的是，大学兴起对约翰作品的传播起了重要作用。由于大学古典文学资料缺乏，所以在一定程度上使得《论政府原理》获得关注。首先在牛津，继而在巴黎及欧洲大陆其他学校里。约翰作品的传播过程中的一个重要人物是威尔士的约翰（John of Wales，? —1285）。他于1259—1262 年间在牛津任大学教师，1270 年左右到达巴黎，1281—1283 年成为巴黎神学老师董事（Regent Master of Theology）。③ 威尔士的约翰熟知该著的全部内容，他的《最高比较》（*Summa collationum*）是一部材料充实、分类明晰的巨著，不仅可用来布道还可用在日常对话中，该书引用了古典知识、《圣经》及教父著作。④ 该书关注社会结构和政府，显示了《论政府原理》的影响。这种影响集中在政府责任、家族关系、教会权威和权力、非基督徒社会的阶层和秩序（如法官，公职人员，士兵等）方面。威尔士的约翰在英格兰和巴黎学校都比

---

① Amon Linder, "The Knowledge of John of Salisbury in the Late Middle Ages", *Studi medievali*, Spoleto: Centro Italiano di Studi Sull' alto Medioevo di Spoleto, serie 3, 18 FASC. 2 1977, pp. 325 – 326.

② Fritz Schulz, "Bracton on Kingship", *The English Historical Review*, Vol. 60, No. 237 (1945), p. 153.

③ Jenny Swanson, *John of Wales: a Study of the Works and Ideas of a Thirteenth – century Friar*, Cambridge: Cambridge University Press, 1989, pp. 4 – 5.

④ William Abel Pantin, *The English Church in the Fourteenth Century: Based on the Birkbeck Lectures, 1948*, Cambridge: Cambridge University Press, 2010, p. 147.

较活跃，加之他本人发表的著作，特别是《最高比较》至少有 140 份手稿①，这样极大地促进了约翰观点的传播。

人们对《论政府原理》兴趣的增加，还催生了与该书相关的其他著作。第一部就是普鲁塔克所著的《图拉真的教导》，无论这是否为约翰伪造，在 14 世纪无可争议地被很多人熟知，15 世纪普鲁塔克被认为是亚里士多德之后亚历山大之前的哲学导师。② 博洛尼亚法官约翰·卡尔德里尼（John Calderi-ni，生卒不详）在 14 世纪中叶编著的《文本，关于索尔兹伯里的约翰〈论政府原理〉显著索引》（*Tabula, seu index rerum memorabilium quae sunt in Poli-cratico Johannis Satisberiensis*），是关于《论政府原理》的参考书，促进了对约翰著作的实际运用，他创作此书的目的是满足法学院学者和学生的需求。此参考书在整个欧洲都很流行，有利于《论政府原理》的传播。③ 1372 年丹尼斯·富赛（Denys Foulechat，生卒不详）将该书翻译成方言法语，该书法语版本只在一定范围内传播，主要影响了非基督徒的廷臣，他们已经受到拉丁原版的影响。④ 由此可见，《论政府原理》衍生出的伪著、参考书和翻译书这三种类型的书，增强了该书的影响力。

虽然这一时期很多学者了解《论政府原理》，但并不知道该书的作者为约翰，甚至认为 *Policraticus* 这一书名为作者。比如，在法国，拉乌尔·德·普莱斯（Raoul de Presles，1316—1382）在《国家伦理概要》（*Compendium morale rei publicae*）一书中提及君主与基督的合作，君主是"上帝的映象（*imago Dei*），这些观点或许间接来自约翰的著作；在西班牙，阿尔韦聿·伯拉纠（Alvarus Pe-lagius，约 1280—1352）了解《论政府原理》的部分知识，引用的"领导人是阅读者（*Rex illiteratus est quasi asinus coronatus*）"成为流行的谚语，他关于君主责任的观点毫无疑问地来自约翰；即使小说家如用法语写作的吉约姆·德·迪古

---

① Frédérique Lachaud, "Filiation and Context: The Medieval Afterlife of the *Policraticus*", in Christophe Grellard and Frédérique Lachaud, eds., *A Companion to John of Salisbury*, Lei-den: Brill, 2014, p. 397.

② Amon Linder, "The Knowledge of John of Salisbury in the Late Middle Ages", *Studi medieva-li*, Spoleto: Centro Italiano di Studi Sull' alto Medioevo di Spoleto, serie 3, 18 FASC. 2 1977, p. 333.

③ Ibid, p. 334.

④ Ibid, p. 334.

尔维尔（Guillaume de Digulleville，约 1295—1358）也参考该著。这些作者对《论政府原理》的引用似乎是为了点缀文章而不是有实质性地为主题服务。①

英格兰哲学家沃尔特·伯利（Walter Burley，约 1275—1344）在《道德哲学家的传记》（*Liber de vita et moribus philosophorum*）中参考了《论政府原理》，尽管一些学者认为该著非伯利所著，而是在意大利的书籍，但该著有多于 150 份的手稿，帮助传播了《论政府原理》的一些篇章。② 法国有三位作者对《论政府原理》的引用特别多：出生于威尼斯的法国女作家克里斯蒂娜·德·皮桑（Christine de Pizan，1364—约 1430），学者让·格尔森（Jean Gerson，1363—1429）和史学家让·尤那维利斯·德斯·于尔桑（Jean Juvénal des Ursins，1388—1473）。克里斯蒂娜有两部著作受约翰影响：《论政治有机体》（*Le Livre du Corps de Policie*，*The Book of the Body Politic*）和《和平书》（*Le Livre de la Paix*，*The Book of Peace*）。《论政治有机体》于 1406—1407 年间完成，正如题名所示，该书是在《论政府原理》的基础上所做。《和平书》完成于 1412—1414 年间，作者在其作品中多次引用《论政府原理》。③ 让·格尔森在他的布道和演讲中引用《论政府原理》，比如布道《幸存的君主》（*Vivat rex*）关于王国改革部分，引用了约翰的普鲁塔克给图拉真的信，认为君主的公众和神秘生活如同有机体中的头部，使用有机体隐喻强调各阶层不同的分工职责和互利互助，还用了很长的篇幅论述暴君。④ 于尔桑在 1435 年完成的《聆听天堂》（*Audite celi*）中引用了《论政府原理》第六卷 17 章关于凯撒的论述；在 1440 年完成的《论苦难》（*Loquar in tribulacione*）中

---

① Walter Ullmann, "John of Salisbury's *Policraticus* in the Later Middle Ages", in Herausgegeben von Karl Hauck und Hubert Mordek ed. , *Geschichtsschreibung und geistiges Leben im Mittelalter: Festschrift für Heinz Löwe zum 65. Geburtstag*, Köln; Wien: Böhlau, 1978, pp. 523 – 524.

② Frédérique Lachaud, "Filiation and Context: The Medieval Afterlife of the *Policraticus*", in Christophe Grellard and Frédérique Lachaud, eds. , *A Companion to John of Salisbury*, Leiden: Brill, 2014, p. 412.

③ Walter Ullmann, "John of Salisbury's *Policraticus* in the Later Middle Ages", in Herausgegeben von Karl Hauck und Hubert Mordek, eds. , *Geschichtsschreibung und geistiges Leben im Mittelalter: Festschrift für Heinz Löwe zum 65. Geburtstag*, Köln; Wien: Böhlau, 1978, p. 529.

④ Frédérique Lachaud, "Filiation and Context: The Medieval Afterlife of the *Policraticus*", in Christophe Grellard and Frédérique Lachaud, eds. , *A Companion to John of Salisbury*, Leiden: Brill, 2014, p. 424.

引用该著中的智慧论述，凯撒和亚历山大的章节，军事纪律和《图拉真的教导》；在 1458 年完成的《实际中的君主》（*Exortation faite au roy*）中引用该著关于德性和恶习的部分章节；在约 1452 年完成的《上帝，请倾听我的言辞》（*Verba mea auribus percipe，Domine*）中引用该著第五卷 2 章中有关有机体，君主必要的教育，军事机构，及君主和法律的关系等的论述。① 这三位作者多次参考约翰著作，是因为当时的法国正面临政治和军事危机，他们到《论政府原理》中寻求政治和伦理的经验，特别是关于有机体的论述。②

除了私人拥有约翰著作，罗马教廷和皇家图书馆也存有《论政府原理》，很多廷臣对该著特别熟悉，以便用来给国王建议。比如 1258 年一封写给教皇亚历山大四世（Alexander IV，约 1185—1261，1254—1261 任职）的信中，讲到领主贵族已经接受了约翰的国家观点，并且以此在宫廷审判中为自己辩护。③ 罗马的贾尔斯（Giles of Rome，*Aegidius Romanus*，约 1245—1316）创作了《论君主政治》（*De regimine principum*），该书约完成于 1284 年，参考了约翰的有机体论，是献给他的学生、法国国王腓力四世（Philippe Ⅳ，1268—1314，1285—1314 在位）的，希望能给君主指导建议。④ 意大利历史学家卢卡的巴塞洛缪（Bartholomew of Lucca，约 1236—约 1327）完成了阿奎那未完结的《论君主政治》（*De regimine principum，On the Government of Rulers*），该著重复了约翰关于国家有机体的概念，并且特别提到参考了《论政府原理》一书。⑤ 在法国巴黎的皇室，查理五世（Charles V，1338—1380，1364—1380 在位）的顾问尼古拉·奥雷斯姆（Nicole Oresme，约 1320—1382），在讨论普

① Frédérique Lachaud，"Filiation and Context：The Medieval Afterlife of the *Policraticus*"，in Christophe Grellard and Frédérique Lachaud，eds.，*A Companion to John of Salisbury*，Leiden：Brill，pp. 429 – 431.

② Ibid，p. 433.

③ Amnon Linder，"John of Salisbury's *Policraticus* in Thirteenth – Century England：The Evidence of MsCambridge Corpus Christi College 469"，*Journal of the Warburg and Courtauld Institutes*，Vol. 40（1977），p. 282.

④ Frédérique Lachaud，"Filiation and Context：The Medieval Afterlife of the *Policraticus*"，in Christophe Grellard and Frédérique Lachaud，eds.，*A Companion to John of Salisbury*，Leiden：Brill，2014，pp. 406 – 407.

⑤ Amnon Linder，"John of Salisbury's *Policraticus* in Thirteenth – Century England：The Evidence of MsCambridge Corpus Christi College 469"，*Journal of the Warburg and Courtauld Institutes*，Vol. 40（1977），p. 327.

鲁塔克的有机体论和评论亚里士多德的《政治学》时参考了该著。他之前为劝阻约翰二世（John Ⅱ, 1319—1364, 1350—1364 在位）为私利而施行的铸币政策，在《论货币》（De moneta）中已经引用了该著的拉丁原版，以证明该政策是一种暴政，注定会失败。① 查理六世（Charles Ⅵ, 1368—1422, 1380—1422 年在位）统治时期，政治合法性、社会政治统一性、反对名义上的君主政策的权利，这些都成为很重要的议题，增强了人们对能够提供解决方法的《论政府原理》的兴趣。② 塞内（Senez）主教罗伯特·热尔韦（Robert Gervais,？—1390, 1369—1390 任职），在他献给查理六世的《君主的道德榜样》（Speculum morale regium）中使用了该书。③

　　约翰本人虽不是法学家，但他对法学文本的熟练掌握远远超越同时期的人，因此影响了中世纪的法学家。14、15 世纪时，法学家拥有《论政府原理》手稿的比例明显增加，影响范围变广。意大利那不勒斯、西西里、博洛尼亚、佛罗伦萨，法国，西班牙等地的法学家都从此资源中得到启发。比如博洛尼亚的教会法学家约翰内斯·凯尔德努斯（Johannes Calderinus,？—1365）为《论政府原理》添加索引，并命名为《关于在〈论政府原理〉一书前的列表或发现》（Tabula seu repertorium super premisso libro policratici）。④ 意大利那不勒斯法学家培那的卢卡斯（Lucas de Penna, 1325—1390）认为："关于诛杀暴君，《论政府原理》写出了许多值得人们记忆的东西……上帝只有通过毁灭公共敌人才能得到安慰。"他坚信约翰的观点："诛杀暴君不仅允许，而且正义。"⑤ 那不勒斯法学院的另一个代表帕里斯·波多（Paris de Puteo, 1410—1493）与卢卡斯相同，对约翰的古典知识不感兴趣，而是关注其司法思想。他谈及统治者问题

---

① Amnon Linder, "John of Salisbury's *Policraticus* in Thirteenth – Century England: The Evidence of MsCambridge Corpus Christi College 469", *Journal of the Warburg and Courtauld Institutes*, Vol. 40（1977）, p. 347.

② Ibid, p. 348.

③ Ibid, p. 348.

④ Walter Ullmann, "John of Salisbury's *Policraticus* in the Later Middle Ages", in Herausgegeben von Karl Hauck und Hubert Mordek, eds. , *Geschichtsschreibung und geistiges Leben im Mittelalter: Festschrift für Heinz Löwe zum 65. Geburtstag*, Köln；Wien: Böhlau, 1978, p. 526.

⑤ Amon Linder, "The Knowledge of John of Salisbury in the Late Middle Ages", *Studi medievali*, Spoleto: Centro Italiano di Studi Sull' alto Medioevo di Spoleto, serie 3, 18 FASC. 2 1977, p. 387.

时指出："该问题在《论政府原理》中的第七部分 17 章得到深刻的阐释。"① 那不勒斯法学家帕里斯·达尔·波佐（Paride dal Pozzo，约 1410—1493），在其著作《论联合》（*De sindicatu*）中，指出在某些情况下诛杀暴君是合法的。② 约翰的这一理论为法学家反对暴君暴政、限制王权提供了理论依据。正如乌尔曼所说："约翰反对暴君的这种不妥协的态度在中世纪后期得到法学家们的重视。"③ 近代早期，约翰的观点仍有影响力。法国法学家皮埃尔·瑞巴非（Pierre Rebuffi or Petrus Rebuffus，1487—1557），在对奥尔登堡王朝的丹麦和挪威国王弗雷德里克一世（Frederick I，1471—1533）的观点分析时，论述了君主的职能，并从《论政府原理》与《查士丁尼法典》中获得资料。④

　　约翰著作除了在法学家中受欢迎外，很多人文主义者也将其视为权威。比如意大利诗人但丁（Dante，约 1265—1321）的代表作《神曲》（*Comme-dia*，Divine Comedy）中的某些章节显示他对《论政府原理》的了解，并且借用了部分主题。⑤ 佛罗伦萨的人文主义者科卢乔·萨卢塔蒂（Coluccio Saluta-ti，1331—1406）在其著作《暴君论》（*De tyranno*）中论证了约翰的暴君理论，他写此书的目的是论述凯撒政权的合法性及但丁在地狱中对卡西乌斯（Gaius Cassius Longinus，? —前 42）和布鲁特斯（Lucius Junius Brutus，? —前 509）惩罚的公正性。萨卢塔蒂熟知《论政府原理》，描述约翰为"有学识的忠诚的权威人物"（*vir eruditissimus auctoritas fides*）。尽管他不认同约翰的两个观点：诛杀暴君是合法的和凯撒是暴君。他认为约翰只是列举了被杀的暴君

① Amon Linder，"The Knowledge of John of Salisbury in the Late Middle Ages"，*Studi medieva-li*，Spoleto：Centro Italiano di Studi Sull' alto Medioevo di Spoleto，serie 3，18 FASC. 2 1977，p. 391.

② Frédérique Lachaud，"Filiation and Context：The Medieval Afterlife of the *Policraticus*"，in Christophe Grellard and Frédérique Lachaud，eds.，*A Companion to John of Salisbury*，Lei-den：Brill，2014，p. 415.

③ Walter Ullmann，"The Influence of John of Salisbury on Medieval Italian Jurists"，*The English Historical Review*，Vol. 59，No. 235（1944），p. 391.

④ Walter Ullmann，"John of Salisbury's *Policraticus* in the Later Middle Ages"，in Herausgegeben von Karl Hauck und Hubert Mordek，eds.，*Geschichtsschreibung und geistiges Leben im Mittel-alter：Festschrift für Heinz Löwe zum 65. Geburtstag*，Köln；Wien：Böhlau，1978，p. 528.

⑤ Amon Linder，"The Knowledge of John of Salisbury in the Late Middle Ages"，*Studi medieva-li*，Spoleto：Centro Italiano di Studi Sull' alto Medioevo di Spoleto，serie 3，18 FASC. 2 1977，p. 345.

的例子，不能证明诛杀暴君合法。他还曾参考了源自《论政府原理》的伪普鲁塔克的著作。① 此外，14 世纪英格兰很多修道士的著作体现了人文主义，他们"模仿古典"，直接使用了约翰著作中的古典典故。② 甚至反人文主义者也会引用约翰观点。萨卢塔蒂的朋友约翰·多米尼奇（John Dominici，1356—1419）反对人文主义，但他在例证哲学时，通过引用《论政府原理》支撑自己的观点；对历史知识价值的认识，多米尼奇建议读者参阅《论政府原理》里的章节，他引用过约翰著名的言论："君主没有学识如同带着皇冠的蠢驴。"③ 他还至少参考过一次《逻辑论》。④

综上所述，《论政府原理》的传播影响了约翰的朋友圈、教会、思想界和法学界。从作品完成到 13 世纪上半叶，该阶段传播范围有限。约翰的朋友和贝克特圈子的同僚，这些人大多为英格兰人，他们是该阶段的传播主导者。这一阶段约翰被认为是贝克特的密友、有学识的主教，在崇拜贝克特越来越强烈后更增强了这一形象。从 13 世纪中叶开始，该著在多个领域被认为是权威资料来源，14、15 世纪该著成为非常受欢迎和有影响力的作品，16 世纪这种影响仍有持续。这一时期有更多的手稿，参考书目及间接引用资料出现。传播者包括教士，大学教师，政治家等。大学教育对《论政府原理》的接受，保证了其能够持续传播，特别是引起了神学家和人文主义修辞学家对该著的重视。因此受教育的大众中有越来越多的人熟知《论政府原理》。手稿拥有者们也从教士扩展到其他群体，包括统治者、贵族、商人、廷臣、大学教师和学生、法学家和人文主义者等。地域方面，从英格兰和法国极为有限的圈子，扩展到整个欧洲大陆。该著的流行在于从 13 世纪开始，它成为获取古典资源和《圣经》资料简便的途径。而且该著阐述了连贯性的政治理论，关注社会

---

① Amon Linder, "The Knowledge of John of Salisbury in the Late Middle Ages", *Studi medievali*, Spoleto: Centro Italiano di Studi Sull' alto Medioevo di Spoleto, serie 3, 18 FASC. 2 1977, pp. 346 – 347.

② Rodney Thomson, "John of Salisbury and William of Malmesbury: Currents in Twelfth – Century Humanism", in *WJS*, p. 125.

③ *Webb*, 1, p. 254. "*rex illiteratus est quasi asinus coronatus.*" *P.*, IV, Chapter 6, p. 28.

④ Walter Ullmann, "John of Salisbury's *Policraticus* in the Later Middle Ages", in Herausgegeben von Karl Hauck und Hubert Mordek ed., *Geschichtsschreibung und geistiges Leben im Mittelalter: Festschrift für Heinz Löwe zum 65. Geburtstag*, Köln; Wien: Böhlau, 1978, p. 529.

政治生活中的有机体概念、暴君与合法君主的区别，这些理论为中世纪后期出现的一些问题提供了具体的解决办法。在此阶段，约翰作为贝克特密友的形象减弱，特别是在《论政府原理》被神学家接受后，成为一种权威，对其诛杀暴君理论的重新揭示产生了重要影响。① 此外，从该书衍生出诸如《图拉真的教导》等伪著看出，人们对古典知识越来越重视。科特·F. 布勒（Curt F. Bühler）指出将作品归于约翰的行为持续到 16 世纪。② 约翰的古典学识，有着典型的人文主义视角，塑造了他另一个形象——古典学者和人文主义者。

第二节　中世纪人文主义的代表

约翰著述和思想影响较大，学者对其评价很高。盖恩斯·波斯特（Gaines Post）认为："约翰因其本人的学说和影响地位非常重要。"③ 弗雷德里克·查尔斯·科普尔斯顿（Frederick Charles Copleston）称约翰为："最有天赋的人文主义哲学家……他是 12 世纪哲学人文主义的最佳代表。"④ 麦格克（J. J. N. McGurk）认为："约翰呈现了渗透 12 世纪思想的新的人文主义。"⑤ 对其有相同评价的还有雷诺兹（L. D. Reynolds）、威尔逊（N. G. Wilson）、内德曼以及萨瑟恩等。⑥

"人文主义"是一个被广泛使用但含义复杂含糊的概念，要分析约翰思想

---

① Amon Linder, "The Knowledge of John of Salisbury in the Late Middle Ages", *Studi medievali*, Spoleto: Centro Italiano di Studi Sull' alto Medioevo di Spoleto, serie 3, 18 FASC. 2 1977, pp. 353 – 355.

② Curt F. Bühler, "A Relatio Brevis of the Life and Martyrdom of St. Thomas à Becket（Libri impressi cum notis manuscriptis — V）", *Scriptorium Année*, Vol. 25, 2（1952）, pp. 274 – 276.

③ Gaines Post, *Studies in Medieval Legal Thought: Public Law and the State*, 1100 – 1322, Princeton, New Jersey: Princeton University Press, 1964, p. 514.

④ Frederick Charles Copleston, *A History of Philosophy: Medieval Philosophy, Augustine to Scotus*, vol. 2, Pennsylvania: Newman Press, 1953, p. 169.

⑤ J. J. N. McGurk, "John of Salisbury History", *History Today*, Vol. 25, 1（1975）, p. 40.

⑥ L. D. Reynolds and N. G. Wilson, *Scribes and Scholars: a Guide to the Transmission of Greek and Latin Literature*, Oxford: Clarendon Press, 1991, p. 112; Cary J. Nederman, *John of Salisbury*, Tempe and Arizona: Arizona Center for Medieval and Renaissance Studies, 2005, p. 41; R. W. Southern, *Medieval Humanism and Other Studies*, Oxford: Blackwell, 1970, p. 30.

中的"人文主义"特点，有必要回顾一下"人文主义"一词的历史并界定其内涵。① "人文主义"由英文 humanism 翻译而来，又被译为"人道主义"，"人本主义"和"人文科学"等。根据阿伦·布洛克（Alan Bullock）分析，humanism 一词的来源为拉丁文 *humanitas*，而该拉丁词本身又是一个更古老的希腊概念的罗马翻版，古希腊人的文科学科中的一种全面的教育希腊文叫 en-kyklia paedeia，之后西塞罗在拉丁文中找到了一个对等的词 *humanitas*。② 直到19 世纪，才由德国的伏依格特（Georg Voig，1827—1891）和瑞士的布克哈特（Jacob Christoph Burckhardt，1818—1897）等史学家首先将德文新创的"人文主义"（*humanismus*）一词用于他们认为与古典学术复活有关的新态度和新信念上，并将其称为文艺复兴时期的人文主义。③ 关于"人文主义"的含义学界一直众说纷纭，其中阐述中世纪人文主义的学者中，萨瑟恩的观点具有代表性，他认为："'人文主义'主要有两种不同的但相关的含义，历史学家有时用其中一种，有时将二者结合。这引起了分歧。根据牛津英语词典该词的一般意义为'一种思想或者行动的体系，只关注人的利益或者普遍意义上关于人的问题'。这种解释将人文主义与知识和行动的延伸联系在一起，因此与人类事务中的超自然现象的减少相关。它的主要工具是最终与整个自然相关联的科学知识，包括人的本性。这称之为'科学'人文主义（Scientific Humanism）。……除了这种人文主义的流行观点，还有一种可以追溯到文艺复兴的学术观点。在这种观点中，人文主义的重要特征是对古典拉丁与希腊文学的学习：因此使用术语如'人类教授'和'人文学科（*literae humaniores*）'。我称之为'文学'人文主义（Literary Humanism）。在这种视角下，中世纪在早期文学人文主义者眼中，代表敌人，不仅因为他们对古典巨著文学质量的忽略，还因为他们在学习这些作品时对人的品质的忽视。……人文主义的三个特征：一是强烈的人性尊严的意识……二是对自然界本身尊严的认识。这

---

① 有关"人文主义"的概念阐述见：周秀文：《人文主义概念的历史界定》，东北师范大学硕士学位论文 2006 年。

② ［英］阿伦·布洛克：《西方人文主义传统》，董乐山译，北京：生活·读书·新知三联书店 1997 年版，第 3－5 页。

③ 刘昕岚：《"人文主义"与"宗教"——对西方人文主义传统的回顾以及对儒家人文主义的反思》，载于《中国文化研究》2004 年第 4 期，第 10 页。

是第一个特征的后果，如果一个人本性高尚，那么自然秩序本身也会高尚……二者有不可分割的联系，是认识宇宙的显赫和光辉的力量也是个体显赫和光辉的表达。人在自然中不可替代；人类社会是伟大复杂的自然秩序的一部分，与法律紧密联系……最后一个特征是通过人类的理性可理解整个宇宙：自然被认为是一种有序的体系，人类理解自然法是理解自然的主要基石。"① 具体到 12 世纪的"人文主义"，有以下三个特征："第一，范围广泛的文学文化；第二，主要的和在宗教情感上称为个人献身于古代世界；第三，个人及其感情的高度重视，在小范围的朋友圈内分享经验与知识。"② 具体来看，12 世纪文艺复兴范围很广，欧洲的智力地图变化巨大。意大利博洛尼亚成为罗马法复兴的中心；意大利的萨勒诺（Salerno）出现了第一所中世纪大学；诺曼王国的南部意大利和西西里地区，成为希腊著作翻译为拉丁的阵地，同时征服了西班牙穆斯林，托莱多（Toledo）成为最主要的翻译中心，这样阿拉伯的科学与学术得以在欧洲传播。在北部，主要的学术活动由诺曼法国转到诺曼英格兰，贝克（Bec）和坎特伯雷成为前沿阵地，尽管英格兰用了很长时间才赶上法国的学校的水平。古典文学复兴主要在法国奥尔良（Orleans）和沙特尔的学校，哲学和辩证法的兴盛在巴黎。12 世纪又是公众阅读发展的转折点，在这之前一般只有教士和统治阶层的一些成员能够阅读，现在伴随着多样性文学的复兴和书面文件使用的增加，从盎格鲁诺曼贵族开始掌握读写能力，接着其他阶层开始识字，到 13 世纪末识字已经是普遍现象。③

这一时期人文主义者（Humansits）的主修专业主要是文学和哲学而不是神学，在通识教育（人文学科）方面得到很好的训练，特别是语法方面，能够熟练掌握拉丁语和运用修辞学。古典引用和例证经常在他们的著作中出现，作为批判的权威，从中也可以看出他们的学识观点。人文主义者强烈力图捍卫七艺作为所有学习和训练的基础，特别是准备过德性生活时。对学校的批判，他们写到辩证法成为艺术教育的主导，强调有利可图的法律或者医学专

---

① R. W. Southern, *Medieval Humanism and Other Studies*, Oxford: Blackwell, 1970, pp. 29–32.

② Dom David Knowles, *The Historian and Character, and other Essays*, edited by C. N. L. Brooke and Giles Constable, Cambridge: Cambridge University Press, 1963, p. 19.

③ L. D. Reynolds and N. G. Wilson, *Scribes and Scholars: a Guide to the Transmission of Greek and Latin Literature*, Oxford: Clarendon Press, 1991, pp. 110–111.

业破坏了学习的基础。对社会的批判，他们痛斥律师和职业廷臣地位的提升，他们对公众生活十分有害，而那些受到良好的七艺教育的人地位没有提高。①

约翰是"人文学科"的学生，也是一位"人文主义者"。类似于意大利文艺复兴的人文主义者，约翰将修辞艺术与国家服务联系在一起——修辞学者作为公务人员和政府的顾问，同时约翰又是一位神学家，人文艺术与神学这两种原则结合。② 约翰的写作方式显示了古典和中世纪的良好结合，即将拉丁文学与基督教结合，因此一般学者称其为"基督教人文主义者"③。虽然他崇尚古典作者，但又不是如很多意大利文艺复兴时期的作者那样成为他们的"奴隶"，他接受了伯纳德的观点认为比前人看到的更多更远，不是因为视野宽阔或者有高度，而是因为有前人的基础。④ 正如罗德尼·汤姆森（Rodney Thomson）所认为："12 世纪和 15 世纪人文主义最主要的区别在于对古典文化的理解。"⑤ 尽管约翰对古典经典的引用缺乏准确性，并且伪造经典，但因其丰富的古典学识，仍被称为是"中世纪最伟大的古典学者"⑥。在约翰引用的古典学者中，亚里士多德和西塞罗是最重要的权威。约翰人文主义的基础是用哲学思想影响现实行动。⑦ 如前所述，约翰在论著与信件中都表达了这种观点，关注世俗社会事务，注重人的自由、理性以及世俗社会中幸福的追求。

约翰的人文主义可以从他在《逻辑论》的最后一段话中总结出："让读者祈祷，消除忽视的黑暗，将使人空虚的虚荣心连根拔起，启发知识，使我成为积极的研究者，爱人以及真理的观察者。"⑧

---

① Stephen C. Ferruolo, *The Origins of the University: The Schools of Paris and Their Critics*, 1100 – 1215, Stanford, California: Stanford University Press, 1985, p. 131.

② Beryl Smalley, *The Becket Conflict and the Schools: a Study of Intellectuals in Politics*, Oxford: Basil Blackwell, 1973, p. 84.

③ Ronald E. Pepin, "John of Salisbury as a Writer", in Christophe Grellard and Frédérique Lachaud, eds., *A Companion to John of Salisbury*, Leiden: Brill, 2014, p. 174.

④ *Met.*, Book III, Chap. 4, p. 167.

⑤ Rodney Thomson, "John of Salisbury and William of Malmesbury: Currents in Twelfth – Century Humanism", in *WJS*, p. 117.

⑥ August C. Kery, "John of Salisbury's Knowledge of the Classics", *Transactions of the Wisconsin Academy of Sciences, Arts and Letters*, vol. 16, Madison: The Academy, p. 948

⑦ Cary J. Nederman, "Aristotelian Ethics and John of Salisbury's Letters", *Viator*, 18 (1987), p. 173.

⑧ *Met.*, Book IV, Chap. 42, p. 276.

结　语

　　纵观索尔兹伯里的约翰的一生，作为一名杰出的教会知识分子，著述颇丰，并且见证了 12 世纪很多历史事件，特别是他的思想和活动影响了亨利二世与贝克特的争论及贝克特的封圣。关注约翰及其著述有利于了解 12 世纪的欧洲文艺复兴状况和深入理解当时的历史发展脉络。

　　约翰的《论政府原理》是在亚里士多德《政治学》复兴前的最具代表性的政治理论著作，伯尔曼将约翰誉为"西方政治科学的创立者"①。《论政府原理》通常被认为是"拉丁中世纪时期的第一本阐释政治理论的书目"②。他的政治思想在西方思想发展史中占据重要的地位，影响了中世纪后期欧洲政治思想的发展，是思想史发展的一份珍贵财富。著者从约翰的生平、人性论、理想国（有机体论）、诛杀暴君论和历史影响五个方面探讨了他的政治思想。

　　约翰在著述中认为哲学的目的并不是增加新的理论学说。而是如何表现，去过哲学式生活，培养这种生活方式。约翰本人也践行这种观点。伦理学的目标是培养一种最可能的生活方式。约翰的思想成果不仅在其著作中体现，更体现在他的生活中。约翰的伦理观离不开适度观和自由观。对非基督教徒哲学家著作的认识，使之成为古典文化特别是政治观点的来源。一些政治概念得到传播：国家有机体论进一步发展，强调成员间的相互合作，在政治生

---

① ［美］哈罗德·J. 伯尔曼：《法律与革命——西方法律传统的形成》，贺卫方等译，北京：中国大百科全书出版社 1993 年版，第 341 页。

② John of Salisbury, *Policraticus*: *of the Frivolities of Courtiers and the Footprints of Philosophers*, Edited and translated by Cary J. Nederman, Beijing: China University of Political Science and Law Publishing Company, 2003, p. xv.

活中的等级因素不再凸显，为建立一种有整体性的、互相依存的社会奠定了基础。他的诛杀暴君论经常被引用，正如理查德·H. 劳斯和玛丽·A. 劳斯所说："13 世纪到 16 世纪，约翰被认为是诛杀暴君论的权威，很多学者引用他的观点。"① 适度原则而不是禁欲主义成为政治实践和基督教伦理思想发展的重要原则，也是德性概念发展的实用原则。在政治领域，约翰的自由概念不仅是没有外界干扰，而且是君主对民众权利和尊严的维护。

《论政府原理》展示了一种高度发展的人类自由和自由意志的概念。② 当然，约翰主要维护教会的自由，在贝克特争论中教士的自由权利是主要问题。根据周诗茵的分析，英格兰教会所要求的自由主要有以下三点③：第一，教会可自由地处理教会财产。第二，教士在刑事案件上豁免于世俗司法的权利。"他争取到教会解放农奴的特权证明了自己的优势或者需求，并且没有受到来自世俗权力的暴力干扰。如果从世俗或者教会审判出发，不会由暴力或是烙铁、热水或冷水神判，而是由两个或者三个见证人证明案例。"④ 第三，英格兰教会和人民可不受国王限制地响应教皇的传召。维护教会自由是教士的职责，约翰将其视为是否支持贝克特的标准。贝克特任国王大法官时，损害了教会利益，约翰温和地谴责贝克特；当贝克特任坎特伯雷大主教后，与国王亨利二世产生冲突，约翰在不损害教会利益的前提下，寻求与国王的和解，但是和解失败，此后约翰竭力支持大主教，坚决捍卫教会自由。尽管这一争论导致英格兰教会教士间产生分歧，但在教会自由这一问题上都是维护的态度。约翰在此过程中，主要通过与埃克塞特和坎特伯雷教区的通信，传达大主教的信息，争取教士的支持，他维护教会自由的态度一直没有改变过。

约翰的《论政府原理》及其他著作影响了英格兰和欧洲大陆，他的著作成为获取古典资源和《圣经》资料的简便途径，其中阐述的政治理论为中世

---

① Richard H. Rouse and Mary A. Rouse, "John of Salisbury and the Doctrine of Tyrannicide", *Speculum*, Vol. 42, No. 4 (1967), p. 693.

② Cary J. Nederman, "A Duty to Kill: John of Salisbury's Theory of Tyrannicide", *The Review of Politics*, Vol. 50, No. 3 (1988), p. 375.

③ 周诗茵：《冲突、平衡与和平——从贝克特争论看中世纪教会对政教关系的处理》，北京大学博士学位论文 2013 年，第 200 - 203 页。

④ Beryl Smalley, *The Becket Conflict and the Schools: a Study of Intellectuals in Politics*, Oxford: Basil Blackwell, 1973, pp. 107 - 108.

纪后期出现的一些问题提供了具体的解决办法。正如伯尔曼分析的："索尔兹伯里的约翰直接从上帝那里引申出统治者的称号，预示着 16 世纪国王神权理论的产生，同时，它的家长式的君主制理论则预示着 17 世纪个人专制主义理论的出现；他在其有关约束统治者的某种更高的法律的概念中，预示了后来由爱德华·柯克勋爵提出的司法至上学说。另外，他还提出这样的学说，即，就人们不受罪孽的影响并能凭借恩赐独自生活而言，他们不需要先有任何政府，这种学说预示着新教改革激进派的基督教共产主义的产生，也预示着近代哲学无政府主义学说的形成。"① 对约翰的思想研究还可以为我国思想史研究提供参考和借鉴，这样将有助于完善我们的思想体系，丰富我们的思维模式。

---

① ［美］哈罗德·J. 伯尔曼：《法律与革命——西方法律传统的形成》，贺卫方等译，北京：中国大百科全书出版社 1993 年版，第 343 - 344 页。

参考文献

英文资料：

Primary Sources：

A. Editions of the Works of John of Salisbury：

1. *Anselm & Becket：Two Canterbury Saints' Lives*，translated by Ronald E. Pepin，Toronto：Pontifical Institute of Mediaeval Studies，2009.

2. *Entheticus Maior and Minor*，edited and translated by Jan van Laarhoven，3vols，Studien und Texte zur Geistesgeschichte des Mittelalters 17，Leiden：E. J. Brill，1987.

3. *Episcopi Carnotensis Policratici sive de Nugis Curialium et Vestigiis Philoso-phorvm Libri Viii*，Edited by C. C. J. Webb，Oxonii：Typographeo Clarendoniano；Londini；Novi Eboraci，1909.

4. *Frivolities of Courtiers and the Footprints of Philosophers：Being the First，Second，and Third Books and Selections from the Seventh and Eighth Books of the Policraticus of John of Salisbury*，Edited and Translated by Joseph B. Pike，New York：The University of Minnesota，1972.

5. *Ioannis Saresberiensis Metalogicon*，Edit J. B. Hall auxiliata K. S. B. Keats – Rohan，Corpvs Christianorvm *Continuatio Mediaeualis* XCVIII，Turnholti：Bre-pols，1991.

6. *Policraticus：of the Frivolities of Courtiers and the Footprints of Philosophers*，Edited and Translated by Cary J. Nederman，Beijing：China University of Political

Science and Law Publishing Company, 2003.

7. *The Statesman's book of John of Salisbury – Being the Fourth, Fifth, and Sixth Books and Selections from the Seventh and Eighth Books, of the Policraticus*, Translated into English with an Introduction by John Dickinson, New York: Russell & Russell, 1963.

8. *The Historia Pontificalis of John of Salisbury*, Edited and Translated by Marhorie Chibnall, Oxford: Oxford University Press, 1986.

9. *The Metalogicon of John of Salisbury: a Twelfth – century Defense of the Verbal and Logical Arts of the Trivium*, Translated with Introduction & Notes by Daniel D. McGarry, Berkley and Los Angeles: University of California Press, 1962.

10. *The Letters of John of Salisbury*, Vol. 1, *The Early Letters* (1153 – 1161), Edited by W. J. Millor, S. J. and H. E. Butler; revised by C. N. L. Brooke, Oxford: Clarendon Press; New York: Oxford University Press, 2003.

11. *The Letters of John of Salisbury*, Vol. 2, *The Later Letters (1163 – 1180)*, Edited by W. J. Millor and C. N. L. Brooke, Oxford: Clarendon Press; Oxford: Oxford University Press, 2008.

B. Others:

1. Anne J. Duggan, ed. & trans. , *The Correspondence of Thomas Becket, Archbishop of Canterbury*, 1162 – 1170, 2 volumes, New York: Clarendon Press, 2000.

2. D. Whitelock, M. Brett and C. N. L. Brooke, eds. , *Councils and Synods: with other Documents Relating to the English Church*, 1, *A. D.* 871 – 1204, Oxford: Clarendon, 1981.

3. David C. Douglas and George W. Greenaway, *English Historical Documents*, Vol. 2, *1042 – 1189*, London: Eyre Methuen; Oxford: Oxford University Press, 1981.

4. Frank Barlow, ed. , *The Letters of Arnulf of Lisieux*, London: Royal Historical Society, 1939.

5. Gilbert Foliot, *The Letters and Charters of Gilbert Foliot, Abbot of Gloucester* (1139 – 48), *Bishop of Hereford* (1148 – 63) *and London* (1163 – 87), an edi-

tion projected by Z. N. Brooke and completed by Adrian Morey and C. N. L. Brooke, Cambridge: Cambridge University Press, 1967.

6. Marcus Tullius Cicero, *De re publica*, *De legibus*, *Cato maior de senectute*, *Laelius de amicitia*, Edited by J. G. F. Powell, Oxford: Oxford University Press, 2006.

7. Peter Abelard, *Ethical writing : his Ethics or "Know Yourself" and his Dialogue Between a Philosopher*, *a Jew*, *and a Christian*, translated by Paul Vincent Spade with an introduction by Marilyn McCord Adams, Indianapolis/Cambridge: Hackett Pub. Co, 1995.

8. Peter of Celle, *The Letters of Peter of Celle*, edited by Julian Haseldine, Oxford; Oxford: Oxford University Press, 2001.

9. Ptolemy of Lucca, *On the Government of Rulers : De Regimine Principum*, *with portions attributed to Thomas Aquinas*, translated by James M. Blythe, Philadelphia: PENN, University of Pennsylvania Press, 1997.

10. Saint Bernard of Clairvaux, *Five Books on Consideration : Advice to a Pope*, translated by John D. Anderson & Elizabeth T. Kennan, Kalamazoo, Mich. : Cistercian Publications, 1976.

11. Walter Map, *De Nugis Curialium : Courtiers' Trifles*, edited and translated by M. R. James; revised by C. N. L. Brooke and R. A. B. Mynors, Oxford: Clarendon Press, 1983.

Secondary Sources:

A. Books:

1. Anne J. Duggan, *Thomas Becket : a Textual History of his Letters*, Oxford: Clarendon Press, 1980.

2. Antonia Gransden, *Historical writing in England : c. 500 to c. 1307*, Vol. 1, London; New York: Routledge, 1996.

3. Adrian Morey, *Bartholomew of Exeter*, *Bishop and Canonist : a Study in the Twelfth Century : with the text of Bartholomew's Penitenial*, *from the Cotton MS. Vitellius A. XII.*, Cambridge: The University Press, 1937.

4. Arthur P. Monahan, *Consent, Coercion, and Limit: the Medieval Origins of Parliamentary Democracy*, Kingston [Ont.]: McGill – Queen's University Press, 1987.

5. Benedetto Fontana, Cary J. Nederman and Gary Remer, eds., *Talking Democracy: Historical Perspectives on Rhetoric and Democracy*, PA: The Pennsylvania State University Press, 2004.

6. Beryl Smalley, *Studies in Medieval Thought and Learning: from Abelard to Wyclif*, London: Hambledon, 1981.

7. Beryl Smalley, *The Becket Conflict and the Schools: a Study of Intellectuals in Politics*, Oxford: Basil Blackwell, 1973.

8. Brett Edward Whale, *The Medieval Papacy*, Hampshire & New York: Palgrave Macmillan, 2014.

9. Brian Tierney, *The Crisis of Church and State, 1050 – 1300: with Selected Documents*, Englewood Cliffs, N. J.: Prentice – Hall, 1964.

10. Brooke Luscombe, ed., *Church and Government in the Middle Ages: Essays Presented to C. R. Cheney on his 70th Birthday*, Cambridge: Cambridge University Press, 1976.

11. C. Stephen Jaeger, *The Origins of Courtliness: Civilizing Trends and the Formation of Courtly Ideals, 939 – 1210*, Philadelphia: University of Pennsylvania Press, 1985.

12. Cary J. Nederman, *John of Salisbury*, Tempe and Arizona: Arizona Center for Medieval and Renaissance Studies, 2005.

13. Cary J. Nederman, *Lineages of European Political Thought: Explorations Along the Medieval/Modern Divide from John of Salisbury to Hegel*, Washington, D. C.: The Catholic University of America Press, 2009.

14. Cary J. Nederman, *Medieval Aristotelianism and its Limits: Classical Traditions in Moral and Political Philosophy, 12th – 15th Centuries*, Ashgate Publishing Litimited: Variorum, 1997.

15. Cary J. Nederman, *Worlds of Difference: European Discourses of Toleration,*

c. 1100 – *c.* 1550, University Park, Pa. : Pennsylvania State University Press, 2000.

16. Cary J. Nederman and Kate Langdon Forhan, eds. , *Medieval Political Theory: a Reader: The Quest for the Body Politic*, 1100 – 1400, London and New York: Routledge, 1993.

17. Charles Duggan, *Twelfth – century Decretal Collections and their Importance in English History*, London: Athlone Press, 1963.

18. Charles Howard McIlwain, *The Growth of Political Thought in the West from the Greeks to the end of the Middle Ages*, New York: The Macmillan Company, 1932.

19. Christophe Grellard and Frédérique Lachaud, eds. , *A Companion to John of Salisbury*, Leiden: Brill, 2014.

20. Clement C. J. Webb, *John of Salisbury*, London: Methuen & Co. ltd. , 1932.

21. Daniel Williams, ed. , *England in the Twelfth Century*, Woodbridge: Boydell, 1990.

22. David Bloch, *John of Salisbury on Aristotelian Science*, Turnhout, Belgium: Brepols, 2012.

23. David Knowles, *The Episcopal Colleagues of Archbishop Thomas Becket: being the Ford Lectures delivered in the University of Oxford in Hilary Term* 1949, Cambridge: Cambridge University Press, 1951.

24. David Knowles, *The Historian and Character, and other Essays*, edited by C. N. L. Brooke and Giles Constable, Cambridge; London: Cambridge University Press, 1963.

25. David Knowles, *The Monastic Order in England : a History of its Development from the Times of St. Dunstan to the Fourth Lateran Council , 940 – 1216 ,* Cambridge: Cambridge University Press, 1963.

26. David Luscombe and Jonathan Riley – Smith, *The New Cambridge Medieval History Volume IV part I c.* 1024 – *c.* 1198, Cambridge: Cambridge University

Press, 2004.

27. David Miller, ed. , *The Blackwell Dictionary of Political Thought*, Oxford: Blackwell, 1987.

28. David Vandrunen, *Natural Law and the Two Kingdoms: a Study in the Development of Reformed Social Thought*, Grand Rapids, Mich. ; Cambridge: Eerdmans, 2010.

29. Deno John Geanakoplos, *Medieval Western Civilization and the Byzantine and Islamic Worlds: Interaction of Three Cultures*, D. C. Heath, 1979.

30. E. B. Fryde, D. E. Greenway, S. Porter and I. Roy, eds. , *Handbook of British Chronology* , Cambridge: Cambridge University Press, 1986.

31. Eadmer, *History of Recent Events in England (Historia Novorum in Anglia)*, Translated from the Latin by Geoffrey Bosanquet, with a foreword by R. W. Southern, London: Cresset Press, 1964.

32. Édouard Jeauneau, *Rethinking the School of Chartres*, Toronto: University of Toronto Press, 2009.

33. Edward Grant, *God and Reason in the Middle Ages*, Cambridge and New York: Cambridge University Press, 2001.

34. Ephraim Emerton, *Humanism and Tyranny: Studies in the Italian Trecento*, Gloucester, Mass. : Peter Smith, 1964.

35. Ernst H. Kantorowicz, *The King's two Bodies: a study in Mediaeval Political Theology*, Princeton and Chichester: Princeton University Press, 1997.

36. Erwin Panofsky, *Renaissance and Renascences in Western Art*, Stockholm: Almquist and Wiksell, 1960.

37. Étienne Gilson, *History of Christian Philosophy in the Middle Ages*, London: Sheed and Ward, 1980.

38. Ewart Lewis, *Medieval Political Ideas*, 2 volumes, London: Routledge & K. Paul, 1954.

39. Everett U. Crosby, *The King's Bishops: The Politics of Patronage in England and Normandy*, 1066 – 1216, Basingstoke: Palgrave Macmillan, 2013.

40. F. J. C. Hearnshaw, ed. , *The Social and Political Ideas of Some Great Mediaeval Thinkers: a Series of Lectures Delivered at King's College*, University of London London: Harrap, 1923.

41. Frank Barlow, *The English Church, 1066 – 1154: A History of the Anglo – Norman Church*, London: Longman, 1979.

42. Frank Barlow, *Thomas Becket*, London: Weidenfeld and Nicolson, 1986.

43. Frederick Charles Copleston, *A History of Philosophy: Medieval Philosophy, Augustine to Scotus*, Vol. 2, Pennsylvania: Newman Press, 1953.

44. Gaines Post, *Studies in Medieval Legal Thought: Public Law and the State 1100 – 1322*, Princeton, New Jersey: Princeton University Press, 1964.

45. Gerard Verbeke, *The Presence of Stoicism in Medieval Thought*, Washington, D. C. : Catholic University of America Press, 1983.

46. Gerhart B. Ladner, *The Idea of Reform: its Impact on Christian Thought and Action in the Age of the Fathers*, Eugene, US: Wipf & Stock Publishers, 2004.

47. Georges Duby, *The Three Orders: Feudal Society Imagined*, translated by Arthur Goldhammer with a foreword by Thomas N. Bisson, Chicago; London: University of Chicago Press, 1980.

48. Hans Liebeschütz, *Mediaeval Humanism in the Life and Writings of John of Salisbury*, Nendeln: Kraus Reprint, 1968.

49. Harold J. Berman, *Law and Revolution: the Formation of the Western Legal Tradition*, Cambridge, Mass. : Harvard University Press, 1983.

50. Henrik Lagerlund, ed. , *Rethinking the History of Skepticism: The Missing Medieval Background*, Leiden: Brill, 2010.

51. Henry Alfred Cronne, *The Reign of Stephen, 1135 – 1154: Anarchy in England*, London: Weidenfeld and Nicolson, 1970.

52. Hubert Houben, *Roger II of Sicily: A Ruler Between East and West*, translated by Graham A. Loud and Diane Milburn, Cambridge: Cambridge University Press, 2002.

53. István P. Bejczy and Richard G. Newhauser, ed. , *Virtue and Ethics in the Twelfth Century*, Leiden; Boston: Brill, 2005.

54. J. C. Holt, *Magna Carta*, Cambridge: Cambridge University Press, 1992.

55. Jean Leclercq, François Vandenbroucke, Louis Bouyer, *The Spirituality of the Middle Ages*, translated from the French by the Benedictines of Holme Eden Abbey, Carlisle, London: Burns & Oates, 1968.

56. Jenny Swanson, *John of Wales: a Study of the Works and Ideas of a Thirteenth – century Friar*, Cambridge: Cambridge University Press, 1989.

57. Joachim Bumke, *Courtly Culture: Literature and Society in the High Middle Ages*, translated by Thomas Dunlap Berkeley, CA: University of California Press, 1991.

58. Johan Huizinga, *The Waning of the Middle Ages*, Mineola, N. Y. : Dover Publications, 1999.

59. John D. Hosler, *John of Salisbury: Military Authority of the Twelfth – Century Renaissance*, Leiden; Boston: Brill, 2013.

60. John Gillingham, *The English in the Twelfth Century: Imperialism, National Identity and Political Values*, Woodbridge: Boydell, 2000.

61. John Marenbon, *Aristotelian Logic, Platonism, and the Context of Early Medieval Philosophy in the West*, Aldershot; Burlington, VT: Ashgate/Variorum, 2000.

62. John Marenbo, *The Hellenistic Schools and Thinking about Pagan Philosophy in the Middle Ages: A Study of Second – Order Influence*, Freiburger mediävistische Vorträge 3, Switzerland: Schwabe AG, Verlag, Basel, 2012.

63. Joseph Canning, *A History of Medieval Political Thought*, 300 – 1450, London; New York: Routledge, 1996.

64. Judith A. Green, *The Aristocracy of Norman England*, Cambridge: Cambridge University Press, 1997.

65. Julian Haseldine, ed. , *Friendship in Medieval Europe*, Stroud: Sutton,

1999.

66. Kate Norgate, *John Lackland*, London: Macmillan, 1902.

67. L. D. Reynolds and N. G. Wilson, *Scribes and Scholars: a Guide to the Transmission of Greek and Latin Literature*, Oxford: Clarendon Press, 1991.

68. Lesley Smith and Benedicta Ward, ed., *Intellectual life in the Middle Ages: essays presented to Margaret Gibson*, London: Hambledon, 1992.

69. M. D. Chenu, *Nature, Man, and Society in the Twelfth Century: Essays on New Theological Perspectives in the Latin West*, Selected, edited, and translated by Jerome Taylor and Lester K. Little, Chicago: University of Chicago Press, 1968.

70. Malcolm Barber, *The Two Cities: Medieval Europe*, 1050 – 1320, London; New York: Routledge, 2004.

71. Margaret Brabant, ed., *Politics, Gender, and Genre: the Political Thought of Christine de Pizan*, Boulder: Westview Press, 1992.

72. Marjorie Chibnall, *The Normans*, Oxford, UK; Malden, Mass.: Blackwell Publishers, 2006.

73. Martin Aurell, *The Plantagenet Empire: 1154 – 1224*, translated by David Crouch, London: Longman, 2007.

74. Maryanne Cline Horowitz, *Seeds of Virtue and Knowledge*, Princeton, N. J: Princeton University Press, 1998.

75. Maureen C. Miller, *Power and the Holy in the Age of the Investiture Conflict: a Brief History with Documents*, Boston: Bedford/St. Martin's, 2005.

76. Michael Staunton, ed. & trans., *The Lives of Thomas Becket: Selected Sources*, Manchester and New York: Manchester University Press, 2001.

77. Michael Staunton, *Thomas Becket and his Biographers*, Woodbridge: Boydell, 2006.

78. Michael Wilks, *The Problem of Sovereignty in the Later Middle Ages: the Papal Monarchy with Augustinus Triumphus and the Publicists*, Cambridge: Cambridge University Press, 1963.

79. Michael Wilks, ed. , *The World of John of Salisbury*, Oxford: Basil Blackwell, 1984.

80. N. Kretzmann, A. Kenny and J. Pinborg, eds. , *The Cambridge History of Later Medieval Philosophy: from the Rediscovery of Aristotle to the Disintegration of Scholasticism*, 1100 – 1600, Cambridge: Cambridge University Press, 1982.

81. Otto Gierke, *Political Theories of the Middle Ages*, translated with an introduction by F. W. Maitland, Cambridge: Cambridge University Press, 1900.

82. Otto I, *The Two Cities : a Chronicle of Universal History to the Year 1146 A. D.* , translated and notes by Charles Christopher Mierow, edited by Austin P. Evans and Charles Knapp, New York: Octagon, 1966.

83. Paolo Prodi, *The Papal Prince*, *One Body and Two Souls: the Papal Monarchy in Early Modern Europe*, translated by Susan Haskins, Cambridge: Cambridge University Press, 1987.

84. Peter Dronke, *A History of Twelfth – century Western Philosophy*, Cambridge: Cambridge University Press, 1988.

85. Peter Partner, *The Lands of St Peter: the Papal State in the Middle Ages and the early Renaissance*, Berkeley, CA: University of California Press, 1972.

86. R. R. Bolgar, ed. , *Classical Influences on European Culture*, A. D. 500 – 1500: *Proceedings of an International Conference held at King's College, Cambridge, April* 1969, London: Cambridge University Press, 1971.

87. R. W. Southern, *Medieval Humanism and Other Studies*, Oxford: Blackwell, 1970.

88. R. W. Southern, *Platonism, Scholastic Method, and the school of Chartres*, Reading: University of Reading, 1979.

89. R. W. Southern, *Saint Anselm : a Portrait in a Landscape* , Cambridge: Cambridge University Press, 1990.

90. R. W. Southern, *Saint Anselm and his Biographer: a study of Monastic Llife and Thought* 1059 – c. 1130, Cambridge: Cambridge University Press, 1963.

91. R. W. Southern, *Scholastic Humanism and the Unification of Europe*,

Vol. 1, *Foundations*, Oxford; Cambridge, Mass.: Blackwell, 1995.

92. R. W. Southern, *Scholastic Humanism and the Unification of Europe*, Vol. 2, *The Heroic Age*, with notes and additions by Lesley Smith and Benedicta Ward, Oxford; Malden, Mass.: Blackwell, 2001.

93. R. W. Southern, *The Making of the Middle Ages*, London: Hutchinson, 1953.

94. R. W. Carlyle and A. J. Carlyle, *A History of Mediaeval Political Theory in the West*, Vol. 1, *The Roman Lawyers of the Second century to the Political Writings of the Ninth*, Edinburgh and London: William Blackwood and Sons, 1903.

95. R. W. Carlyle and A. J. Carlyle, *A History of Mediaeval Political Theory in the West*, Vol. 2, *The Political Theory of the Roman Lawyers and the Canonists*, *from the Tenth Century to the Thirteenth Century*, Edinburgh and London: William Blackwood and Sons, 1909.

96. R. W. Carlyle and A. J. Carlyle, *A History of Mediaeval Political Theory in the West*, Vol. 3, *Political theory from the Tenth century to the Thirteenth*, Edinburgh and London: William Blackwood and Sons, 1915.

97. R. W. Carlyle and A. J. Carlyle, *A History of Mediaeval Political Theory in the West*, Vol. 4, *The Theories of the Relation of the Empire and the Papacy from the Tenth Century to the Twelfth*, Edinburgh and London: William Blackwood and Sons, 1922.

98. R. W. Carlyle and A. J. Carlyle, *A History of Medieval Political Theory in the West*, Vol. 5, *The Political Theory of the Thirteenth Century*, Edinburgh and London: William Blackwood and Sons, 1928.

99. R. W. Carlyle and A. J. Carlyle, *A History of Mediaeval Political Theory in the West*, Vol. 6, *Political Theory from 1300 to 1600*, Edinburgh and London: William Blackwood and Sons, 1936.

100. R. W. Dyson, *Normative Theories of Society and Government in five Medieval Thinkers*: *St. Augustine, John of Salisbury, Giles of Rome, St. Thomas Aquinas, and Marsilius of Padua*, Lampeter; Lewiston, N. Y. : Edwin Mellen Press,

2003.

101. Ralph V. Turner, *Judges*, *Administrators and the Common Law in Angevin England*, London, Ohio: Hambledon Press, 1994.

102. Reginald Lane Poole, *Illustrations of the History of Medieval Thought and Learning*, London: Society for Promoting Christian Knowledge, 1920.

103. Reginald L. Poole, *Studies in Chronology and Hhistory*, collected and edited by Austin Lane Poole, Oxford: The Clarendon Press, 1934.

104. Richard E. Rubenstein, *Aristotle's Children: How Christians, Muslims, and Jews Rediscovered Ancient Wisdom and Illuminated the Middle Ages*, Orlando: Harcourt, Inc., 2003.

105. Robert Bartlett, ed., *History and Historians: Selected Papers of R. W. Southern*, Malden, MA: Blackwell, 2004.

106. Robert Bartlett, *Trial by Fire and Water: the Medieval Judicial Ordeal*, Oxford: Clarendon, 1986.

107. Robert L. Benson, Giles Constable and Carol D. Lanham, *Renaissance and Renewal in the Twelfth Century*, Oxford: Clarendon Press, 1982.

108. Stephen C. Ferruolo, *The Origins of the University: The Schools of Paris and Their Critics*, 1100 – 1215, Stanford, California: Stanford University Press, 1985.

109. Terence Irwin, *The Development of Ethics: A Historical and Critical Study*, Vol. 1, *From Socrates to the Reformation*, Oxford; New York: Oxford University Press, 2007.

110. Thomas F. X. Noble and John Van Engen, eds., *European Transformations: the Long Twelfth Century*, Notre Dame, Ind.: University of Notre Dame Press, 2012.

111. Thomas N. Bisson, *The Crisis of the Twelfth Century: Power, Lordship, and the Origins of European Government*, Princeton; Oxford: Princeton University Press, 2009.

112. W. L. Warren, *Henry II*, London: Eyre Methuen, 1973.

113. W. L. Warren, *King John*, London: Eyre and Spottiswoode, 1961.

114. Walter Ullmann, *Jurisprudence in the Middle Ages: Collected Studies*, London: Variorum, 1980.

115. Walter Ullmann, *Principles of Government and Politics in the Middle Ages*, London: Methuen, 1961.

116. William Abel Pantin, *The English Church in the Fourteenth Century: Based on the Birkbeck Lectures, 1948*, Cambridge: Cambridge University Press, 2010.

117. William Stubbs, *Seventeen Lectures on the Study of Medieval and Modern History and Kindred Subjects Delivered at Oxford, under Statutory Obligation in the Years* 1867 – 1884, Oxford: Clarendon Press, 1886.

118. Urban Tigner Holmes, *Daily Living in the Twelfth Century, Based on the Observations of Alexander Neckam in London and Paris*, Madison: University of Wisconsin Press, 1952.

119. Urmila Sharma and S. K. Sharma, *Western Political Thought, From Plato to Burke*, vol. 1, New Delhi: Atlantic Publishers & Distributors, 2003.

120. Uta – Renate Blumenthal, *The Investiture Controversy: Church and Monarchy from the Ninth to the Twelfth Century*, Philadelphia: University of Pennsylvania Press, 1988.

121. Yoko Hirata, *Collected papers on John of Salisbury and his Correspondents*, (in Japanese and English), Tokyo: Hakuto Shubo (东京：白桃书房), 1996.

B. Articles:

1. Abigail E. DeHart, "John of Salisbury's *Metalogicon* and the Equality of Liberal Arts Education", *Grand Valley Journal of History*, Vol. 3, Issue 1 (2013), pp. 1 – 8.

2. Alan Harding, "Political Liberty in the Middle Ages", *Speculum*, Vol. 55, No. 3 (1980), pp. 423 – 443.

3. Alison Drew, *Language and Logic in John of Salisbury's "Metalogicion"*, Ph. D. Dissertation, University of Cambridge, 1986.

4. Amnon Linder, "John of Salisbury's *Policraticus* in Thirteenth – Century England: The Evidence of Ms Cambridge Corpus Christi College 469", *Journal of the Warburg and Courtauld Institutes*, Vol. 40 (1977), pp. 276 – 282.

5. Amon Linder, "The Knowledge of John of Salisbury in the Late Middle A-ges", *Studi medievali*, Spoleto: Centro Italiano di Studi Sull' alto Medioevo di Spoleto, serie 3, 18 FASC. 2 1977, pp. 315 – 355.

6. Ayşegül Keskin Çolak, *Nugae Curialium Reconsidered: John of Salisbury's Court Criticism in the Context of his Political Theory*, M. A. Thesis, The University of Birmingham, 2011.

7. Brian D. FitzGerald, "Medieval theories of education: Hugh of St Victor and John of Salisbury", Oxford Review of Education, Vol. 36, No. 5 (2010), pp. 575 – 588.

8. C. H. Haskins, "England and Sicily in the Twelfth Century", *The English Historical Review*, Vol. 26, No. 103 (1911), pp. 433 – 447.

9. C. Stephen Jaeger, "The Court Criticism of MHG Didactic Poets: Social Structures andLiterary Conventions", *Monatshefte*, Vol. 74, No. 4 (1982), pp. 398 – 409.

10. C. Stephen Jaeger, "Pessimism in the Twelfth – Century 'Renaissance'", *Speculum*, Vol. 78, No. 4 (2003), pp. 1151 – 1183.

11. Cary J. Nederman, "A Duty to Kill: John of Salisbury's Theory of Tyranni-cide", *The Review of Politics*, Vol. 50, No. 3 (1988), pp. 365 – 389.

12. Cary J. Nederman, "Aristotelian Ethics and John of Salisbury's Letters", *Viator*, 18 (1987), pp. 161 – 173.

13. Cary J. Nederman, "Aristotelian Ethics before the Nicomachean Ethics: Alternate Sources of Aristotle's Concept of Virtue in the Twelfth Century", *Parergon*, No. 7 (1989), pp. 55 – 75.

14. Cary J. Nederman, "Aristotelianism and the Origins of 'Political Science' in the Twelfth Century", *Journal of the History of Ideas*, Vol. 52, No. 2 (1991), pp. 179 – 194.

15. Cary J. Nederman and J. Brückmann, "Aristotelianism in John of Salisbury's *Policraticus*", *Journal of the History of Philosophy*, Vol. 21, No. 2 (1983), pp. 203 – 229.

16. Cary J. Nederman, "Beyond Stoicism and Aristotelianism: John of Salisbury's Skepticism and Twelfth Century Moral Philosophy", *Brills Studies Intellectual History*, Vol. 30 (2005), pp. 175 – 195.

17. Cary J. Nederman, "Freedom, Community and Function: Communitarian Lessons of Medieval Political Theory", *The American Political Science Review*, Vol. 86, No. 4 (1992), pp. 977 – 986.

18. Cary J. Nederman, "Friendship in Public Life during the Twelfth Century: Theory and Practice in the Writings of John of Salisbury," *Viator* 38, No. 2 (2007), pp. 385 – 397.

19. Cary J. Nederman, "Knowledge, Virtue and the Path to Wisdom: The Unexamined Aristotelianism of John of Salisbury's *Metalogicon*", *Mediaeval Studies*, Vol. 51 (1989), pp. 268 – 286.

20. Cary J. Nederman, "Nature, Ethics, and the Doctrine of 'Habitus': Aristotelian Moral Psychology in the Twelfth Century", *Traditio*, Vol. 45 (1989 – 1990), pp. 87 – 110.

21. Cary J. Nederman, "Nature, Sin and the Origins of Society: The Ciceronian Tradition in Medieval Political Thought", *Journal of the History of Ideas*, Vol. 49, No. 1 (1988), pp. 3 – 26.

22. Cary J. Nederman, "The Aristotelian Doctrine of the Mean and John of Salisbury's Concept of Liberty", *Vivarium* 24, No. 2 (1986), pp. 128 – 142.

23. Cary J. Nederman, "The Changing Face of Tyranny: The Reign of King Stephen in John of Salisbury's Political Thought", *Nottingham Medieval Studies*, Vol. 33 (1989), pp. 1 – 20.

24. Cary J. Nederman, "The Liberty of the Church and the Road to Runnymede: John of Salisbury and the Intellectual Foundations of the Magna Carta", *Political Science and Politics*, Vol. 43, Issue 3 (2010), pp. 456 – 461.

25. Cary J. Nederman, "The Meaning of 'Aristotelianism' in Medieval Moral and Political Thought", *Journal of the History of Ideas*, Vol. 57, No. 4 (1996), pp. 563 – 585.

26. Cary J. Nederman, "The Physiological Significance of the Organic Metaphor in John of Salisbury's *Policraticus*", *History of Political Thought*, Vol. 8, Issue 1 (1987), pp. 211 – 223.

27. Cary J. Nederman, "The Virtues of Necessity: Labor, Money, and Corruption in John of Salisbury's Thought", *Viator*, Vol. 33 (2002), pp. 54 – 68.

28. Cary J. Nederman, "The Union of Wisdom and Eloquence before the Renaissance: The Ciceronian Orator in Medieval Thought", *Journal of Medieval History*, Vol. 18, Issue 1 (1992), pp. 75 – 95.

29. Cary J. Nederman and Arlene Feldwick, "To the Court and Back Again: the Origins and Dating of the *Entheticus de Dogmate Philosophoum* of John of Salisbury", *Journal of Medieval Renaissance Studies*, Vol. 21 (1991), pp. 129 – 145.

30. Cary J. Nederman and Catherine Campbell, "Priests, Kings, and Tyrants: Spiritual and Temporal Power in John of Salisbury's Policraticus", *Speculum*, Vol. 66, No. 3 (1991), pp. 572 – 590.

31. Christopher Brooke, "Aspects of John of Salibury's *Historia Pontificalis*", in *Intellectual Life in the Middle Ages: Essays Presented to Margaret Gibson*, edited by Lesley Smith and Benedicta Ward, London and Rio Crande: The Hambledon Press, 1992, pp. 185 – 196.

32. Clare Monagle, "Contested Knowledges: John of Salisbury's *Metalogicon* and *Historia Pontificalis*", *Parergon*, Vol. 21, No. 1 (2004), pp. 1 – 17.

33. Curt F. Bühler, "A Relatio brevis of the life and martyrdom of St. Thomas à Becket (Libri impressi cum notis manuscriptis — V)", *Scriptorium Année*, Vol. 6, No. 2 (1952), pp. 274 – 276.

34. Daniel D. McGarry, "Educational Theory in the *Metalogicon* of John of Salisbury", *Speculum*, Vol. 23, No. 4 (1948), pp. 659 – 675.

35. Daniel Joseph Sheerin, *John of Salisbury's "Entheticus de Dogmate Philos-*

ophprum", *Critical Text and Introduction* (*Latin Text with English Introduction and Notes*, Ph. D. Dissertation, The University of North Carolina at Chapel Hill, 1969.

36. Dean Swinford, "Dream Interpretation and the Organic Metaphor of the State in John of Salisbury's *Policraticus*", *Journal of Medieval Religious Cultures*, Vol. 38, No. 1 (2012), pp. 32 – 59.

37. Edwin A. Quain, "John of Salisbury – Medieval Humanist", *Classical Bulletin*, 21 (1944/1945), pp. 37 – 39.

38. Elizabeth A. R. Brown, "The Tyranny of a Construct: Feudalism and Historians of Medieval Europe", *The American Historical Review*, Vol. 79, No. 4 (1974), pp. 1063 – 1088.

39. Ethel Cardwell Higonnet, "Spiritual Ideas in the Letters of Peter of Blois", *Speculum*, Vol. 50, No. 2 (1975), pp. 218 – 244.

40. Francesco Caruso, "On The Shoulders Of Grammatica: John Of Salisbury's *Metalogicon* And Poliziano's Lamia", in Christopher S. Celenza, ed. , *Angelo Poliziano's Lamia*, *Text*, *Translation*, *and Introductory Studies*, Brill's Texts and Sources in Intellectual History, Vol. 7 (2010), pp. 47 – 94.

41. Frank Barlow, "John of Salisbury and His Brothers", *Journal of Ecclesiastical History*, Vol. 46, No. 1 (1995), pp. 95 – 109.

42. Gerhart B. Ladner, "Aspects of Mediaeval Thought on Church and State", *The Review of Politics*, Vol. 9, No. 4 (1947), pp. 403 – 422.

43. Giles Constable, "The Alleged Disgrace of John of Salisbury", *The English Historical Review*, Vol. 69, No. 270 (1954), pp. 67 – 76.

44. Gordon Gray, *Restoring Knowledge: John of Salisbury's 'Return to the Tree*, M. A. Thesis, Simon Fraser University, 2013.

45. H. G. Richardson, "The Early Correspondence of John of Salisbury", *The English Historical Review*, Vol. 54, No. 215 (1939), pp. 471 – 473.

46. Hans Liebeschütz, "John of Salisbury and Pseudo – Plutarch", *Journal of the Warburg and Courtauld Institutes*, Vol. 6 (1943), pp. 33 – 39.

47. Hector J. Massey, "John of Salisbury: Some Aspects of His Political Phi-

losophy", *Classica et mediaevalia*: *revue danoise de philologie et d' histoire* XXVI-II, Copenhagen: Museum Tusculanum Press, 1967, pp. 357 – 372.

48. Helene Wieruszowski, "Roger II of Sicily, Rex – Tyrannus, In Twelfth – Century Political Thought", *Speculum*, Vol. 38, No. 1 (1963), pp. 46 – 78.

49. Ilya Dines, "The Earliest Use of John of Salisbury's *Policraticus* : Third Family Bestiaries", *Viator*, Vol. 44, No. 1 (2013), pp. 107 – 118.

50. Irene A. O' Daly, "An Assessment of the Political Symbolism of the City of Rome in the Writings of John of Salisbury", *Medieval Encounters*, Vol. 17 (2011), pp. 512 – 533.

51. J. J. N. McGurk, "John of Salisbury History", *History Today*, Vol. 25, No. 1 (1975), pp. 40 – 47.

52. Jan Van Laarhoven, "Titles and Subtitles of the 'Policraticus': A Proposal", *Vivarium*, Vol. 32, No. 2 (1994), pp. 131 – 160.

53. Janet Martin, "John of Salisbury's Manuscripts of Frontinus and of Gellius", *Journal of the Warburg and Courtauld Institutes*, Vol. 40 (1977), pp. 1 – 26.

54. Janet Martin, "Uses of Tradition: Gellius, Petronius, and John of Salisbury", *Viator*, 10 (1979), pp. 57 – 77.

55. Jeremy Rayner, "Between Meaning and Event: An Historical Approach to Political Metaphors", *Political Studies*, Vol. 32, Issue 4 (1984), pp. 537 – 550.

56. Jesse Allen Chupp, *The Lost Soul of the Body Politic*, Ph. D. Dissertation, Texas A&M University, 2012.

57. John Dickinson, "The Mediaeval Conception of Kingship and Some of Its Limitations, as Developed in the 'Policraticus' of John of Salisbury", *Speculum*, Vol. 1, No. 3 (1926), pp. 308 – 337.

58. Jonathan M. Newman, "Satire between School and Court: The Ethical Interpretation of the *Artes* in John of Salisbury's *Entheticus in dogmata philosophorum*", *Journal of Medieval Latin*, Vol. 17 (2007), pp. 125 – 142.

59. Joseph Breck, "A Reliquary of Saint Thomas Becket Made for John of

Salisbury", *The Metropolitan Museum of Art Bulletin*, Vol. 13, No. 10 (1918), pp. 220 – 224.

60. Karen Bollermann and Cary J. Nederman, "The 'Sunset Years': John of Salisbury as Bishop of Chartres and Emergent Cult of St. Thomas Becket in France", *Viator*, Medieval and Renaissance Studies, Vol. 45, No. 2 (2014), pp. 55 – 76.

61. Kate Langdon Forhan, "Polycracy, Obligation, and Revolt: The Body Politic in John of Salisbury and Christine de Pizan", in Margaret Brabant, ed., *Politics, Gender, and Genre: the Political Thought of Christine de Pizan*, Boulder: Westview Press, 1992, pp. 33 – 52.

62. Kate Langdon Forhan, "Salisbury's Stakes: The Uses of 'Tyranny' in John of Salisbury's Policraticus", *History of Political Thought*, Vol. 6, Issue 3 (1990), pp. 397 – 407.

63. Kate Langdon Forhan, *The Twelfth Century "Bureaucrat" and the Life of the Mind: John of Salisbury's "Policraticus"*, Ph. D. Dissertation, The Johns Hopkins University, 1987.

64. Lester K. Little, "Pride Goes before Avarice: Social Change and the Vices in Latin Christendom", *The American Historical Review*, Vol. 76, No. 1 (1971), pp. 16 – 49.

65. Lynn K. Barker, "MS Bodl. Canon. Pat. Lat. 131 and a Lost Lactantius of John of Salisbury: Evidence in Search of a French Critic of Thomas Becket", *Albion: A Quarterly Journal Concerned with British Studies*, Vol. 22, No. 1 (1990), pp. 21 – 37.

66. Margaret Clayton, "Ben Jonson, 'In Travaile with Expression of Another': His Use of John of Salisbury's *Policraticus*", *The Review of English Studies*, New Series, Vol. 30, No. 120 (1979), pp. 397 – 408.

67. Michael Winterbottom, "The Transmission of Cicero's *De Officiis*", *The Classical Quarterly*, New Series, Vol. 43, No. 1 (1993), pp. 215 – 242.

68. Peter Brown, "Society and the Supernatural: A Medieval Change", *Daedalus*, Vol. 104, No. 2, Wisdom, Revelation, and Doubt: Perspectives on the

First Millennium B. C. (1975), pp. 133 – 151.

69. Quentin Taylor, "John of Salisbury, the *Policraticus*, and Political Thought", *Humanitas*, Vol. 19, Issue 1/2 (2006), pp. 133 – 157.

70. Ralph V. Turner, "Changing Perceptions of the New Administrative Class in Anglo – Norman and Angevin England: The Curiales and Their Conservative Critics", *Journal of British Studies*, Vol. 29, No. 2 (1990), pp. 93 – 117.

71. Reginald L. Poole, "The Masters of the Schools at Paris and Chartres in John of Salisbury's Time", *The English Historical Review*, Vol. 35, No. 139 (1920), pp. 321 – 342.

72. Richard McKeon, "The Hellenistic and Roman Foundations of the Tradition of Aristotle in the West", *The Review of Metaphysics*, Vol. 32, No. 4 (1979), pp. 677 – 715.

73. Richard H. Rouse and Mary A. Rouse, "John of Salisbury and the Doctrine of Tyrannicide", *Speculum*, Vol. 42, No. 4 (1967), pp. 693 – 709.

74. Robert Pratt, "A Note on Chaucer and the *Policraticus* of John of Salisbury", Modern Language Notes, Vol. 65, No. 4 (1950), pp. 243 – 246.

75. Ronald E. Pepin, "*Amicitia Johcosa*: Peter of Celle and John of Salisbury", *Florilegium*, Vol. 5 (1983), pp. 140 – 156.

76. Ronald E. Pepin, "John of Salisbury's *Entheticus* and the Classical Tradition of Statire", *Florilegium*, Vol. 3 (1981), pp. 215 – 227.

77. Rosemary Barton Tobin, "The Cornifician motif in John of Salisbury's *Metalogicon*", *History of Education: Journal of the History of Education Society*, Vol. 13, No. 1 (1984), pp. 1 – 6.

78. Seth Lerer, "John of Salisbury's Virgil", *Vivarium*, Vol. 20, No. 1 (1982), pp. 24 – 39.

79. Takashi Shogimen and Cary J. Nederman, "The Best Medicine? Medical Education, Practice, and Metaphor in John of Salisbury's Policraticus and Metalogicon", *Viator*, Vol. 42, No. 1 (2011), pp. 55 – 73.

80. Tamara A. Goeglein, "The Problem of Monsters and Universals in 'The

Owl and the Nightingale' and John of Salisbury's 'Metalogicon', *The Journal of English and Germanic Philology*, Vol. 94, No. 2 (1995), pp. 190 – 206.

81. Walter C. Summers, "John of Salisbury and the Classics", *The Classical Quarterly*, Vol. 4, No. 2 (1910), pp. 103 – 105.

82. Walter Ullmann, "John of Salisbury's Policraticus in the Later Middle Ages", in Herausgegeben von Karl Hauck und Hubert Mordek, ed., *Geschichtsschreibung und geistiges Leben im Mittelalter: Festschrift für Heinz Löwe zum 65. Geburtstag*, Köln; Wien: Böhlau, 1978, pp. 519 – 545.

83. Wilfred Lawson Innerd, *The Educational Thought of John of Salisbury*, Ph. D. Dissertation, University of Pittsburgh, 1971.

84. Wilfrid Parsons, "The Mediaeval Theory of the Tyrant", *The Review of Politics*, Vol. 4, No. 2 (1942), pp. 129 – 143.

85. Yoko Hirata, *John of Salisbury and his Correspondents: a Study of the Epistolary Relationships between John of Salisbury and his Correspondents*, Ph. D. Dissertation, University of Sheffield, 1991.

中文资料:

（一）专著:

1. 陈钦庄:《基督教简史》, 北京: 人民出版社 2004 年版。

2. 陈思贤:《西洋政治思想史》（中世纪篇）, 吉林: 吉林出版集团有限责任公司 2008 年版。

3. 程汉大:《英国政治制度史》, 北京: 中国社会科学出版社 1995 年版。

4. 丛日云:《在上帝与恺撒之间: 基督教二元政治观与近代自由主义》, 北京: 生活·读书·新知三联书店 2003 年版。

5. 丛日云:《西方政治文化传统》, 大连: 大连出版社 1996 年版。

6. 董建萍:《西方政治制度: 传承与变革》, 北京: 经济日报出版社 2002 年版。

7. 范明生:《古希腊罗马美学》, 北京: 北京师范大学出版社 2013 年版。

8. 顾銮斋主编:《西方宪政史》, 北京: 人民出版社 2013 年版。

9. 顾肃: 《西方政治法律思想史》, 北京: 中国人民大学出版社 2005

年版。

　　10. 郭守田主编：《世界通史资料选辑》（中古部分），北京：商务印书馆1981年版。

　　11. 何勤华，李秀清主编：《外国法制史》，上海：复旦大学出版社2002年版。

　　12. 何勤华，张海斌主编：《西方宪法史》，北京：北京大学出版社2006年版。

　　13. 刘城：《英国中世纪教会研究》，北京：首都师范大学出版社1996年版。

　　14. 马克垚：《封建经济政治概论》，北京：人民出版社2010年版。

　　15. 马克垚：《英国封建社会研究》，北京：北京大学出版社2005年版。

　　16. 马克垚：《中西封建社会比较研究》，上海：学林出版社1997年版。

　　17. 孟广林：《英国封建王权论稿》，北京：人民出版社2002年版。

　　18. 施治生，郭方：《古代民主与共和制度》，北京：中国社会科学出版社2002年版。

　　19. 唐士其：《西方政治思想史》，北京：北京大学出版社2002年版。

　　20. 彭小瑜：《教会法研究：历史与理论》，北京：商务印书馆2011年版。

　　21. 汪太贤：《西方法治主义的源与流》，北京：法律出版社2001年版。

　　22. 王振槐：《西方政治思想史》，南京：南京大学出版社2003年版。

　　23. 谢文郁：《自由与生存：西方思想史上的自由观追踪》，上海：上海人民出版社2007年版。

　　24. 徐大同、丛日云：《西方政治思想史》（第二卷），天津：天津人民出版社2005年版。

　　25. 阎照祥：《英国政治制度史》，北京：人民出版社1999年版。

　　26. 杨昌栋：《基督教在中古欧洲的贡献》，北京：社会科学文献出版社2000年版。

　　27. 张千帆：《西方宪政体系》（上、下），北京：中国政法大学出版社2004年版。

28. 赵敦华：《基督教哲学 1500 年》，北京：人民出版社 2007 年版。

29. 赵敦华：《人性和伦理的跨文化研究》，哈尔滨：黑龙江人民出版社 2004 年版。

（二）译著：

1. ［英］阿伦·布洛克：《西方人文主义传统》，董乐山译，北京：生活·读书·新知三联书店 1997 年版。

2. ［古罗马］奥古斯丁：《论原罪与恩典：驳佩拉纠派》，周伟弛译，北京：商务印书馆 2013 年版。

3. ［古罗马］奥古斯丁：《上帝之城：驳异教徒》，吴飞译，上海：上海三联书店 2008 年版。

4. ［美］奥立弗·A. 约翰逊，詹姆斯·L. 霍尔沃森编：《世界文明的源泉》（上卷），马婷，王维民等译，北京：北京大学出版社 2010 年版。

5. ［古罗马］波爱修斯：《哲学的慰藉》，代国强译，南昌：江西人民出版社 2007 年版。

6. ［美］伯尔曼：《信仰与秩序：法律与宗教的复合》，姚建波译，北京：中央编译出版社 2010 年版。

7. ［古希腊］柏拉图：《理想国》，郭斌和、张竹明译，北京：商务印书馆 1997 年版。

8. ［古希腊］柏拉图：《政治家》，黄克剑译，北京：北京广播学院出版社 1994 年版。

9. ［英］比德：《英吉利教会史》，陈维振、周清民译，北京：商务印书馆 1996 年版。

10. ［美］C. H. 麦基文：《宪政古今》，翟小波译，贵州：贵州人民出版社 2004 年版。

11. ［美］C. 沃伦. 霍莱斯特：《欧洲中世纪简史》，陶松寿译，北京：商务印书馆 1988 年版。

12. ［美］查尔斯·霍默·哈斯金斯：《12 世纪文艺复兴》，夏继果译，上海：上海人民出版社 2005 年版。

13. ［美］邓宁：《政治学说史》（中卷），谢义伟译，吉林：吉林出版集团有限责任公司 2009 年版。

14. ［美］G.F. 穆尔：《基督教简史》，郭舜平等译，北京：商务印书馆 1996 年版。

15. ［英］G.R. 埃文斯：《中世纪的信仰》，茆卫彤译，北京：北京大学出版社 2005 年版。

16. ［挪］G. 希尔贝克：《西方哲学史》，童世骏等译，上海：上海译文出版社 2004 年版。

17. ［美］哈罗德·J. 伯尔曼：《法律与革命——西方法律传统的形成》，贺卫方等译，北京：中国大百科全书出版社 1993 年版。

18. ［英］J.H. 伯恩斯主编：《剑桥中世纪思想史》，郭正东等译，北京：生活·读书·新知三联书店 2009 年版。

19. ［德］卡尔·白舍客：《基督宗教伦理学》，静也等译，上海：上海三联书 2002 年版。

20. ［美］肯尼思·W. 汤普森：《宪法的政治理论》，张志铭译，北京：生活·读书·新知三联书店 1997 年版。

21. ［英］昆廷·斯金纳：《近代政治思想的基础》，奚瑞森、亚方译，北京：商务印书馆 2002 年版。

22. ［英］莱斯利·史蒂文森：《人性七论》，袁荣生、张薰生译，北京：商务印书馆 1994 年版。

23. ［英］罗伯特·巴特莱特：《中世纪神判》，徐昕、喻中胜、徐昀译，浙江：浙江人民出版社 2007 年版。

24. ［英］罗素：《西方哲学史》，马元德译，北京：商务印书馆 1986 年版。

25. ［法］马克·布洛赫：《封建社会》，李增洪、侯树栋、张绪山译，北京：商务印书馆 2005 年版。

26. ［法］皮特·阿伯拉尔：《伦理学·对话》，溥林译，历代基督教思想学术文库：古代系列第 122 卷，香港：道风书社 2007 年版。

27. ［美］乔治·萨拜因：《政治学说史》（第四版），邓正来译，上海：上海人民出版社 2008 年版。

28. ［意］萨尔沃·马斯泰罗内：《欧洲民主史》，黄华光译，北京：社会科学文献出版社 1990 年版。

29. ［英］桑兹：《西方古典学术史》，张治译，上海：上海人民出版社 2010 年版。

30. ［美］斯科特·戈登：《控制国家 从古代雅典到今天的宪政史》，应奇，陈丽微，孟军，李勇译，南京：江苏人民出版社 2005 年版。

31. ［美］梯利：《西方哲学史》，葛力译，北京：商务印书馆 1995 年版。

32. ［德］维拉莫威兹：《古典学的历史》，陈恒译，北京：生活·读书·新知三联书店 2008 年版。

33. ［美］沃格林：《政治观念史稿（第二卷）中世纪（至阿奎那)》，叶颖译，上海：华东大学出版社 2009 年版。

34. ［美］沃尔克：《基督教会史》，孙善玲等译，北京：中国社会科学出版社 1991 年版。

35. ［英］沃尔特·厄尔曼：《中世纪政治思想史》，夏洞奇译，南京：凤凰出版传媒集团·译林出版社 2011 年版。

36. ［古罗马］西塞罗：《论共和国 论法律》，王焕生译，北京：中国政法大学出版社 1997 年版。

37. ［古罗马］西塞罗：《论论老年 论友谊 论责任》，徐奕春译，北京：商务印书馆 2013 年版。

38. ［法］雅克·勒戈夫：《中世纪的知识分子》，张弘译，北京：商务印书馆 1996 年版。

39. ［古希腊］亚里士多德：《尼各马可伦理学》，廖申白译，北京：商务印书馆 2003 年版。

40. ［古希腊］亚里士多德：《范畴篇 解释篇》，方书春译，北京：商务印书馆 2013 年版。

41. ［古希腊］亚里士多德：《雅典政制》，日知、力野译，北京：商务印书馆 1978 年版。

42. ［古希腊］亚里士多德：《政治学》，吴寿彭译，北京：商务印书馆 1997 年版。

43. ［美］约翰·麦克里兰：《西方政治思想史》，彭淮栋译，海口：海南出版社 2003 年版。

（三）论文：

1. 蔡小梅：《中世纪中期科学哲学思想研究——以安瑟尔谟、阿伯拉尔、托马斯·阿奎那为中心》，华东师范大学硕士学位论文 2103 年。

2. 曹为：《亨利二世与托马斯·贝克特政教之争研究》，中国人民大学博士学位论文 2013 年。

3. 曹为：《制度的限度与政治的自然状态——试论亨利二世与托马斯·贝克特的政教之争》，载于《思想战线》2012 年第 6 期，第 49 - 52 页。

4. 陈太宝：《中世纪西欧法律视野下的抵抗权和暴君学说》，载于《贵州社会科学》2011 年第 11 期，第 123 - 127 页。

5. 党毅浩：《索尔兹伯里的约翰的政治理论解析——以〈论政府原理〉为研究对象》，天津师范大学硕士学位论文 2013 年。

6. 段玉淑：《索尔兹伯里的约翰的政治思想》，河南师范大学硕士学位论文 2013 年。

7. 董玉洁：《中世纪英国有关暴君暴政的理论和暴君暴政的实际》，首都师范大学硕士学位论文 2009 年。

8. 方德志：《追寻"德性/virtue"的源始涵义——兼论中（儒家）西方古典德性论学理方法的差异》，载于《湖北大学学报（哲学社会科学版）2012 年第 2 期，第 31 - 35 页。

9. 郭峰：《中世纪英格兰的王室森林》，载于《光明日报》2012 年 12 月 5 日第 011 版，第 1 - 2 页。

10. 何良安：《为了幸福——亚里士多德德性伦理研究》，复旦大学博士学位论文 2007 年。

11. 李筠：《论中世纪王权观》，中国政法大学博士学位论文 2008 年。

12. 刘昕岚：《"人文主义"与"宗教"——对西方人文主义传统的回顾以及对儒家人文主义的反思》，载于《中国文化研究》2004 年第 4 期，第 10 - 19 页。

13. 孟广林：《试论中古英国神学家约翰的"王权神授"学说》，载于

《世界历史》1997 年第 6 期，第 74 - 82 页。

14. 彭小瑜：《近代西方古文献学的发源》，载于《世界历史》2001 年第 1 期，第 111 - 115 页。

15. 尚九玉：《简析基督教的人性论》，载于《郑州大学学报（哲学社会科学版）》2006 年第 5 期，第 37 - 40 页。

16. 沈坚：《南意大利的诺曼征服》，载于《史学月刊》2006 年第 6 期，第 106 - 110 页，115 页。

17. 沈坚：《南意诺曼人的对外政策》，载于《史学集刊》2002 年第 2 期，第 59 - 64 页。

18. 沈坚：《诺曼西西里：中古地中海世界的一页》，载于《史林》1997 年第 1 期，第 100 - 108 页。

19. 宋金芳：《索尔兹伯里的约翰政治思想研究——以〈论政府原理〉为依据》，北京师范大学硕士学位论文 2009 年。

20. 夏洞奇：《现代西方史家对奥古斯丁政治思想的解读》，载于《史学史研究》2004 年第 1 期，第 74 - 80 页。

21. 杨盛翔：《双重视野下的王权——谈索尔兹伯里的约翰的〈论政府原理〉》，载于《史学集刊》2015 年第 1 期，第 121 - 128 页。

22. 张笑宇：《索尔兹伯里的约翰与近代西方政治思想的中世纪渊源》，载于《政治思想史》2011 年第 2 期，第 104 - 117 页。

23. 张荣：《论阿伯拉尔的至善与德性观》，载于《哲学研究》2010 年第 2 期，第 65 - 70 页。

24. 张荣：《罪恶的起源、本质及其和解——阿伯拉尔的意图伦理学及其意义》，载于《文史哲》2008 年第 4 期，第 140 - 148 页。

25. 张汝伦：《什么是"自然"?》，载于《外国哲学》2011 年第 4 期，第 83 - 94 页。

26. 张叶：《中世纪早期科学哲学思想文献研究——以圣·奥古斯丁、波伊修斯和爱留根纳为例》，华东师范大学硕士学位论文 2013 年。

27. 赵文洪：《中世纪欧洲的反暴君思想》，载于《经济社会史评论》2015 年第 2 期，第 25 - 35 页。

28. 周剑：《"12 世纪文艺复兴"及其在英国的表现》，内蒙古大学硕士学位论文 2007 年。

29. 周前程：《人性与政治》，中共中央党校博士学位论文 2009 年。

30. 周诗茵：《冲突、平衡与和平——从贝克特争论看中世纪教会对政教关系的处理》，北京大学博士学位论文 2013 年。

31. 周诗茵：《教会自由与世俗政治之间的平衡——教皇亚历山大三世在贝克特争论中对教会–国家关系的处理》，载于《大连大学学报》2012 年第 4 期，第 48 –55 页。

32. 周诗茵：《理想模式与政治现实的互动——索尔兹伯里的约翰教会-国家关系思想的发展》，载于《首都师范大学学报（哲学社会科学版）》2012 年第 6 期，第 9 –15 页。

33. 周秀文：《人文主义概念的历史界定》，东北师范大学硕士学位论文 2006 年。

工具书：

1. 《圣经》（新标准修订版和合本），上海：中国基督教协会 2000 年版。

2. 卓新平：《基督教小辞典》，上海：上海辞书出版社 2001 年版。

3. 新华通讯社译名资料组编：《英语姓名译名手册》第 3 版，北京：商务印书馆 1985 年版。

4. *New Catholic Encyclopedia*, Detroit, MI：Thomson/Gale；Washington, D. C. ：Catholic University of America，2003.

5. *Oxford Latin Dictionary*, Oxford：The Clarendon Press，1968.

后　记

　　本书是我在博士学位论文的基础上修改完成的。2011 年，我进入山东大学历史文化学院攻读博士学位，师从顾銮斋教授，研究方向为中世纪史。2012 年春，在导师的指导下，我开始围绕索尔兹伯里的约翰搜集资料，2016 年春撰成学位论文初稿，并于夏天顺利完成答辩。参加工作后，在师友们的帮助下，我又对博士论文进行了一些局部性的修改，完成了这部书稿。12 世纪的西欧经历了"文艺复兴"，思想活跃，充满生机，索尔兹伯里的约翰作为著名的人文主义思想家，见证了这一时期的发展变化。本书试图全面梳理约翰的政治思想，但由于思想史问题背后涉及复杂的政治、经济以及社会问题，在缺乏深厚的史学知识积淀和高屋建瓴的视角情况下，很难做到整体到位的评介。不过，我将继续以 12 世纪的西欧为研究对象，在中世纪政治思想领域努力探索。

　　在这本书出版之际，首先非常感谢我的导师顾銮斋教授，让我有机会走进中世纪的研究领域。学习知识盲点颇多，幸而有顾老师的指引，我能够入门并对本领域的知识略知一二，深刻感受到导师常说的"问题意识"和视野宏阔的重要性。老师严谨的治学态度，独特的学术视角和大气儒雅的风范深深感染了我。博士论文的选题、开题和修改，都倾注了顾老师的大量心血，然而，由于本人才识学浅，加之论文下的功夫不够，对于导师指出的问题没能很好地修改，深感愧疚。在参加工作后，又有机会参与了老师的"欧洲中古文明的宪政精神研究"这一课题中的"法律与文本"一章，得益于此次锻炼机会，进一步领略到中古政治思想的魅力。可以说，工作上每一次的进步都离不开老师的鼓励和支持。十年来，老师对我学习、工作和生活等方面的帮助非常多，仅用一个"谢"字无法表达自己的感激之情，唯有在今后的学术生涯中更加勤勉敬业、博学笃志，不辜负老师的期望。

在顾老师的鼓励和支持下，国家留学基金委给予我出国留学的机会。2013 年到 2014 年在英国圣安德鲁斯大学这一年的留学生活使我受益匪浅，感受到苏格兰人的热情友好，很好地体验了当地的文化特色。感谢指导老师罗伯特·巴特莱特教授（Professor Robert Bartlett），他帮助我制定了学习计划，约每两周一次面谈，探讨一个学术问题。在每次与导师见面前，要阅读相关材料并把问题概括总结，这些指导对我博士论文的写作，及加深中世纪背景知识的了解都起了很大的帮助作用。在博士入学之时，顾老师就强调语言学习的重要性，我有幸在圣安系统学习了两学期的初级拉丁语课程，为拉丁语学习打下良好的基础，但是在阅读拉丁文文献方面仍远远不足，今后需要持续不断地投入学习。

还要衷心感谢硕士生导师刘文涛教授，引领我进入世界史领域的学习，对博士的论文写作进行了规范性上的指导。感谢我的同门、同学、同事和诸多亲友对我的帮助。

最后，感谢我的父母，他们一直支持着我的工作、学习，是我最坚实的后盾和永远温暖的避风港。还有我的爱人秦铁柱，对我的包容与支持，使我得以有勇气出版此书。谨以此书聊表感激之情！

赵卓然
2021 年 7 月